·全国高校思想政治工作队伍培训研修中心系列丛书·

刘洁予 ◎ 主编

学在中大
XUE ZAI ZHONGDA

中山大学出版社
·广州·

版权所有　翻印必究

图书在版编目（CIP）数据

学在中大/刘洁予主编. —广州：中山大学出版社，2020.7
（全国高校思想政治工作队伍培训研修中心系列丛书）
ISBN 978 - 7 - 306 - 06899 - 6

Ⅰ.①学…　Ⅱ.①刘…　Ⅲ.①中山大学—模范学生—先进事迹　Ⅳ.①K828.4

中国版本图书馆 CIP 数据核字（2020）第 120582 号

| 出 版 人：王天琪
| 策划编辑：金继伟
| 责任编辑：杨文泉
| 封面设计：林绵华
| 责任校对：卢思敏
| 责任技编：何雅涛
| 出版发行：中山大学出版社
| 电　　话：编辑部 020 - 84111997，84110283，84110779
| 发行部 020 - 84111998，84111981，84111160
| 地　　址：广州市新港西路 135 号
| 邮　　编：510275　传　真：020 - 84036565
| 网　　址：http：//www.zsup.com.cn　E-mail：zdcbs@mail.sysu.edu.cn
| 印　刷　者：广州家联印刷有限公司
| 规　　格：787mm×1092mm　1/16　18.5 印张　435 千字
| 版次印次：2020 年 7 月第 1 版　2020 年 7 月第 1 次印刷
| 定　　价：58.00 元

如发现本书因印装质量影响阅读，请与出版社发行部联系调换

序

立德树人是高校的根本任务。党的十九大报告指出，要"全面贯彻党的教育方针，落实立德树人根本任务，发展素质教育，推进教育公平，培养德智体美全面发展的社会主义建设者和接班人"。中山大学第十三次党代会指出，要立足中国特色，必须坚持落实立德树人的基本方针。建设中国特色世界一流大学，必须始终坚持以提高人才培养质量为中心，必须坚持育人为本、德育为先的理念。

立德树人是中山大学的光荣传统。1924年，孙中山先生亲笔题写校训"博学、审问、慎思、明辨、笃行"，并在当年学生毕业典礼上训词，"学海汪洋，毓仁作圣，大学毕业，此其发轫。植基既固，建业立名。登峰造极，有志竟成。为社会福，为邦家光，勖哉诸君，努力自强"，伟人手创，遗泽余芳。进入新时期以来，学校提出"德才兼备、领袖气质、家国情怀"的人才培养目标，这十二个字，是孙中山先生校训和毕业训词的现代表达，与中山先生的创校宗旨和中山大学近百年的办学传统一脉相承，高度概括了中山大学培养社会主义建设者和接班人的总体目标。

长期以来，中山大学继承光荣传统，坚持社会主义办学方向，立德树人成果丰硕，"双一流"建设成效显著，自2009年以来连续10年开展的大学生年度人物评选活动就是其中非常重要的内容。为展现当代大学生的精神风貌，激励更多青年学子奋发向上，校党委学生工作部汇集了10年来获评"中山大学大学生年度人物"荣誉称号的100名学子的优秀事迹，结集而成《学在中大》。意在发挥先进典型的示范、辐射和引导作用，以此激发和引导全校莘莘学子振奋精神、见贤思齐、比学赶超，营造"学在中大、追求卓越"的良好氛围，为奋力培养德智体美劳全面发展的时代新人做出更大贡献！

本书在编写过程中得到了学校各培养单位的大力支持，在此表示衷心感谢！

立德树人是学校的根本任务。我们要按照党的十九大提出的要求，"把立德树人内化到大学建设和管理各领域、各方面、各环节，做到以树人为核心，以立德为根本"，加快建设和完善卓越人才培养体系，努力促进学生德智体美劳全面发展，大力推进集体建设，不断激励广大青年学生为实现中华民族伟大复兴的中国梦而不懈奋斗！

编　者
2019年12月

前　言

中山大学大学生年度人物评选活动，是由校党委学生工作部、党委宣传部联合主办的活动，在积极培育、深入挖掘、宣传表彰在校大学生先进典型方面具有重要的意义。活动于每年年底启动，经学生自主申请、院系初评推荐、评选工作小组评审，推选出20名学生作为中山大学大学生年度人物候选人，经候选人名单公示、候选人事迹宣传展示、评选展示大会等环节，最后由中山大学师生进行评议，产生他们心中的大学生年度人物。

自2009年以来，中山大学大学生年度人物已成功举办了十届，共评出大学生年度人物100名和大学生年度人物提名奖99名。评选出来的学生或学习特别优秀，或科研成就特别突出，或是热心公益的志愿者，或是尊老孝亲的典型，或是见义勇为的行动者，他们在社会实践、学术科研、创新创业、道德实践等方面成了中山大学学生的模范，他们集中展现了中大学子"学在中大、追求卓越"的精神风貌，是"德才兼备、领袖气质、家国情怀"人才培养目标的最佳典范。

2013年度人物李乃琦，当命运的绳索无情地缚住四肢，当别人投以同情的目光叹息生命的悲凉，他依然固执地为梦想插上翅膀，成为轮椅上的"学霸"。

2014年度人物张爽，巾帼不让须眉，坚持申请入伍，只为心中对祖国一腔热爱，艰苦不改本色，文气不输武力，优秀士兵是她响亮的名号，重大任务嘉奖是她不朽的勋章。

2015年度人物提名奖获奖者周明灏，他醉心科学、投身科普，撰文准确预判2016年年初的"超级寒潮"，多家媒体助势成就现象级科普传播，扩大了院校乃至气象学科的社会影响力，被誉为"追风"少年。

2016年度人物卜熙，他以笔为戈，发青年之声，是全国践行社会主义核心价值观的先进个人。"把本科4年过成博士8年，把一天24小时过成48小时"，是他的青春故事。他从全国各高等学校的优秀学生中脱颖而出，成功获评第十二届"中国大学生年度人物"。

2016年度人物黄靖文，她积极投身于祖国南海领土的维护和海洋权益事业，以开阔的国际视野、浓厚的家国情怀、扎实的科学研究，为维护南海领土和海洋权益贡献青春力量。

…………

这些青年学子昂扬向上的身影均一一收录在本书中。本书共汇编了2009—2018年这十年来100名中山大学大学生年度人物的优秀事迹，记录他们的梦想与追求、责任与担当、开拓与奉献，以期集中展现当代大学生的精神风貌，并通过这些年度人物的优秀事迹，激励着中大学子积极成为德智体美劳全面发展的社会主义建设者和接班人！

中山大学 2018 大学生年度人物获奖名单

姓　名	所在单位
林凯杨	哲学系
何思萌	法学院
中山大学新时代中国特色社会主义思想传播研究会（团队）	政治与公共事务管理学院
阿不都卡迪尔江·肉孜	管理学院
郎　熙	资讯管理学院
万雅兰	中山医学院
郭芃菲	公共卫生学院
周梓洵	国际金融学院
余　凯	肿瘤防治中心
中山大学音乐话剧《笃行》剧组（团队）	

中山大学 2017 大学生年度人物获奖名单

姓　名	所在单位
林展翰	哲学系
张昊喆	化学学院
王庚申	生命科学学院
董李鹏	环境科学与工程学院
林武豪	中山医学院
IAM 丹提斯特口腔科普软件队（团队）	光华口腔医学院
侯博文	体育部
张陆祺	国际翻译学院
罗静怡	中法核工程与技术学院
胡亚光	中山眼科中心

中山大学2016大学生年度人物获奖名单

姓 名	所在单位
麦骏杰	哲学系
陈佩琳	岭南学院
黄靖文	法学院
卜 熙	政治与公共事务管理学院
刘 宏	生命科学学院
"掌沁"环保团队（团队）	环境科学与工程学院
冉彬学	公共卫生学院
高 旭	国际翻译学院
林振镇	海洋科学学院
陈潮金	附属第三医院

中山大学2015大学生年度人物获奖名单

姓 名	所在单位
王子博	管理学院
顾西辉	地理科学与规划学院
iGEM 软件队（团队）	生命科学学院
姜昊旻	数学学院
朱王勇	光华口腔医学院
王冬雨	药学院
吴周四海	体育部
梁永业	国际金融学院
马 衍	中法核工程与技术学院
中山大学第十六届研究生支教团（团队）	

中山大学2014大学生年度人物获奖名单

姓　名	所在单位
吴　桐	哲学系
杨　鑫	博雅学院
周　默	岭南学院
王　颖	管理学院
刘文慧	资讯管理学院
王思然	生命科学学院
杨　乐	光华口腔医学院
陈硕斌	药学院
中山大学翻译学院志愿者队（团队）	国际翻译学院
张　爽	旅游学院

中山大学2013大学生年度人物获奖名单

姓　名	所在学院
张靖珂	岭南学院
Justice团队（团队）	法学院
王燊成	政治与公共事务管理学院
刘俊周	管理学院
李乃琦	电子与信息工程学院
曾　琳	环境科学与工程学院
钟佳胜	药学院
乔亦星	国际金融学院
陈靖文	国际翻译学院
侯宗宇	旅游学院

中山大学 2012 大学生年度人物获奖名单

姓 名	所在单位
张程娟	历史学系
慈 琪	博雅学院
王 子	管理学院
卢锡洪	化学学院
陈保瑜	生命科学学院
聂怡初	生命科学学院
林惠燕	数学学院
殷 子	中山医学院
朱鸣华	旅游学院
李智斌	原国际汉语学院

中山大学 2011 大学生年度人物获奖名单

姓 名	所在单位
陈世明	社会学与人类学学院
李 真	岭南学院
刘汉凝	中山医学院
亓益品	光华口腔医学院
郭艳琼	药学院
温培钧	体育部
刘玉娟	国际金融学院
吴辰岑	国际翻译学院
纳赛尔	原国际汉语学院
张 悦	原国际汉语学院

中山大学 2010 大学生年度人物获奖名单

姓 名	所在学院
梅 琳	历史学系
林明华	管理学院
曹雪妹	传播与设计学院
牛海涛	中山医学院
詹志辉	电子与信息工程学院
林少慧	国际金融学院
杨孟衡	国际翻译学院
公维拉	国际关系学院
黄倩薇	旅游学院
第十一届研究生支教团（团队）	

中山大学 2009 大学生年度人物获奖名单

姓 名	所在单位
吴嘉亮	法学院
c 动力团队（团队）	传播与设计学院
李 源	数学学院
王 帅	化学学院
潘文伟	地理科学与规划学院
林鸿升	数据科学与计算机学院
林鸿章	环境科学与工程学院
徐 奔	中山医学院
刘 路	光华口腔医学院
童华灵	国际关系学院
罗 智	原工学院

目　录

2018

林凯杨：博学笃行，逻辑、数学与计算融会贯通 ··· 1

何思萌：坚定青年理想信念，探索媒体与法的融合 ··· 3

中山大学新时代中国特色社会主义思想传播研究会：为智慧党建赋能，
　　团结青年跟党走 ·· 5

阿不都卡迪尔江·肉孜：铁杵磨针，兴疆稳疆 ·· 7

郎熙：投身军营，心系国防 ·· 10

万雅兰：医者仁心——最美医学生 ·· 12

郭芃菲：公益与学术，自助与助人 ·· 14

周梓洵：深耕所爱，臻于至善 ·· 16

余凯：付科研以真心，予他人以真诚 ·· 19

中山大学音乐话剧《笃行》剧组：笃行不渝，践行新时代中大力量 ···················· 20

2017

林展翰：担当青春使命，不忘学子初心 ·· 22

张昊喆：满腔热血向前进，脚踏实地做科研 ·· 25

王庚申：用心"菇"诣，学以致用 ·· 27

董李鹏：凭科技变废为宝，用行动守护环境 ·· 30

林武豪：勤恳作舟，畅游杏林学海 ·· 32

IAM 丹提斯特口腔科普团队：开拓科普新领域，传递健康真知识 ······················ 34

侯博文：不忘初心服务西部，全面发展提升学术 ·· 37

张陆祺：心系西部乐奉献，全面发展勇担当 ·· 40

罗静怡：追寻工程师梦，活出充满答案的人生 ·· 43

胡亚光：大医济世，逐科学以为光 ·· 46

2016

麦骏杰：博观约取，笃行致远 ·· 48

陈佩琳：创意改变公益，服务成就自我 ·· 51

黄靖文：在国际法研究中践行家国情怀 …………………………………………… 52
卜熙：发青年之声，担时代之责 …………………………………………………… 54
刘宏：勤钻学术勇创新 ……………………………………………………………… 57
"掌沁"环保团队：聚焦环保，知行合一，公益创新，笃志前行 ……………… 59
冉彬学：音乐精灵，天籁之音 ……………………………………………………… 61
高旭：愿识乾坤大，仍怜草木青 …………………………………………………… 63
林振镇：在"更好"中奔向更宽广的大海 ………………………………………… 65
陈潮金：潜心科研，医者仁心 ……………………………………………………… 67

2015

王子博：怀揣梦想与远方，迈向星辰大海 ………………………………………… 70
顾西辉：投身于地理，埋首于科研 ………………………………………………… 73
iGEM 软件队：先锋团队，人人赞之 ……………………………………………… 76
姜昊旻：君子不器，卓尔不群 ……………………………………………………… 78
朱王勇：独善其身，兼济天下 ……………………………………………………… 80
王冬雨：追寻创业梦，不做蓬蒿人 ………………………………………………… 83
吴周四海：创业圈里的"宁泽涛" ………………………………………………… 86
梁永业：在公益服务里助人，于全面发展中立己 ………………………………… 89
马衎：求学不倦，责任在肩 ………………………………………………………… 92
第十六届研究生支教团：服务国家西部，绽放青春之花 ………………………… 95

2014

吴桐：钟情艺术轻吟瘦西湖，创业敢为超越不可能 ……………………………… 97
杨鑫：教育实现公益，写作充实人生 ……………………………………………… 100
周默：在知识的海洋中遨游，在时代的浪潮里拼搏 ……………………………… 102
王颖：目标明确、热心公益的"offer 帝" ……………………………………… 104
刘文慧：大山的星星 ………………………………………………………………… 107
王思然：世界那么大，不如去闯闯 ………………………………………………… 109
杨乐：平凡中的不平凡 ……………………………………………………………… 112
陈硕斌：在分子领域探索世界，在科研路上寻找自我 …………………………… 114
中山大学翻译学院志愿队：翻悦志愿，译展风采 ………………………………… 117
张爽：携笔从戎，以青春报国 ……………………………………………………… 120

2013

张靖珂：最美公益女孩：快乐是生活不幸的解药 …………………………………… 122
Justice 团队：借得雄风成亿兆，何惧万里一征程 …………………………………… 124
王燊成：宝剑锋从磨砺出，梅花香自苦寒来 …………………………………… 127
刘俊周：脚踏实地守初衷，仰望星空赴征途 …………………………………… 131
李乃琦：身残志坚勇于拼搏，自强不息成就自我 …………………………………… 134
曾琳：志愿服务社会，勇担时代重任 …………………………………… 135
钟佳胜：潜心医学，承科研创新之风；志愿服务，担回馈社会之责 …………… 138
乔亦星：放眼世界踏时代浪潮，学习进取谱青春乐章 …………………………… 140
陈靖文：驰骋学海甘奉献，全面发展勇担当 …………………………………… 143
侯宗宇：凭才智创新公益，用歌唱点缀生活 …………………………………… 146

2012

张程娟：不负韶华，一路花开 …………………………………… 149
慈琪：纯真女孩的童话漂流 …………………………………… 152
王子：草根的外在，王子的内心 …………………………………… 155
卢锡洪：悉心耕耘，丰收在科研的田野上 …………………………………… 158
陈保瑜：笃行公益画同心，聚力支教担使命 …………………………………… 161
聂怡初：寸草之心报春晖 …………………………………… 164
林惠燕：既然选择了远方，便只顾风雨兼程 …………………………………… 167
殷子：医者仁心，梦在脚下 …………………………………… 170
朱鸣华：创业之路，不忘初心 …………………………………… 173
李智斌：志愿之桥，用心奠基 …………………………………… 176

2011

陈世明：向着太阳，顽强生长 …………………………………… 179
李真：用梦想说故事，用行动写青春 …………………………………… 184
刘汉凝：探究科学真谛，追求医者仁心 …………………………………… 187
亓益品：因梦想而风雨兼程 …………………………………… 190
郭艳琼：逆风中张开无畏双翼，磨炼中绽放最美的花 …………………………… 193
温培钧：风雨过后，便是彩虹 …………………………………… 197
刘玉娟：飒爽女兵展现中大风采，边防战士演绎不凡人生 …………………… 200

吴辰岑：没有得失心的尝试……………………………………………… 203
纳赛尔：生命在于运动，此行一路追梦…………………………………… 207
张悦：乐教奉献，青春无悔………………………………………………… 212

2010

梅琳：心若在，梦就在……………………………………………………… 217
林明华：孜孜追求，扬帆起航……………………………………………… 220
曹雪妹：天籁歌喉唱响青春之歌…………………………………………… 224
牛海涛：博学审问于医道，仁爱笃行于公益……………………………… 228
詹志辉：扬起知识的帆，追逐心中的梦…………………………………… 232
林少慧：自强不息，铸就坚强人生；热心公益，展现青春风采………… 236
杨孟衡：爱，让折翅的鸟儿翱翔蓝天……………………………………… 240
公维拉：孝老爱亲真善美，国际视野见新知……………………………… 244
黄倩薇：坚持的荣耀………………………………………………………… 247
第十一届研究生支教团：青春与志愿同行………………………………… 250

2009

吴嘉亮：做时代青年表率，当全面发展先锋……………………………… 253
c动力团队：向可持续化探索，为环境保护发声………………………… 256
李源：竞赛之途高歌猛进，向学之心永不停歇…………………………… 258
王帅：文艺才女，支教奉献………………………………………………… 259
潘文伟：惜取寸寸光阴，以图回馈社会…………………………………… 261
林鸿章、林鸿升：公益为念，此生不贰…………………………………… 263
徐奔：浮华不昧医学心……………………………………………………… 267
刘路：留洋苦修硬本领，学医勤做真研究………………………………… 271
童华灵：写在国奖边上……………………………………………………… 272
罗智：赤子之心谱华章……………………………………………………… 276

林凯杨

中山大学2018大学生年度人物

博学笃行，逻辑、数学与计算融会贯通

林凯杨，哲学系逻辑学专业2015级本科生。本科阶段连续三个学年绩点专业排名第一，同时修读数学系数学与应用数学专业双学位，2018年保送至北京大学哲学系逻辑学专业攻读硕士学位。2018年完成论文"Location-based End-to-End Speech Recognition with Multiple Language Models"（第二作者）被国际顶级人工智能会议AAAI-19（美国人工智能协会学术年会）摘要录用，率队获2018年美国大学生数学建模竞赛一等奖，个人参赛获2018年广东省大学生数学竞赛（非数学专业）一等奖。参与哲学系本科生科研项目"Web论辩挖掘"。2017年获"中山大学优秀共青团员"称号。两次获得国家奖学金，两次获得中山大学一等奖学金，两次获得中山大学学科竞赛奖。作为我校舞蹈团成员参与"三下乡"暑期社会实践、毕业舞蹈专场演出等艺术活动。

痴迷学习，喜欢逻辑、数学与计算

林凯杨痴迷于符号逻辑、数学公式与计算机算法，当初选择的逻辑学专业满足了他的学术追求。凭借着浓厚兴趣与勤奋努力，林凯杨连续3年在逻辑学专业绩点排名第一，两次获得国家奖学金、中山大学一等奖学金和中山大学学科竞赛奖。逻辑学是一门基础性、综合性、复合型的交叉学科，与基础数学、理论计算机科学、人工智能等领域有密切的联系。为了更好地融合逻辑、数学与计算，林凯杨申请了数学系数学与应用数学专业双学位，同时努力学习计算机理论与应用方面的知识。"学在中大、追求卓越"，这就是林凯杨同学矢志不渝的坚定信念。

在校学习期间，林凯杨积极参与科研项目。大二期间他与同学合作申请哲学系科研项目"Web论辩挖掘"，使用机器学习与自然语言处理技术抓取网络论辩文本，构建论辩模型。科研让他体会到学术的乐趣，尤其是在解决难题后产生的巨大成就感。2018年暑假期间，林凯杨注意到2019年国际顶级人工智能会议AAAI-19论文征集信息，他决定与同学在暑假期间努力完成论文"Location-based End-to-End Speech Recognition with Multiple Language Models"，该论文最终在10月份被摘要录用。

"宝剑锋从磨砺出，梅花香自苦寒来。"除了参与科研项目、撰写学术论文，林凯杨还积极参与学科竞赛，多次获得国际竞赛奖项。2017年林凯杨率队参加美国大学生数学建模竞赛（ICM）并获得二等奖。2018年再次率队参加美国大学生数学建模竞赛

（MCM）并获得一等奖。林凯杨参加 2018 年广东省大学生数学竞赛（非数学专业）并获得一等奖。他还参加了 2018 年北京大学汇丰商学院诺贝尔经济学奖得主萨金特教授举办的数量经济学冬令营，并获"优秀营员"荣誉称号。林凯杨将逻辑、数学与计算等学科领域的知识融会贯通，取得了优异的成绩。正是"学在中大、追求卓越"的信念，支撑他将逻辑学专业与跨专业的数学和计算机领域的知识不断融合起来。

爱好舞蹈，注重培养综合素质

舞蹈是林凯杨一直以来的兴趣爱好。入学伊始林凯杨便加入了中山大学舞蹈团，积极参与每周的训练。舞蹈团的学习训练，培养了林凯杨的审美和综合素质。经过半年多的艰苦训练，林凯杨参加了 2016 年大学生暑期"三下乡"社会实践活动，走进我校定点帮扶的广东省清远市柯木湾村和胡江村，为当地村民表演舞蹈。"看到村民们开心的笑容，我觉得这一切都是值得的。"他还参与了"我们毕业了"大型舞蹈专场演出。平日里的"学霸"，在舞台上也可以大放异彩。

坚定理想，注重思想品德修养

从大一开始，林凯杨积极向党组织靠拢，向哲学系党委递交了入党申请书，目前已被发展为预备党员。在他的影响下，两位舍友先后向系党委递交了入党申请书。2017 年他获得"中山大学优秀共青团员"称号。为了进一步深入学习马克思主义理论，他还参加了哲学系的青马学堂。林凯杨以身作则，积极担任班级学习委员和宿舍长，参与哲学系学生会工作，全心全意为同学们服务。

在校期间，林凯杨参与"西关小屋""新生入学导向""寻访系友"等多项志愿活动，每年获得超过 100 个公益时。暑假期间，他还参加了深圳市志盛社区党群服务中心举办的多项公益活动，走进社区，关爱老人。

2018 年 9 月，林凯杨被保送至北京大学哲学系逻辑学专业攻读硕士学位。在中山大学的学习经历是他人生道路上最宝贵的财富。"只要有梦，我就会不懈追求；只要有点滴进步，我就会更加努力；只要我永不放弃，成功的希望就在前方。"

作为一名共产党员，把共产主义远大理想和中国特色社会主义共同理想结合起来，立志为中国特色社会主义事业奋斗终身，这是林凯杨的理想与毕生追求。

何思萌
中山大学2018大学生年度人物

坚定青年理想信念，探索媒体与法的融合

何思萌，法学院2015级本科生，中共党员，被保送至清华大学法学专业攻读硕士学位。何思萌科研经历丰富，从事各类媒体工作，写作能力与党团工作表现突出；热心社会实践，积极投身于社会调研与公益事业。

不忘初心，学术为本

作为一名学生，过硬的专业知识是基础，攀登学术高峰是追求。何思萌始终以高标准要求自我，曾获国家奖学金、优秀学生一等奖学金、中伦文德奖学金、学术创新专项奖学金。在学术上，她主持中国法制史方向国家级大学生创新课题，通过契约文书与史载案例调研明清时期珠三角地区土地交易规范；参与经济法方向省级大创课题，以网约车为中心，研究共享经济管理与规制，结题论文发表于法学学术性刊物，成果被广州市客运交通管理处采纳；担任《中山大学青年法律评论》杂志民商与经济法方向编辑，被评为优秀编辑。

她积极参与各类模拟法庭大赛，曾作为辩护方参加"公安杯"模拟法庭竞赛，获得优秀奖；担任Jessup国际模拟法庭大赛研究助理，阅读翻译ICJ等国际组织判决文件，为比赛文书写作提供判例支持。

赴台湾清华大学交流期间，何思萌担任科技法律研究所下属生物伦理与法律中心研究助理，参与环境法专题研究，协助撰写论文《环境影响评估——以日法德为例》。

她积极参与各项社会调研，曾以《农村集体资产管理机制研究——以南海集体资产股份权能改革为例》获返乡调研三等奖，以《社交网络意见领袖在互联网公共事件演变机制中的作用》获公共治理数据分析大赛优秀奖，以《共享困境：网约车监管难题与可能突破——以广州市为例》获博学笃行二等奖，以《中山大学少数民族学业调查研究》《高等教育体制机制改革背景下的师生关系探究》连续两年获青年研究大赛三等奖。

发挥所长，以笔为媒

在舆论与司法交锋常态化的今天，作为一名法学生，何思萌常常思考二者的界限如何划分，抑或何以求得二者的平衡。她选择了一个最笨却也是最直接的办法——到媒体

行业去。她在新华社广东分社实习，报道了大湾区建设过程中各行各业工作者群策群力谋发展的多场大型论坛、会议。她担任中山大学青年快讯部记者、校团委青年媒体中心新闻部记者，所供稿件阅读量通常超过 3000 次；担任学生处"逸仙学声"微信公众号时评部副部长，实现平台阅读量十倍提升；通过"学霸说"与"师说"栏目报道优秀学子的奋斗经历与杰出师长的人生经验，为广大学子提供奋斗榜样与方向；成为《中山大学报》特约记者，以笔为媒，代表青年学子发声；担任法学院青年媒体中心执行主任，积极探索通过新媒体与传统纸媒的力量，拉近在校师生与毕业校友之情谊。3 年来，她的采访对象超过 30 位，包括各级领导、外交官、教授、法官、律师、医生等，作品常见于新华网及《中山大学报》《番禺日报》等媒体。

面对媒体与法律错综复杂的问题，她尚未找到确切的答案，但深入媒体探索的过程，让她看到了更多元的世界，促使她立志于未来，借助媒体的力量，传播法律知识，普及权利意识，为法治国家的建成贡献青年力量。

坚定信仰，服务社会

高三时，何思萌就已经成为预备党员，有坚定的理想和信念，积极践行全心全意为人民服务的宗旨。她担任第 21 期马克思主义理论研修班副班长，负责班刊《攀登》的编纂工作，多次参与举办校级研讨活动，作为高校思想道德教育学生代表被广东电视台采访，作为优秀学生代表向时任中共中央政治局常委刘云山、国务院副总理刘延东发言，获评"两学一做示范班优秀学员"，代表第 21 期马研班做结业发言，原稿刊登在《中山大学报》上。党团工作方面，她担任 2015 级本科生第一党支部宣传委员，协助党支书处理各项支部事务；担任 2015 级（1）班团支书，带领班级连续两年获得院级"五四红旗团支部"，于 2017 年获校级"五四红旗团支部"，个人获评"中山大学百佳团支书"。

在社会志愿服务上，何思萌自入学以来公益时累计接近 300 小时，担任广州市图书馆、广州少年儿童图书馆、南沙区团委、兴宁市志愿者委员会、兴宁市人民法院、番禺志愿者协会等多个公益机构的志愿者，参与包括寒假招生宣传、广州图书馆阅读志愿者等志愿服务，尽己所能奉献社会。服务社会对她而言从不是空话。她秉承理论结合实践的思想，主动将专业知识通过实习的方式作用于社会之中，服务了大量有需要的人，先后在广东伟华律师事务所、广州市越秀区人民法院、广东省南方公证处实习，获得所在机构工作人员的一致好评。

何思萌行走在媒体与法律交界之处，相信她在未来仍能坚持理想信念，勇做走在时代前列的奋进者、开拓者、奉献者。

中山大学
新时代中国特色社会主义
思想传播研究会
中山大学2018大学生年度人物

为智慧党建赋能，团结青年跟党走

中山大学新时代中国特色社会主义思想传播研究会由我校各院系的青年学子组成，该研究会响应党和国家的号召，发挥中山大学文理兼长的优势，为党建、思政、教育工作做出贡献。团队自主研发了"移动党校"等科研成果，填补该领域空白；获批15项专利，被教育部评为"全国思政工作精品项目"。

该研究会在2018年"创新春""互联网+"创新赛事中夺取多项国家级奖项。它还受邀至2018国际智能装备制造展党建专区参展，并试点服务广州、深圳、昆明等多地党政机关，《人民日报》等媒体对其进行了报道。

2018年，习近平总书记在广东视察时，团队代表汇报了科研成果并获得了肯定。

王旭，中山大学政治与公共事务管理学院2017级博士生，担任中山大学团委兼职副书记，是中山大学新时代中国特色社会主义思想传播研究会创始人、共青团广东省委员会候补委员、共青团广东省委员会党的建设和从严治团工作委员会委员、河南省青年联合会科技界别委员、阿里巴巴集团全球梦想家、愿未央公益团队创始人。

创新党建新模式

王旭奋力投身于党的事业，联合自然科学和社会科学领域的博士研究生，依托中山大学政治与公共事务管理学院、数据科学与计算机学院、中山大学全国干部培训中心等中山大学跨学科的科研力量，在中央党校、中国科学院等机构专家的共同指导下，成立了中山大学新时代中国特色社会主义思想传播研究会。研究会自成立之日起，积极参加教育部主办的"全国青年红色筑梦之旅"等活动，深入全国各地的革命老区和学校开展调研，取得了丰硕的成果。

王旭带领团队自主研发了"移动党校"智能终端、"虚拟现实党课"等课程，并在深圳市宝安区等多个地方党组织试点落地，服务党建和思政工作。该团队还响应习近平总书记"服务革命老区"回信精神，奔赴百色等革命老区，深入乡镇，同当地党委深度联系，共同探索"党建+扶贫"模式，并为老区捐赠团队研发的党建AR（Augmented Reality，增强现实）教材，帮助革命老区人民学习党的知识和理念。

2018年10月24日，团队代表卜熙向习近平总书记汇报了"移动党校"的相关情况，总书记对项目予以了肯定，并勉励团队同学继续努力，以取得更大的进步。

同时,该成果被《人民日报》(2018年9月18日第11版)以"信息技术与党建工作深度融合——移动党校落地深圳"为题进行了报道。

网络育人有新招

作为团队带头人,王旭同学思想坚定,认真学习,曾获得"研究生国家励志奖学金"等荣誉。作为一名中共党员,他认真学习专业知识和党务知识,并努力将信息技术运用于思政课程中。

王旭带领团队使用增强现实(AR)技术、虚拟现实(VR)技术制作了新方式的党课,不仅在中山大学微党课大赛中获得一等奖,被教育部思政司评为"网络育人"精品课程,还在昆明市等党政机关进行落地应用,让党员和群众更加积极主动地学习党的思想和历史,并亮相中央电视台。

2018年4月,王旭和中山大学马克思主义学院师生合作的文章《基于人工智能与仿真技术的高校思政教育方法研究》,被"思想政治理论教育传统优势同信息技术高度融合学术研讨会"采纳,并受邀请参会。

王旭作为发明人,带领团队研发了"一种基于手势控制的新型党建系统""一种云—网—端架构下的人工智能党建终端"等十余项专利,将科研成果服务于党的建设,为党员和群众提供更方便的党建知识学习途径。

王旭积极投身于学术研究,在全国高校双创教育实践研究培育项目、广东省科技厅"攀登计划"科技创新培育项目(重点)、广东省教育厅广东省本科高等教育改革项目、广东省教育厅研究生学位教育改革项目中担任主持人或执行人。王旭还参与了《行政管理学》《粤港澳大湾区新一代人工智能蓝皮书》等教材、蓝皮书的部分更新或撰写。

一直以来,作为团队负责人的王旭同学积极响应党的号召,带领团队为党建创新贡献自己的一份力量。

团结青年跟党走

在校期间,王旭还担任中山大学校团委兼职副书记,积极号召团队和青年团结在党和团的周围。

王旭同学曾代表团队参与共青团广东省第十四次代表大会,并作为广东省唯一学生代表当选共青团广东省委员会候补委员,工作期间积极为团省委的党建调研做出贡献,被任命为广东团省委党的建设与从严治团工作委员会委员。

服务"双创"获表彰

王旭热衷科技创新,担任河南省青年联合会科技界别委员。作为队长或负责人,他先后多次在"创青春""互联网+"等国家权威部门举办的创新创业赛事上获得国家级荣誉。

在校期间,王旭带领团队,积极为国内外来宾做创新、公益、学术等领域的分享或报告。研究会曾参与团中央国际交流处"日本青年赴中国参访团"等活动;为同学们举办"创新创业讲座"等多场讲座;协助开办国际城市创新领导力研讨班等会议论坛,并在国家发改委举办的"创响中国"等活动中作为代表演讲,服务于"双创"工作。

阿不都卡迪尔江·肉孜

中山大学2018大学生年度人物

铁杵磨针，兴疆稳疆

阿不都卡迪尔江·肉孜，维吾尔族，出生于新疆喀什，管理学院2018级工商管理专业博士研究生。

他勇于发声亮剑，以实际行动公开反对分裂分子，担任宣讲员走基层给各民族群众巡回宣讲党的十九大精神和习近平总书记系列重要讲话精神共5场，听众人数达1200余名。他带队举办多场民族团结一家亲及联谊活动，弘扬民族团结精神。饮水不忘挖井人，他积极回报社会，2018年累计扶贫42人，金额达10000元，免费给400余名考生进行考研英语培训。他学业成绩突出，曾获得全国大学生英语竞赛特等奖等10余项竞赛及文体奖项，10余项学业奖学金，参加多项科研项目，其成果被政府作为决策参考。

刻苦学习，挑战自我

他从小就非常努力地学习，2004年以喀什地区第四名的成绩考上了内地新疆高中班，高中就读于上海交通大学附属中学。2008年考入苏州大学，就读工业工程专业。在校期间，他自强不息，刻苦学习，连续3年获得国家励志奖学金，连续4年获得专项奖学金，荣获"学生标兵宣讲团成员""十佳自强自立标兵"等称号。研究生保送至新疆大学经济与管理学院技术经济与管理专业硕士点，其间获得自治区研究生奖学金、全国大学生英语竞赛全国特等奖等荣誉。研究生毕业后，在新疆工作的两年时间里，他感到新疆民营企业人才培养体系尚未健全，人才创新机制处于基础阶段。为了改善新疆民营企业目前落后的现状，他决定辞去副总经理的职务并打算报考一所好大学继续攻读企业管理博士学位。

看了高校博士生招生简章后，中山大学管理学院近几年取得的成就和办学特色吸引了他。中山大学管理学院作为国内顶级商学院之一，对考生的要求非常高。为了能够达到这一要求，他拼命努力，通过层层笔试、答辩之后终于考上了梦寐以求的管理学院，成为一名中大人。

立场坚定，为民服务

作为一名已有7年党龄的青年党员，他在党的十九大胜利召开后积极响应上级组织号召，在乌鲁木齐市天山区有关街道和社区巡回宣讲党的十九大精神和习近平总书记系

列重要讲话精神 5 场，参加人数多达 1200 名，得到了当地领导和各族同胞的一致好评。

他始终以维护国家统一、维护民族团结为己任，并深深地将此理想信念植根于心间，付诸日常的行动中。他积极组织 3 场"民族团结一家亲"主题活动，给身边的人讲述维护民族团结和各民族同胞相亲相爱的感人故事，让维护民族团结的意识深深烙印在他们的心里。

作为一名思想觉悟高、受党恩、政治立场坚定的共产党员，他代表广大青年，于 2018 年 6 月在辖区有关单位员工和居民面前公开发声亮剑，表达了对"三股势力"和"两面人"坚决反对的态度，并宣誓将不惜一切代价与"三股势力"和"两面人"作斗争，维护祖国统一，维护民族团结。

他深知党员的义务就是为人民服务，因此，心系群众，为有困难的群众解决生活上的一些问题成为他生活和工作的重要内容之一。他积极组织单位党员同志定期开展主题党日活动，看望辖区有困难的 42 名各民族群众，给他们送去温暖，投入累计折算金额达 10000 元。正所谓赠人玫瑰，手留余香，虽然给他们送去的只是大米、面粉、食用油以及衣物等一些生活必需品，但这在一定程度上减轻了困难群众的生活压力。看到他们脸上洋溢着幸福的笑容，他更加坚定地履行作为一名中国共产党员所担负的使命和责任，同时他也以更大的激情与更坚定的信念投入到为人民服务之中。

除此以外，他还充分发挥自身优势和利用身边资源，在周末或假期，为准备研究生考试的各民族学生辅导英语，累计免费培训学员达 400 名，为他们的有效备考贡献了一份力量，获得学员们的一致好评。

自强不息，提升自我

来到中山大学管理学院之后，他充分展现了少数民族热情好客的品质，主动结交同年级其他民族的同学，为他们讲述新疆的故事，介绍新疆和维吾尔族的优秀传统文化，做民族文化交流的使者。

在短短 3 个月的时间里，他努力克服语言、生活及饮食上的种种困难，全身心投入到学习和科研工作中，在努力钻研博士阶段的专业课程之外，还发挥自己在 2015 年全国大学生英语竞赛获得全国特等奖的优势，指导课题组和班里同学专业英语笔译与英语口语。在科研方面，他在课题组老师的指导下完成了一篇英文论文的写作，目前正在接受国际人力资源知名杂志的审阅。同时他还应邀参加广东省人社厅关于"广东省人力资源服务行业调研"课题和"粤港澳大湾区人才流动创新机制研究"两大课题，受邀参加中山大学管理学院与珠海港控股集团产学研合作座谈会等活动。

作为一名党员，他是管理学院博士生第一党支部委员会的一员，主动承担工作任务、积极为党支部服务，协助支部书记李江雁老师安排相关组织生活会，撰写会议报告等。同时，他还是中山大学马克思主义理论研修班的成员，以评委的身份受邀参加管理学院第二届"访企业，走自信桥"暑期社会实践活动。

对于为什么辞去公司副总经理一职来到广州攻读博士这一问题，他回答道："我在新疆工作的几年里看到了新疆和国内其他地区的差距，新疆的繁荣离不开各族人民的共同努力，我相信从管理学院博士毕业后能够在国内其他地区找到一份很好的工作，但我

铁杵磨针，兴疆稳疆

的目标非常明确——我要积极响应国家'一带一路'和'西部大开发'的政策，回新疆，回到祖国最需要我的地方工作，为新疆的经济建设、人才建设、政治建设、民族团结以及长治久安奉献自己的一切！"

投身军营，心系国防

圆梦中大，献身军营

郎熙，资讯管理学院2015级本科生。1995年出生于一个国家级贫困县——云南省镇雄县，他在逆境中成长，通过自己的努力，克服重重阻碍，终于考入中山大学。大一看到征兵动员以后，心中的军人梦让他毅然参军，在学校"德才兼备、领袖气质、家国情怀"人才培养目标的感召下，他觉得，作为一名中大学子，参军报国、献身国防正是践行家国情怀的具体表现。通过层层选拔，他终于圆梦军营。

困难重重，百折不挠

虽然他出生在农村，多少吃得了苦，但是部队的苦累早已超过一般人所能负荷的，这让身材瘦小的他在部队吃尽了苦头，他常常因为高强度的训练累倒在训练场。"身体关"难过，"思想关"同样困难重重。在令行禁止、绝对服从的部队里，散漫的思想也使他经常被扣上"不服从命令"的帽子。

为了克服这些与部队不相适应的因素，他付出了常人难以想象的努力。战友睡觉，他加班搞训练，手榴弹、负重奔袭都是他薄弱的军事科目。他不想被班长教训："打仗时，你的手榴弹只能扔在战友脚下"，他不甘心就此认输。教育课上，他专心听讲，学习习近平关于强军兴军的最新理论，领会党的十九大报告的精神。

半年的强化训练和自我加压，他终于成长为一名合格的武警战士，并且在年终考核时各项军政素质考试成绩名列前茅，同时还获得了优秀士兵和团嘉奖的荣誉。

任务面前，毫不畏惧

安徽抗洪是块硬骨头，还是新兵的他以坚强的毅力圆满完成了抗洪救灾的任务，与战友们一起保卫了人民群众的生命和财产。第二年，他奔赴厦门执行金砖国家领导人会晤的安保任务，他是唯一的两年兵，上前线、打头阵，确保了金砖国家领导人会晤期间的安全稳定，同时还接受了武警部队王宁司令员和公安部郭声琨部长的联合检查。

返校复学，心系国防

读书不忘报国，报国不忘读书。如今，郎熙的军旅生活已经结束，他在中大求学的生活又开启了新篇章。回到学校的郎熙，不仅第一时间投入学习，还投入学生工作和国防教育中。他积极竞选班委，同时还担任学校国旗班的教官，将自己在部队的所学带到学校，带动、感染着周围的同学。

广东省第六届"南粤长城杯"演讲比赛启动后，郎熙第一时间报名，他以亲身经历为青年、为中大学子发声。通过一个多月的精心准备和指导老师的帮助，郎熙勇夺大学组第一名。作为唯一一名来自中山大学的演讲选手，他满腔热血，用铿锵有力的演讲，展示了一名中国军人的昂扬斗志、一名中大学子的卓越追求。他将会继续发扬部队优良传统和作风，为学校、为国防教育做出更大的贡献！

中山大学2018大学生年度人物

医者仁心——最美医学生

万雅兰,中山医学院临床医学(五年制)2014级本科生。

2018年11月24日,万雅兰在地铁站见一少年晕倒在地,立刻主动上前施救,为挽救患者的生命赢得了宝贵时间。这一事迹被校内外多家媒体报道,赞她是"最美医学生"。万雅兰是一个全面发展的优秀学生,她连续3年获得中山大学优秀学生奖学金,以第二作者发表SCI论文,同时还获得免试推荐攻读研究生的资格,并被北京大学录取。万雅兰积极为同学服务,曾在中山医学院团委学生会、中山医学院校友部任学生干部。

热爱学习,钻研难题

从进入学校开始,万雅兰就表现出极高的学习热情。在校期间,万雅兰时刻牢记自己在学校开学典礼上的誓言和不懈奋斗的目标——做一名救死扶伤、解救病人于病痛之中的合格医生。医学生的生活十分辛苦,万雅兰每天的日程都排得满满当当的。她除了要完成大量专业课程的学习,还要花费大量时间理解记忆浩如烟海的医科专业知识。同身边许多同学一样,万雅兰有时也会觉得压力很大,觉得学习生活很辛苦,但她却从来没有抱怨过,因为她知道,当一位好医生不能只是说说而已,因为现在记下的每一句话,在将来都可能会派上大的用场,现在偷懒,就是对以后的病人不负责任。

除了日常忙碌的学习,在学院对学生科研活动的大力鼓励支持下,万雅兰还积极参与本科生科研。在校期间,她以第二作者的身份于 Neuroscience Bulletin(影响因子3.155)发表论文"A Context-based Analgesia Model in Rats: Involvement of Prefrontal Cortex"。同时,万雅兰还参与校内各项实践活动,曾担任中山大学中山医学院校友部部员、中山医学院团委学生会学术部部员,参与策划组织了校友寻访、学术讲座、中山医学院临床技能大赛等多项活动。

救死扶伤,托举生命

不断朝着合格医生目标前进的万雅兰,因为一个不经意的善举而为人们所认识。2018年11月24日上午10点左右,万雅兰和同学外出游玩,乘坐广州地铁路过车陂南站的站台时,她看到一名17岁的少年晕倒在地,一动不动。在这千钧一发之际,万雅兰选择了挺身而出，以过硬的专业知识和技能对呼吸、心跳已经全无的少年进行紧急救助，最终挽救了少年的生命。事情过后，万雅兰的同伴将救人一事发布在朋友圈中，一时间引来无数好评和点赞，并连续被校内外媒体，如《南方日报》《广州日报》《羊城晚报》及"中山大学"官微等报道，将她称作"最美医学生""最美实习生"。

那天，万雅兰路过时，见到许多工作人员神情紧张，一边正在用围栏将一个倒地的人围住，一边大声呼喊："不要围观！不要拍照！"万雅兰起初并未意识到发生了什么事情，并出于不阻碍工作的想法打算离开。但是，当她透过缝隙看到倒地者一动不动，并且有工作人员对他进行掐人中等操作时，她意识到可能是出事了。虽然只是一个实习生，但是万雅兰想到自己是医学院的学生，具有相关的专业知识，并且在医院进行了数月的实习，具有一定的处置经验，倒地者此时此刻非常需要自己伸出援手。她立刻把背包扔给同伴，上前告诉工作人员："我是医生！"

在确认工作人员已经联系救护车的同时，万雅兰凭借在日常课业中学到的急救知识，以及在学院安排的医院教学实习中获得的临床技能，抓紧时间开始检查患者情况。在经过对病人双侧大声呼喊，以及摸颈动脉搏动和观察胸廓起伏等一系列流程后，万雅兰确认病人心搏骤停，情况十分危急。万雅兰立刻开始对病人进行心肺复苏。工作人员很快拿来了急救箱，也有热心市民前来帮忙，整个抢救过程紧张但有条不紊地进行着。

抢救了一段时间，工作人员突然大喊："他的手握了一下我的手。"也有人接着喊："他的头动了一下。"这样的语言无疑鼓励了在场的各位，但是万雅兰却不敢懈怠，专业知识告诉她，病人瞳孔和眼睛的情况无疑表明他极有可能在晕倒时撞到头部，并造成了脑外伤，这意味着情况仍然十分凶险。家属在旁边焦急万分，苦苦哀求："求求你们救救他！他才17岁啊！他要是没了，我可怎么跟他爸妈交代啊！"听到家属的话，已经跪在坚硬的地面上几十分钟的万雅兰却顾不上双臂和膝盖的酸痛，仍然高质量地做好每一次按压。救护人员到场后，医生和护士对病人进行了紧急处理，在病人状态相对稳定后将他送往医院。当众人散去，万雅兰也悄然离开了现场。当她在同伴的提醒下看到自己浑身是汗、膝盖淤青时，这才意识到自己已经跪着给病人做了一个小时的心肺复苏。

如同无数优秀的中大先辈，危急关头，万雅兰选择了挺身而出，用实际行动践行了自己的誓言。万雅兰作为一名普通的中大学生，做出了为所有中大人所骄傲的善举，这不仅是她个人的荣誉，更是每一个中大人的荣誉。提高专业素养，练就过硬本领，以"德才兼备"实现"家国情怀"，展现"领袖气质"，当如是！

郭芃菲

中山大学2018大学生年度人物

公益与学术，自助与助人

郭芃菲，公共卫生学院2014级本科生，"逸仙思源"优秀学生培养计划二期学员，耶鲁大学公共卫生世界学者项目候选人，本科毕业后获得国家留学基金管理委员会资助前往耶鲁大学公共卫生学院就读直博。她扎根中国艾滋病预防一线，组织"广东青年网络"防艾活动，服务广东40多所高校，影响超过2万人，培养讲师150余人。她向世界传播中国经验，在美国、新加坡、越南等地举办的国际会议上发表中国疾病预防论文与专题报告，得到国际同行的好评。她是"一带一路"全球卫生项目实习生，意在以中大的研究来为尼泊尔全国学龄儿童制定营养干预方案。

心怀社会，热心公益

上医治未病——这是预防医学专业郭芃菲的梦想与志业。在中大求学五载，郭芃菲一直致力于疾病预防的公益实践与学术研究。她热心公益，是广东省校园艾滋病防控杰出志愿者，组织团队进行志愿服务活动，累计覆盖广东省内超过40所高校近2万人，活动成果得到联合国艾滋病规划署等多个机构的认可。她追求学术，积极推进预防理论学术研究，曾在国内外两场国际会议上做专题报告，曾为国家留学基金管理委员会—耶鲁大学公共卫生世界学者项目候选人。

校园防艾，创新公益。郭芃菲参与校园防艾与性教育志愿服务已有3年，对青少年性教育工作进行了体系化的创新，取得了较大的社会影响。她是广东省性教育组织"广东青年网络"核心小组成员及联合国儿童基金会支持的在校生艾滋检测咨询组织"非常小伙伴"早期成员，她领导团队成员在教育形式、教育内容和人事组织三大方面积极开拓创新。她引入科普达人赛、线上直播等形式来提升教育效果，活动得到联合国艾滋病规划署官方平台等媒体的报道；她带领团队自主创新"性行为与决定""预防艾滋病"等实用高效的教育课程，组织团队宣讲培训每年覆盖近10000人次；她引导同龄人一起奉献公益，作为第一负责人策划了"广东省魅力讲师同伴教育主持人大赛"与两届亚德客"青春健康，同伴教育"讲师培养项目，累计培养防艾与性教育宣传志愿者150余人；她的工作开始从中国走向了世界，同时还受邀参加中国计划生育协会青春健康青年领导力培训营、第九届亚太地区性与生殖健康权利会议、新加坡社会企业工作坊，向全球同行专家进行经验分享。

公益与学术，自助与助人

求学问道，精于科研

关口前移，精研学术。在积极参与一线实践的同时，郭芃菲也不忘持续推进学术研究。针对 HIV 感染者治疗意愿问题，在顾菁副教授的指导下，她以第一作者撰写论文一篇，摘要"新治疗策略下 HIV 阳性者的抗病毒治疗意向与高危性行为分析"被 2018 年全国艾滋病学术大会收录；围绕理想心血管健康问题，她在朱艳娜副教授的指导下，首次将美国儿童青少年理想心血管健康标准本土化在中国进行分析，两篇第一作者论文摘要分别被第三届国际肥胖学会议与 2018 妇幼营养国际论坛收录，均作为大会唯一的本科生受邀赴洛杉矶、杭州发表口头报告。她在研究中所设计优化的早产儿出生队列随访计划与生命早期喂养方式调查问卷，目前已被深圳、佛山多家妇幼保健院采纳使用。

践行理想，追求卓越。郭芃菲将公共卫生作为自己的人生事业，在更高的平台、更广的范围去实现"上医治未病"的梦想。2018 年 11—12 月，她作为中山大学尼泊尔全球卫生项目实习生，协助建立尼泊尔学龄儿童青少年健康体检系统。同时，她还以优异的综合素质被列入国家留学基金管理委员会—耶鲁大学公共卫生世界学者项目候选人，期待在博士研究中开拓公共卫生事业。德才兼备、领袖气质、家国情怀。她始终牢记中共党员的责任与使命，努力践行饮水思源、服务社会的人生信念，立志奉献公益与学术，做中国公共卫生的铺路人。

周梓洵
中山大学2018大学生年度人物

深耕所爱，臻于至善

周梓洵，国际金融学院2015级本科生。在学校"德才兼备、领袖气质、家国情怀"人才培养目标和学院科研强院、体育强院战略的熏陶渐染下，周梓洵力求全面发展，博学笃行；更找到了自己真心热爱之事，专注学术，投身体育；深耕其中，臻于至善，受益匪浅。他这样描述自己的大学生活：三年一觉国金梦，卷上珠帘总不如；年少情怀济沧海，不负康乐四轮秋。

潜心学习

周梓洵坚信学习是学生最重要的任务。在"学在中大，追求卓越"优良校风学风的熏陶下，周梓洵经过努力多次获得奖学金，连续两年获得校优秀学生一等奖学金，并获得国家奖学金。同时，周梓洵的成绩在工商管理专业排名第一，管理类专业必修课成绩排名也均为第一。在大三暑假的夏令营申请中，周梓洵先后获得北大光华、国发、汇丰，复旦管理学院、人大商学院和浙大管理学院的入营名额，参与了北大光华、国发和汇丰的夏令营考核，并全部取得优秀营员推免预录取的名额，最终获得参与北大光华硕博连读项目继续深造的机会。此外，周梓洵学以致用，积极参与社会调研和学习实践比赛，先后获得国际级美国数学建模大赛二等奖，国家级中国公共管理案例大赛三等奖，省级政务关注调研比赛二等奖、三等奖等多类学习竞赛奖项。

立己达人

周梓洵经常思考如何运用自己所学和所长以帮助他人。学习上，自大二起，周梓洵就在学生会开设的面向国际金融学院学生特别是港澳台及留学生的"学业辅导"活动中3次担任小老师，上课累计达20余次，累积公益时150余小时，更有帮助同学进步30分的案例。辅导班小老师的成功激励了周梓洵百尺竿头，更进一步，从大三开始，周梓洵两次担任国际金融学院本科生基础必修课"中级宏观经济学"和"计量经济学"助教。在跟课的过程中，周梓洵积极做好老师和同学间上传下达的工作，积极回答同学的疑问，组织答疑近10次，累计批改作业2000余份，已结课的两门课程考核均为优秀。学术上，周梓洵相信学术的精神在于相互分享和共同精进。从大三第二学期开始，周梓洵帮助两位2016级本科生进行科研和写作，他们在相处中共同学习、进步。与此同时,周梓洵和他们共同完成的论文初稿已分别入选"第四届未来经济学家论坛"和"2018年复旦大学管理学院博士生论坛"。独行快,众行远,周梓洵坚信传承和互助的力量,这也体现了他朴素真挚的情怀。

笃行学术

在国际金融学院"学术育人"的氛围中,周梓洵积累了厚实的基础,收获了丰硕的成果。本科期间,周梓洵从助研做起,整理数据,分享论文,讲解方法。2018年,周梓洵开始厚积薄发,取得了如下的喜人成绩:第一,分别以负责人和第一参与人身份获得两个国家级大学生创新训练计划;第二,先后完成4篇学术论文(均为导师后一作或导师后二作),其中论文《城市规模与人才配置》已经在中文顶级期刊《经济研究》二审阶段,其余论文也计划向中文权威期刊和领域内顶级SSCI期刊投稿;第三,积极参与学术会议,论文多次入选所属领域和学科最高水平会议,他还以本科生的身份先后获得硕博级别、青年学者级别和学者级别论坛最佳论文奖。其中,中文论文《城市规模和人才配置》先后入选北京大学新时代青年经济论坛(无评选环节)、第五届香樟经济学论坛、浙江大学中国经济学博士生创新论坛(获最佳论文,获奖比6/100)、首届城市经济学者论坛(获优秀论文,获奖比13/163)、国际经济与粤港澳大湾区发展前沿学术论坛(无评选环节);英文论文"Corporate Violation and Philanthropic Donation"同时入选象征三个领域最高水平的中国经济学年会(入选率<20%)、金融学年会(入选率<30%)和中国管理学年会并做现场报告,同时也在香樟经济学论坛、战略管理学年会等论坛报告中广受好评;论文《官员更替和企业成长》入选复旦大学管理学院博士生论坛;论文《房价和职业选择》入选第四届未来经济学家论坛。仰之弥高,爱之弥深,周梓洵希望以学术为一生志业,创造社会价值,促进民生福祉,以科研报国。

专注体育

周梓洵爱好体育运动。大学4年里他每天坚持跑步,并专攻400米和1500米中长跑项目。四年来他曾获得校运会400米第一名、第二名(2次),4×400米第一名、第三名(2次);多次打破学院400米、1500米纪录并获得院运会冠军。他在"康乐杯"的跑射联项比赛中的校道接力上也获得一等奖(第一名)等荣誉。在个人荣誉之外,周梓洵更希望和集体一起站在最高领奖台上。他创建了国际金融学院田径院队并担任队长一职,见证了两年来学院在校运会上从第三名到第二名的突破。2018年校运会前,田径队从暑假开始准备,每个单项都针对参赛队员制订了专属的训练方案。在每个竞赛项目上,周梓洵都根据参赛队员和往年情况进行准备。从周一到周日,集体备战的计划充实了日程。最终,在2018年校运会上,国金田径院队以169分、领先第二名60分的绝对优势,获得学院历史上首个校运会团体总分冠军。同时,在"康乐杯"等学校体育赛事上,国金田径院队亦帮助国金学院屡获佳绩。体育运动体现了周梓洵个人坚持不懈的品质,也记录了团队共创辉煌的集体主义精神。

但行好事,莫问前程;但问努力,无问西东。4年来,周梓洵将中山大学的校训和

学生年度人物的责任与担当深深铭记在心,不断向内心的彼岸漫溯远航。遥望来路,相信他能继续笃行在科研的道路上,勇攀学术高峰,更力求全面发展,做新时代的社会主义建设者和接班人。

余凯

中山大学2018大学生年度人物

付科研以真心，予他人以真诚

余凯，肿瘤防治中心2017级硕士生。他热爱科学，潜心钻研，科研成果丰硕。2018年他在肿瘤分子医学领域发表SCI论文5篇，其中第一作者2篇（最高影响因子11.56）。他勤学刻苦，锐意进取，力求全面发展，先后获得国家励志奖学金、省级优秀毕业生、国家奖学金等奖项，并主持国家级大学生创新训练计划一项。他热爱奉献，积极服务大众，弘扬社会主义核心价值观。他多年坚持社会公益事业，获多项省、市级志愿奉献奖。

对于科研，余凯始终保持着严谨的治学态度和孜孜不倦的科研精神，坚守那一份执着和热情，并取得了丰硕的研究成果。在2018年，他先后以第一作者的身份在 *Nucleic Acid Research*（IF = 11.561）上发表磷酸化修饰数据库相关论文一篇，并以共同第一作者身份在 *PLoS One* 上发表翻译后修饰预测建模论文一篇，同时，还以参与作者的身份协助师兄师姐发表三篇肿瘤研究相关的论文。此外，还有多篇生物信息学文章在投稿或准备投稿。

"路漫漫其修远兮，吾将上下而求索。"尽管在中山大学一年的时间里已经做出了不少研究成果，但余凯从未感到满足。他认为，往后的路还很漫长，在科研道路上的拼搏绝不会就此止步。前期的研究成果只是一个起步，生命科学领域还有很多难以解决的难题，还有很多有意思的东西值得研究。科学研究的道路是永无止境的，一切只为了崇高的理想和心中那份对科研的坚持。

社会的和谐离不开人和人之间点点滴滴的相互帮助。因此，在日常生活中，余凯还热衷于公益事业。在湖南大学就读本科时，在闲暇时，他会去红十字会当义工，并获得了长沙市一星级红十字志愿者的荣誉。无论是在湖南大学读本科，还是中山大学读研究生，他都坚持每年两次在红十字会献血，并于2018年获得由湖南省卫生和计划生育委员会与湖南省红十字会颁发的2016—2017年度湖南省无偿献血奉献奖铜奖的证书。

"博学、审问、慎思、明辨、笃行"是中山大学的校训，也是余凯同学坚守的人生信条。切磋琢磨乃成宝器，余凯相信，一个人的学问要达到一定的成就，必将经历凛冽的寒冬，方能绽放芳华。

余凯同学身上具有中大学子求真务实的典型特质，有心系家国的人文情怀和责任担当，是一名既平凡却又不平凡的中大学子真实的缩影。他以真心对待科研，以真诚对待他人的精神值得同学们学习借鉴。

中山大学
音乐话剧《笃行》剧组
中山大学2018大学生年度人物

笃行不渝，践行新时代中大力量

中山大学有着光荣的革命历史和深厚的爱国奋斗精神，是中国共产党早期领导人参与筹建的大学，始终与国家和民族的命运紧密相连。为深入挖掘中山大学红色基因，传承中华优秀传统文化，继承革命文化，发展社会主义先进文化，在全校师生中弘扬爱国奋斗精神，从2016年起学校着力打造红色中大三部曲——《中山情》《笃行》和《奋斗的岁月》。其中，音乐话剧《笃行》剧组的18名演员克服了学业、毕业、生活、身体等各种困难，进行封闭式话剧排练。在每天12小时的高强度排练下，剧组18名演员笃行不渝，在28天内完成了一部高质量音乐话剧，弘扬了新时代中大精神。

《笃行》已于2018年11月2日、3日在中山大学梁銶琚堂首演，得到全校师生和社会各界的广泛认可。

参演《笃行》，何其所幸

剧组的演员都是从数十名报名人员中通过层层选拔，被遴选出来的，他们深知机会难得。就像导演老师所说，参演《笃行》，首先要从内心深处学习、领悟、认同中大深厚的红色基因，并将其内化于心、外化于行地在舞台上真情流露，表达出爱国、爱校、爱人民之情；其次要从内心热爱舞台，热爱《笃行》；另外，由于是音乐话剧，所以还要求一定的声乐基本功；最后是排练时间的保证。来自社会学与人类学学院2016级硕士生刘润鹏，作为演员中年龄最大的"大师兄"，排练时正处于毕业的"攻坚期"，为了争取参演机会，减少导演和老师的顾虑，在报名时还"谎报"了年级。"其实导演和老师早就知道，只是一直装不知道，他们默默地成全了我的这种心意，我非常感动。"刘润鹏说。

压力和决心中迸发力量

对于参演《笃行》，演员们是兴奋的、自豪的，但更是有压力的。《笃行》当中每一个人物都是光辉的，剧本的时代背景波澜壮阔、故事情节可歌可泣，每一个中大青年的形象都是光芒四射、给人启迪的。把中山大学这段荡气回肠的光荣历史，用现代艺术手法展现在舞台上，同时也塑造出一个个经典的历史人物角色，这本身对演员来说是一个非常有挑战性的任务。

"另外一个更大的压力来源是责任感、使命感,"罗钦的扮演者陈思洋同学说,"学校推出这部《笃行》的初心,就是要挖掘中大红色基因,教育我们革命不忘读书、读书不忘革命,铭记中大历史、缅怀革命先烈、传承中大文化,把这种中大人骨子里的文化根植于中国特色社会主义伟大实践中去。想到身后努力支持我们的学校领导,想到老师和同学们的殷切期待,想到《笃行》背后承担的这种意义和使命,我们每一位演员都感到任务艰巨、使命光荣。"

我们有新时代的中大力量

邵思平的扮演者熊壮同学说:"《笃行》在前期筹备时,学校党委书记陈春声、校长罗俊亲自指示、指导和关注,给《笃行》的诞生奠定了最坚实的基础。还有学校党委班子、校领导的关怀支持,作为演员都是能够真切感受到的。"学校党委余敏斌副书记和党委组织部、宣传部、学工部等相关部门的老师们,多次到现场给剧组鼓励、指导;校团委的领导,也不止一次到东校园排练现场看望大家。"这些都给予我们莫大的鼓舞。校领导在百忙之中,放下手头工作,亲临现场指导、慰问,为大家加油打气,时刻关注演员们的安全、学习、排练进度等。在他们身上,我们能看到新时代的革命精神,这给了我们巨大的力量!"刘润鹏说。

《笃行》的18位主要演员都是中山大学在读学生,从排练到成功首演历时仅一个月。"全校师生共同联动,给我们注入了巨大的力量,让我们有决心必须完成这个任务,拼搏坚持,一路披荆斩棘才有了源源不绝的动力。这种力量,就是我们新时代的中大力量。"许求的扮演者柳醒龙如是说。

"把自己不断地摔打在舞台上"

"专业精神比专业更重要。"这是导演老师时常挂在嘴边的一句话,也是演员们努力践行的一句话。作为一部文艺作品,《笃行》追求的是"专业",这往往是一部校园作品的困难所在。非科班出身的学生演员首先要改掉的便是"南腔北调"的口音。为了更好地把握剧中的人物,他们在导演的带领下一遍又一遍地通读剧本,都为自己的角色撰写了"小传"。导演的要求近乎严苛,他明白表演就是"把自己不断地摔打在舞台上"。在前期排练时,演员们花了20多天进行"坐排"。在没有布景的情况下演戏,这对演员是一种煎熬。女主角陈思洋在这个过程中不断揣摩罗钦的心理状态:"我都快要'自闭'了!"大家似乎也习惯了她的这句玩笑话。

让演员们"又爱又恨"的,还有连续半个月的体能训练,高强度的形体集训,一方面需要锻炼演员的体能持久度,另一方面在这种训练中,也为舞台上的诸多形体表演打下了坚实的基础。

在参演《笃行》的18位演员身上,我们看到了坚持刻苦的奋斗精神,而《笃行》也向中大人、向全社会展现了伟大的革命历史。不论是《笃行》的参演者还是伟大的革命家都是值得当代青年学子尊敬、学习的对象,其爱国奋斗精神必将被世人歌颂传承!

林展翰
中山大学2017大学生年度人物

担当青春使命，不忘学子初心

林展翰，哲学系马克思主义哲学专业2017级硕士生。曾任广东省学生联合会主席、中山大学学生会主席，曾作为学生代表参加广东省人大第十二届第四次会议，也曾作为中国青年代表团成员随张德江出访中越人民友好交流活动和第三届中越青年大联欢。2017年担任广东省学生联合会执行主席期间，林展翰积极推动广东省学联学生会建设工作、推进粤港学生交流工作，并获得"广东省优秀学生干部"称号。在主持广东省学生联合会第十一次学生代表大会期间，受时任广东省委书记胡春华同志、广东省省长马兴瑞同志的接见。

林展翰学习成绩优秀，善于理论联系实践，所写的报告荣获"挑战杯"课外学术竞赛国赛、省赛特等奖。他在哲学系跟随吴重庆教授学习，注重从学术上关注中国乡村建设与发展。他渴望能够多学点知识，让自己的努力融入祖国强盛的步伐中，让自己的青春汇入祖国复兴的进程里。

这个组织，属于全部青年人

在林展翰看来，百年之前，在中华民族处于最危险的时候，珠江之畔的南粤学子扛起了学联大旗，谱写了那个时代的青春之歌。百年之后，当广东学联的接力棒交到这一代人手中时，林展翰觉得自己有责任、有义务让这个组织里的每一个人得到成长。

在广东学联的平台上，林展翰曾组织举办了广东大中专学生科技学术节和广东大中专学生校园文体艺术节，参与其中的学生超过30万，这些活动让他们提升了个人综合素质。

为了帮助同学们提升就业、创业能力，他带领学联搭建"展翅计划"广东大学生就业、创业提升行动平台，发动超过9万家用人单位在线上发布了50多万个实（见）习岗位，并发动境内外近500所高校的120万名学生在平台上实名注册。最终成功对接匹配岗位超过30万个，帮助同学们在实习、见习中提高适应社会环境的能力。

为了发挥同学们的主体作用，在团中央的指导下，林展翰着力推进广东各级学联和高校学生会改革，在全国范围内率先探索设立"学联专委会"，帮助各高校构建在党委领导下、团委指导下的"一心双环"团学组织格局，让这些组织能够更好地分层分类引领服务同学。

在林展翰看来,广东学联这个组织属于南粤所有学子。身处其中,他希望能够通过自己的努力,让这个组织越来越好,让这个组织里的每一个人都能够有所成长。他说,他希望能够通过自己的工作,影响更多人的观念和思想,做这个时代梦想的传播者。

这座桥梁,属于两地青年人

林展翰时常在想,已经具备通车条件的港珠澳大桥,牵动着三地人民的心。而如何在粤港两地青年的心中架起一座沟通的桥梁,也牵动着他和学联小伙伴们的心。他打心眼里觉得,只有两地青年同心,粤港才能同行。

在学联期间,他牵线举办"情义两地行"粤港青年志愿服务合作营,组织粤港两地共400名学生分赴韶关、梅州、肇庆、揭阳等广东省经济建设欠发达的地市,在当地开展医疗服务、文艺汇演、家电维修、科技支农等志愿服务活动。虽然只有短短一周,但两地志愿者却在服务中建立起了长久的友谊。这个活动被写入《香港特别行政区施政报告》,他也被香港志愿者协会评为优秀志愿者。他说,离别时看到两地学生抱在一起哭着喊出"粤港同心,情怀不散"的一幕,是他最感动又最幸福的时刻。

为了进一步推进两地学生交流,他参与举办"高飞远翔"粤港青年明日领袖培养计划,邀请香港各学校学生代表参与寻根问祖、实习体验等活动,并在两地青年交流会上发表主题演讲,与两地学生一起编织共荣发展的"中国梦"。

他还在学联层面上筹划建立港澳台学生合作交流工作委员会,在省内各高校学生会中,推动建立港澳台学生服务组织,帮助在粤学习的港澳台学生融入内地(大陆)、融入校园,打通彼此之间"交心""交友"的最后一千米。

正如习近平总书记在视察香港时所说:"祖国和香港的未来,寄托在年轻一代身上。"林展翰希望能够通过自己的点滴努力,用学联的平台在粤港两地青年之间搭起一座沟通的桥梁,让粤港两地的未来能够因为这一代青年的成长而变得更加美好。

这块土地,属于这代青年人

无论是在工作,还是在学习中,林展翰始终记得中山先生说过:"惟愿诸君将振兴中国之责任,置之于自身之肩上。"踏实走好每一步,是他对自己的要求。

通过选拔,林展翰成为"中国大学生骨干培养学校"中的一员,在理论学习、社会实践、社会观察、红色教育、能力训练、交流研讨中,培养自己坚定的理想信念。

他参与团中央支援扶贫项目,前往全国知名的贫困村吉林省延边朝鲜族自治州和龙市南坪镇高岭村,在当地开展志愿扶贫和调研活动,深入了解中国农村的实情。

他时刻聚焦农村基层综合治理改革,由他撰写的报告荣获"挑战杯"课外学术竞赛国赛、省赛特等奖,他的研究报告也被递交广东省政策研究室作为决策参考。

林展翰说,弦歌不辍、砥砺前行,是中大教会他的,也是他无论走到哪里都不敢忘记的。他最大的愿望,就是能够做好当下的事情,踏踏实实地走下去,把青春写在祖国的土地上。

林展翰说,他在中大已度过了7年,这7年里他在康乐园里学到的,不仅仅是"博学、审问、慎思、明辨、笃行",还有"领袖气质、家国情怀"。他说他不会忘记来时的路,也会走好当下的路。他渴望和更多的伙伴们一起,用行动成为"中国梦"走向世界的践行者!

张昊喆

中山大学2017大学生年度人物

满腔热血向前进,脚踏实地做科研

张昊喆,化学学院材料化学专业2014级本科生。总有人发出声音,总有人走在路上。无论什么种子,只要给了热血,都能种出果来。一个平凡的普通大学生,发出些许闪光,也都是因为一直走在坚持的路上,慢慢地、一点一点地向前,不缓不急。张昊喆从小热爱化学,至今仍然走在这条路上,而后,还将一直走下去。

他热爱科研。从大一第一学期开始张昊喆进入课题组,努力学习各项实验技能。他在大一第一学期就进入卢锡洪教授课题组学习,并初步掌握了一些实验技能。从大二开始,他在老师和师兄师姐的帮助下能够独立完成课题难点的攻关,并在大二结束之时完成了自己的第一篇论文,本科阶段就以第一作者发表SCI论文四篇。他从大三开始积极参加学术活动,曾获得"挑战杯"校赛/省赛特等奖以及国赛二等奖、广东省材料大赛分赛区一等奖以及总赛区三等奖、化学学院本科生科研交流会特等奖等奖项,并保研至本校继续深造。

他积极交流。张昊喆热衷于和同龄人进行学术上的交流,他积极参加各种学术竞赛,曾获得"挑战杯"国赛二等奖等一系列的学术奖项,还代表中山大学去北京参加了全国化学类大学生科技活动交流会。

他爱好广泛。在课余期间,张昊喆发展多种兴趣爱好,为他两点一线的科研生活增添了乐趣和活力。他是化学学院足球队的一员,也曾担任过中山大学南方文学社副社长;参加过校园马拉松,也曾作为乐队的一员在跨年晚会上演出。

身后风景已远,前方路仍迢遥。要做的,还有很多。

热血,科研的第一生产力

在张昊喆眼中,科研从来都是兴趣导向的学科。从初中溜进器材准备室做品红扩散实验,到现在纳米材料合成与储能器件的组装,可能在他心里,自己永远只是那个不断求知的小男孩。为了将来从事化学这一行,他在高中毅然选择了化学竞赛这条路,并获得了省级一等奖的成绩;在高考填报志愿时,他也是毫不犹豫地在第一志愿里选择了化学专业。"学化学,做科研是我初中以来的梦想,"他说,"既然喜欢就坚持下去,不要被别人所影响。"他坚信:"每条路对于每个人来说都是唯一,竭尽全力走下去才是最好的选择。"

有了高中化学竞赛的相关基础，他大一入学不久就进入了卢锡洪教授的课题组进行科研训练。在师姐的帮助下，他逐渐对科研有了新的认识。科研不仅仅是一项重复性的工作，更需要热心、恒心和灵感。逐渐成长起来的他在大二的时候开始独立完成课题，紧接着在那个收获的夏天把一年的努力用一篇发表在 *Journal of Materials Chemistry A* 的论文收尾。他看到自己成果的成功发表，除了喜悦外，更多的是受到了激励。"前方的未知太多太多，而我们还要继续走下去，一点一点去探索我们所不知道的世界。"

无论做什么，坚持下去才是最关键的一点。他从大二开始，就坚持每天都去实验室。已经保研留在本校继续深造的他，有着很多感触："我们都只是在探索未知的路上微不足道的一员，但是如果有了兴趣的加持，一腔热血也足以让自己不再渺小。让热血成为我们走在科研路上的第一生产力。"

交流，进步的阶梯

科研的过程中，离不开思想的碰撞，而各种各样的学科竞赛，无疑就是最好的交流平台。早在2015年年底，张昊喆就作为参赛成员之一获得了广东省材料创新大赛分赛区一等奖的好成绩，这次比赛也为他打开了新世界的大门。"原来别的学校的同学能这么厉害啊，"他在回忆他第一次参赛的经历时说道，"回去以后就想着拼命做实验，不然会被人家远远地甩在后面。"这也从此开启了他的学术竞赛之路。

从化学学院的本科交流会特等奖，到广东省第七届材料大赛的分赛区一等奖，他已经渐渐成长起来。从刚开始的紧张，到后来的有条不紊、面对评委的从容不迫，他已经逐渐学会如何在别人面前从容展示自己的思想。

"挑战杯"全国大学生课外学术科技作品竞赛开始申报的时候，张昊喆不假思索地选择了参赛。作为第一完成人，他带领着团队的小伙伴们一路从校赛特等奖、省赛特等奖拼搏奋斗过来，最终也以项目"碳基纤维材料的可控改性与储能器件研制"斩获了国赛二等奖。参加学术竞赛与在实验室做实验相比又是另外一种收获，不同的灵感、不同的思维相交织，既能让人进步，又能给人压力。无论哪一方面，都是这段热血青春最宝贵的财富。

青春，用不后悔的方式挥洒

本科4年以来，张昊喆收获良多。从刚开始只知道理想的懵懂少年，成长为一个能够自主思考、独立科研的准研究生，他在用自己最喜欢的方法创造属于自己的价值。2017年，他先后获得了单项奖学金、H_2O优秀论文奖学金及化学英才奖等多项奖学金，并成功保研，在"康乐园"里用热血打拼出了一片天地。

路漫漫其修远兮，而他还是会继续走在路上。勤奋、自强、热情在他的身上有着最突出的体现。今天为理想冒出的小花骨朵儿，在耕耘后一定能绽放出最美的花。张昊喆将在坚持中汇集最大的努力，在追逐中绽放美丽的花朵，在大学生涯中挥洒最无悔的青春。

王庚申

中山大学2017大学生年度人物

用心"菇"诣，学以致用

王庚申，生命科学学院生态系2014级本科生。他热爱科研，一年内10次前往野外开展大型真菌调查，调查总时长超过60天；他慎思明辨，通过大量标本的对比，发现2个新物种；他博学笃行，勤于科普，在广州各森林公园和大学内举办蘑菇自然导赏体验活动10余次，前往中小学开办蘑菇科普讲座3次，并建立"采蘑菇的小猴子"微信公众号，写作推送科普文章50余篇，让读者正确认识蘑菇，正确认识自然。

他曾前往四川、江西、昆明和莫斯科等地采集蘑菇标本，发现乳菇属（*Lactarius*）新种2个，SCI论文修回待发表。他和团队一起在中山大学南校园开展大型菌类调查，完成康乐园大型真菌名录。他还在广州天麓湖、白云山和华农树木园开展导赏，宣传蘑菇的野外识别和生态知识。

与菇结缘，为菇发声

蘑菇，在生物学中也叫作大型真菌，是森林中的分解者，它们清理林地的枯枝落叶和动物粪便；它们也是植物的共生者，帮助树木吸收水分和无机盐，在有些物种之间也承担着信息传递的任务；也有一部分蘑菇作为寄生者，它们侵蚀树干、蚕食昆虫。

2014年，王庚申刚入生科院便爱上了植物分类学。后来，在校园中他接连遇到了枯树桩上遍布的小假鬼伞、路边的热带灵芝、树叶上的琥珀小皮伞等，便渐渐喜欢上了蘑菇这一类群，开始系统学习蘑菇的知识，并牵头成立了康乐菌组，展开校园蘑菇调查。可是，关于蘑菇的资料有限，无法像植物调查那样使用检索表鉴定，最终该组只存下了100余份蘑菇的图片。那时，王庚申就暗下决定，一定要让蘑菇这么可爱的生物像其他植物那样，被大家熟知并喜爱，让大家更多地了解这个类群。

然而，在大多数人的眼中，蘑菇只是分为可食用蘑菇和毒蘑菇两种；也有许多人从小就存在这样的观念：颜色艳丽、长得好看的蘑菇是有毒的，其他的都能吃。如此一来，每年都有为数众多的人因误食毒蘑菇被送入医院，甚至丢失了性命。有的厨师不知蘑菇有毒而毒死了整个工厂的人，也有奶奶因为不知蘑菇有毒而毒死了自己的孙子。多次看到广州市民因误食毒蘑菇而致命的新闻报道坚定了王庚申为蘑菇做科普的决心。

不畏艰辛，勤出野外

2016 年，王庚申受到本校李方老师的邀请，参与黑石顶蜡蘑属大型真菌调查项目。在此项目中，王庚申共 8 次前往黑石顶自然保护区，拍摄了大量蘑菇的照片，采集到 200 多份大型真菌的标本。在这一年，他的标本采集记录的技能得到了完善，他也打下了坚实的蘑菇分类基础。

2017 年，大三的王庚申已经掌握了基本的识别鉴定知识，初步具备独自采集大型真菌标本的能力。这一年，他开始踊跃参加野外调查项目。自 3 月起，王庚申加入了邱礼鸿教授项目组的鼎湖山大型真菌调查项目，7 次前往鼎湖山采集新鲜大型真菌标本；当年 5 月参加了山水自然保护中心在四川王朗保护区举办的兰科植物培训，并在保护区内进行了大型真菌的调查；当年 6 月，参加了昆明植物研究所的植物王国夏令营，采集了昆明植物园内的大型真菌标本；7 月，跟随廖文波教授罗霄山脉植物区系调研的团队前往了江西的官山和庐山自然保护区；最远的行程当属 10 月，跟随廖文波教授团队前往俄罗斯交流学习，在莫斯科郊外采集寒温带气候的真菌标本。

投身科普，耐心解惑

习近平总书记指出，科技创新与科学普及同等重要，是创新发展的两翼。在科普方面，王庚申在中大南校园、华农树木园以及白云山、天麓湖等广州市内森林公园举办大型真菌导赏活动，为市民野外讲解蘑菇辨识技巧和真菌的生态知识；在中山大学环境保护协会以及 2014 级生态系团委的组织下前往小学、初中讲解蘑菇科普课程，让中小学生了解野外的蘑菇并不能用简单的形态学方法鉴定，野外的蘑菇不能食用，尤其是"头戴帽子，腰穿裙子，脚踩套子"的蘑菇属于鹅膏科、环柄菇类剧毒蘑菇的可能性很大，是绝对不可以食用的。

科普最难的就是遇到"知识渊博"的家长了，他们常说这样的蘑菇小时候常吃，那样的蘑菇如何有营养，还有一些人直接掰断灵芝说带回家煮水泡脚。王庚申耐心地给他们讲解这些蘑菇与常吃的蘑菇之间的区别，并告诫大家，野生资源应该适度利用，不可过度索取。

专注科研，定种撰书

在新鲜标本与标本室干燥标本对比的过程中，王庚申生发现鼎湖山的乳菇属有 6 个类群疑似新物种，并于 2017 年年底确定 2 个类群为新物种，分别命名为黑乳菇（*Lacarius nigricans*）和疣孢乳菇（*L. verrucospora*），内容发表在国际期刊 *Phytotaxa* 上。他对比发现，在昆明植物园和莫斯科郊外采集的红菇属标本中，有两份疑似新物种。他和大二、大三的同学组建了康乐园大型真菌调查组，在邱礼鸿教授指导下，在中大南校园展开蘑菇调查，拍摄、采集了蘑菇标本近 200 份，并通过形态学和分子手段将其中 94 个类群鉴定到种，撰写了《康乐园大型真菌名录》，随后完成了《康乐园大型真菌图鉴》。

另外，王庚申也创建了私人微信公众号"采蘑菇的小猴子"，用于科普蘑菇的知识。目前，该微信公众号已经推出了 50 余篇推送稿，均是王庚申介绍自己在这些年采集到的有趣的蘑菇和世界上与蘑菇有关的有趣的研究成果。他在公众号中积极回应网友关于蘑菇鉴定的信息，并在一网友误食毒蘑菇的情况下，辨认出该网友所食的是毒蘑菇土红鹅膏，造成其中毒的物质是鹅膏毒素，同时还为医师提供对症下药的思路。

白日不到处，青春恰自来。苔花如米小，也学牡丹开。蘑菇是一个容易被人们忽视的类群，王庚申希望通过对蘑菇的研究和科普，让越来越多的人喜欢上大大小小如花开的蘑菇；让越来越多的人正确地认识蘑菇，谨防误食毒菇；也让大家知道，蘑菇不仅可以吃，还是生态系统的重要成分，既是分解者，也是植物之间的联络系统。

大学毕业后，他前往昆明植物所，在有"蘑菇王国"之称的云南继续大型真菌的研究，他将进一步探索共生菌对森林生态系统的影响。

凭科技变废为宝，用行动守护环境

董李鹏，环境科学与工程学院2015级硕士研究生。他曾获得研究生国家奖学金2次、中山大学研究生一等奖助金2次。2017年以来，他累计发表SCI论文8篇，获授权发明专利2篇，公开发明专利5篇，授权实用新型专利1篇。

短短一年时间，他用行动交出令人赞叹的科研成绩，而这背后，是一名"固废人"的环保梦、家国情。

掌握科技，变废为宝

"垃圾，不过是放错位置的资源"，这句话对于董李鹏而言意义非凡。早在本科阶段，董李鹏便十分关注城市垃圾问题，从担任一名科普"垃圾分类"的志愿者，前往湖南省石门县中小学进行为期一周的环保支教，到组建团队探索"生活垃圾分类的校园管理模式"，参加湖南省"创青春"创业大赛荣获银奖，实现了校园生活垃圾分类回收从无序到有序的转变。"垃圾"这个词陪伴着董李鹏的学习与成长，他坚信垃圾也有价值，科技可以使它变废为宝。

董李鹏发现，随着人们消费水平的提高，城市垃圾，特别是电子废弃物的种类和数量与日俱增，其对环境带来的危害愈发严重。于是，他选择攻读"固体废弃物处理方向"的研究生，希望能够学习更多专业知识，寻求电子废弃物资源化利用的创新突破，知行合一，为国家的环境保护事业贡献一份力量。

硕士期间，董李鹏刻苦学习，广泛阅读前沿文献，积极与师长交流，对电子垃圾资源化利用的前景有了更深入的了解。如何科学处理电子废弃物，让电子垃圾摇身一变成为值得开采的"城市矿山"，引起了他极大的兴趣。于是，他废寝忘食，关注环境中电子废弃物、新型微塑料和纳米材料污染物等处理问题，刻苦钻研，终于找到了联合多种物理分选方法和真空分离技术的途径，让电子废弃物变废为宝成为可能。

8篇SCI论文，多项发明专利，是对董李鹏潜心求学的肯定。他所发明的技术也被"中滔环保科技有限公司"所采用，让该公司成功建立了电子废弃物处理生产线并已经投入生产，将会为社会创造更多的经济效益。

科普学术，践行公益

科研之余，董李鹏不忘初心，积极思考如何利用专业知识更好地服务社会，践行公益，让更多的人参与到环境保护事业中。他知道，电子废弃物如果不能得到科学处理，直接投放到环境中将会造成严重的污染，危害人类的生命健康。电子产品更新换代速率极快，但人们普遍缺乏电子垃圾回收的相关知识，比如：不清楚电子垃圾的危害，不知道电子垃圾的回收渠道，不知道电子垃圾的科学处理方式等。因此，董李鹏希望用自己所学的知识，向更多人科普电子废弃物的常识，并带动更多的人参与到电子垃圾绿色回收处理的行动中。

2017年，董李鹏所在科研团队积极与电子废弃物处理相关环保企业、中国物资再生协会联系，帮助学院团委组建电子垃圾回收科普团队。此外，他与团队其他成员一起，为学院电子垃圾回收科普团队提供专业指导，面向全校开设专题讲座。2017年11月，中山大学"电子垃圾回收大作战"正式启动，通过线上科普、摆摊宣传、图书馆展板宣传等形式，让中山大学师生了解电子垃圾知识，并鼓励他们参与电子垃圾回收工作。截至2017年，科普团队已经累计回收电子废弃产品400余件，并全部交予有资质的环保企业处理。

在未来，董李鹏将继续发挥自己的专业优势，助力电子垃圾回收科普团队开展更多的校园、社区宣传工作，他希望搭建有序的电子垃圾回收链，让城市远离电子垃圾的污染。同时，董李鹏也将继续潜心科研，致力发展，激流勇进，期待学术上取得更多的突破与创新，努力找到开采"城市矿山"更先进的方法。

勤恳作舟，畅游杏林学海

林武豪，中山大学中山医学院临床医学一系（8年制本博连读）2013级本科生。大学期间，他曾在2013—2017学年连续四年获得国家奖学金，还获得2016—2017学年"纪念白施恩教授"奖教奖学金和2016—2017学年中山大学专项奖学金学术创新奖。此外，他还在 *Parasitology Research* 上发表了SCI综述，参加了全国本科生基础医学创新论坛项目，代表中山大学参与全国比赛。

学习：在坚持中取得成绩

大四学年过去了，同期的其他专业同学都已经开始做步入社会的准备，而作为8年制医学生的他仅仅完成了一半的学习生涯，还在茫茫学海中坚持追求自己最初的梦想——做一名好医生。为了实现这梦想，林武豪同学在学习方面始终严格要求自己。

医学专业的课程繁多，深奥的理论和接踵而至的考试让人倍感压力，然而面对这些压力，他总能坚持静下心来，专心钻研课程。下课以后，在同学们的眼中，他总是在学习或者在去学习的路上。单论大四下学期，大大小小的考试一共有30场，还有各种课题设计等。对于现在的他来说，那挑灯夜战的情景还历历在目，他依然清晰地记得面对犹如星辰大海般庞大的考试内容时的那种提心吊胆的感觉；也还记得为了赶上复习进度，经常熬夜。4年多的坚持，不仅让他养成了良好的学习习惯，与此同时，他也取得了优异的成绩。

天道酬勤，通过大学4年多的坚持努力学习，他总共获得4次国家奖学金、4次校优秀学生一等奖学金和"纪念白施恩教授"奖教奖学金。

科研：在专业中提升自我

林武豪不仅仅满足于理论上的学习，为了深化理论、结合实际，他还参加了中山大学实验室开放基金项目以及在吕志跃老师的指导下以第一作者的身份完成了SCI综述的写作，并且顺利发表在 *Parasitology Research*。此外，他还参加了第五届全国本科生基础医学创新论坛项目，并通过校内选拔，代表中山大学参与全国比赛。林武豪同学说，实验室项目的参与，不但使他掌握了基本的实验技能，而且培养了他遇事多思考的能力。综述的写作，则提高了他的检索文献和阅读文献的能力。

他也凭借着这一年在学业和科研上的成绩,获得了2016—2017学年中山大学专项奖学金学术创新奖。

活动:在参与中充实自我

作为一名大学生,林武豪积极参与学生工作,同时还是一个优秀的组织者与策划人。作为北校区8年制团学联文体部的副部长以及前南校区长学制团总支学生会文体部副部长,他积极投身于团学活动,为同学们举办了三球争霸赛、趣味运动会、南校区定向越野等活动,并获得了2016—2017学年校级优秀团员以及2015—2016学年院级优秀团员的奖项。

作为一名医学生,还需要过硬的身体素质来为自己提供坚实后盾。林武豪同学热爱篮球,作为北校区篮球队的一员,他与队友在场上奋勇拼搏,获得了2016—2017学年北校区院系篮球赛冠军以及2015—2016学年北校区院系篮球赛季军;同时他也学习了裁判知识技能,为篮球活动贡献力量。

学生工作和活动让他变得成熟稳重,让他的协调、沟通、时间利用等能力得到了很大的提升,同时也充实了他的大学生活。

生活:在践行中成长奉献

面对繁重的医学生活和高强度的考试,为了减轻压力和释放心灵,林武豪喜欢到不同的地方放松自我,他去过云南、台湾、厦门、上海、杭州和香港等地。他去远方的目的不只是欣赏风景,更重要的是感受别人的生活,体会风土人情和人间冷暖,让自己将来在面对来自五湖四海的患者时能拉近与患者的距离,获得患者的信任,更好地救死扶伤,做一个有情有义有技有德的医生。此外,他热心公益,连续3年参与家乡客运站的春运公益工作,也参与了家乡学校的交流指导活动,为师弟师妹们提供力所能及的帮助。

林武豪一直奉行的一句话是"没伞的孩子必须努力奔跑"。没有一技之长或者先天优势,作为医学生的他,最应该做好的就是努力学习,不断夯实医学基础,拓张医学视野,从各方面提升自己,才能让自己的初心——当一名好医生得以实现,才能摆脱当看到身边的亲人因为误诊漏诊而耽误了治疗时感到的懊恼,摆脱当看到朋友或者陌生人受尽病魔的折磨时自己却无能为力的痛苦。未来带教老师的肯定,病人和家属的感谢,都成他前进的动力。况且,每到期末,凌晨的中山医学院依然灯火通明,更让他感受到他不是一个人在战斗!

医学的学习承载着世界上最珍贵的东西——健康与生命。为了守护这两样最珍贵的东西,林武豪同学现在所能做的,就是踏踏实实、勤勤恳恳地学习,不断进步,来实现自己的目标——当一名好医生。不忘初心,方得始终,他一直恪守着。

面朝浩瀚无涯的医学学海,林武豪却将它演绎得春暖花开。

开拓科普新领域，传递健康真知识

　　IAM 丹提斯特口腔科普团队由 17 名口腔医学研究生与本科生组成，主要在微信平台推广口腔科普类漫画图文，并多次开展公开课。其漫画作品获中华口腔健康作品创作大赛的二、三等奖及优胜奖，2017 年出版的科普书籍获中国健康科普创新大赛优秀奖。3 年来，该团队每年参与中大"三下乡"活动，宣教及义诊遍及华南 10 多所学校，甚至远赴西藏调研并形成调研报告。2015 年、2017 年及 2018 年团队获得全国及广州市科普项目立项。

　　社会进步带来人民生活水平的提高，健康成为优质生活的着重点。如今，还有许多人处于口腔亚健康状态，缺乏口腔保健的医学常识。2017 年 9 月的第四次全国口腔健康流行病学调查显示，中国 5 岁儿童和 12 岁儿童龋患率分别为 70.9% 和 34.5%，35～44 岁居民中，牙石检出率和牙龈出血检出率分别高达 96.7% 和 87.4%。而"中国健康观"调查显示，62% 的中国民众认为医护人员应将时间和资源更多地投入到预防性保健服务中；69% 的医护人员认同此观点。医者悬壶济世，仁者怀爱助人。2015 年年初，一群年轻的口腔医学生组建了"IAM 丹提斯特口腔科普团队"。

　　同时，团队由光华口腔医学院的博士、硕士研究生及高年级本科生组成，具有阶梯性特点。经过本科阶段完整的口腔理论训练与规范操作，成员已具备口腔医生的基本素养，而且大部分成员已接触大量病人。临床上，他们遇见了太多因未能正确维护口腔健康而延误病情的患者。因此，立志于实现"上医治未病"的光华医学生聚在一起，凭着朝气与勇气，开创了漫画与网络口腔科普相结合的新模式。3 年来，他们由 6 人团体扩增为 17 人团队，由单一小组划分成创作、文案、后期与公关运营四个分部，自由而紧密的分工与合作，使他们得以以微信公众平台为中心推广口腔保健知识。

让科普拥有创新与效率

　　21 世纪是一个互联网高速发展的时代，长篇累牍的文章科普形式已经不适应紧促的生活节奏。IAM 丹提斯特团队将口腔科普知识提炼为生动的漫画，搭配精简的说明文字，通过微信网络平台的传播，让读者指尖一滑即可对正确的口腔健康知识一目了然。团队力求让有趣的科普保证严谨，每一个话题的内容都源于临床病人的疑惑，在老师的指导下进行专业知识的搜索和整理，在漫画创作、美化配文以及公关管理的整个过程中，团队进行了多次讨论与沟通。

自2015年起，团队已创作科普图文超过55篇，阅读总量超过14万，拥有固定用户4000余人。团队在微信上还开设了融入节气的"通胜"、凝练关键的"丹Tips"以及温馨提醒的"术后护理专题"简图栏目，将科普与生活有机结合起来。除了微信推送以外，团队与其他媒体还合作举办了4次在线用户达数千人的微信公开课。直接与听众互动的方式获得热烈反响，也能更及时地传达实用的科普知识。

团队的科普形式不局限于网络媒体。在广州市疾控中心的支持下，团队的科普漫画与广州市中小学学生的作业本相结合，以期在日常生活中潜移默化地影响他们的观念。2017年，团队经过6个月的精心修整与编排，于5月推出了实体科普书籍《小牙医漫谈》。该书是团队科普的精品荟萃，让广大群众能通过电子和纸质媒体两个渠道同时受益，获得《羊城晚报》的专版报道。

让科普连接民生与医疗

团队的科普并不局限于网络，而是更积极地活跃在有着各个年龄层的学生的校园。团队成员定期开展义诊活动和牙齿健康宣讲，形成了Online to Offline，即O2O线上线下共同活动模式。

从2015年至今，团队走进10余所幼儿园、小学，通过各种游戏与情景剧增加了科普宣传形式的多样性，让孩子们在玩乐中学习口腔保健知识的同时，了解保护牙齿的重要性。此外，团队多次走进中山大学的4个校区以及农民工子弟学校，并于2015—2017年连续3年参与中大"三下乡"活动，开展义诊和口腔知识宣教活动。通过义诊检查，团队让学生了解自己存在的口腔问题，并给予专业的治疗意见。通过现场口腔保健知识问答、漫画书籍赠送以及微信平台互动等活动，团队对小学生们进行了口腔宣教。2018年1月，在团队组建3周年之际，团队创作了"你们的声音"纪念视频，从民众的角度反映他们对口腔医疗的印象与理解，从中宣传正确的口腔护理观念。这是国内口腔科普的第一次尝试。

团队的身影还从省内活跃至省外。2016年6月，团队成员远赴西藏林芝市的两所中学进行宣教、义诊、涂氟以及问卷调查等活动，给他们带去团队精心制作的漫画简册。团队还与西南民族大学口腔医学院里志同道合的学生合作，将漫画作品翻译成藏文，方便当地居民了解口腔健康知识，搭建民族之间沟通的桥梁。此次活动提高了中国西部地区民众的口腔保健水平。团队还在《中国学校卫生》杂志上发表了调研文章。团队于2015年已获得中华口腔医学会口腔医学生科普实践项目的立项。在该经验的奠基下，团队在2017年及2018年成功获得流行病学调查方面的广州市科技计划项目，让医疗与民生紧密结合，让科学性的知识也能更加接地气。

让科普追求品质与领先

将优秀作为习惯，才能创造高品质的科普作品。2016年9月，团队成员前往上海参加了中国口腔医学会举办的青年医师论坛汇报比赛，精彩的壁报和现场汇报让团队荣获创意呈现奖。2017年9月，团队的3篇漫画作品分获中华口腔健康作品创作大赛的

二等奖、三等奖及优胜奖。此外,团队出版的图书荣获第二届中国健康科普创新大赛的科普图书优秀奖。

科普服务于人民,也需要得到同行的指正与支持。团队于2017年5月走出校门,到武汉大学与科普同行进行交流学习,受到北大医学院、华西医学院等多所专业院校老师的关注和赞许。凭借一步一步的努力,团队的科普文章在网络上被多次转载与推荐,受到数以万计的网络用户的关注。2017年,团队受邀参加广州市青年医师协会论坛分享经验,并参加广州市卫计委举办的第三届小学生爱牙日手抄报评选。通过与众不同的科普角度和敢于创新的勇气,团队实现了其他口腔科普团队所没有的推广模式,获得了立足全国的优秀荣誉及非凡的影响力。

IAM丹提斯特科普团队从0开始,到55篇漫画,再到成册书籍,体现的是医者仁心的坚持;从校门到华南到西藏,是回馈社会的使命;从网络传播到科技项目到全国奖项,是精益求精的争取。无论是初出茅庐的本科生,还是专注科研的研究生,是实现公益的毅力让他们的团队成长至今。怀揣帮助更多的人的心愿,他们会让科普走向更广阔的世界。

侯博文
中山大学2017大学生年度人物

不忘初心服务西部，全面发展提升学术

侯博文，体育部2017级硕士研究生。本科期间，他曾担任教育学院学生会主席，中山大学田径队队长，2016年获得研究生推免资格后，申请加入中山大学第十八届研究生支教团，于2016年7月至2017年7月服务于西藏自治区林芝市第一中学。

2016年支教服务期间，他利用自己午休的时间带领学校学生进行专业训练，在2017年学校五四运动会上，他的队员包揽了男子100米、200米、400米等众多项目的前三名，男子4×400米打破了尘封10年的校运会纪录。公益活动"淘·孩子一个心愿"就是由侯博文负责，最终筹款项目在腾讯乐捐平台上线，活动满足了2个省份、13所学校、3194名孩子每人一个心愿。

在校期间，他注重学术水平与运动能力的共同提升，立足社会实践，关心西部发展，将青春梦想与时代发展紧密相连，以中国梦为己任前行。

辛勤挥洒汗水，只为学校争光

说起侯博文，体育部的同学们都习惯称呼他"侯哥"，这既是对他能力的认可和肯定，也激励着他不断完善自我，提升能力。

本科学习阶段，身为国家一级运动员的他依旧努力训练。2012—2016年间，广东省大学生田径锦标赛历届110米栏的决赛成绩中前三名都有他的身影，他还在2013年的全国比赛中斩获全国大学生田径运动会110米栏第四名。

担任院学生会主席，他力求突破创新，成功举办中山大学第三届体育达标月活动；训练中，他是最让教练放心的田径队队长，耐心分享经验，组织交流训练；视频里，他是最具专业素养的指导员，营造运动氛围，让体育达标不再困难。

发挥专业优势，汗水浇灌梦想

高原山巅，烈日骄阳，雪域林芝的田径场上散发着炽热的"芬芳"。每当正午，总有一队人马集结于此，热身活动，技术打磨，耐力训练，速度提升，汗水陪伴着队员能力的进步，也见证着他们的成长与蜕变。这是林芝一中第一支田径队，是侯博文精心打造的成果，承载着他与藏族学生的梦想和希望。

2016年7月，侯博文作为中山大学第十八届研究生支教团成员，启程前往西藏林

芝，开始为期一年的支教服务。曾经作为专业运动员的成长经历，让他掌握了精湛的技术要领，本科阶段的知识储备，让他对高原训练产生了浓厚的兴趣。到达服务地后，他作为体育教师开始工作，结合实际情况，调整教学方法，观察学生优势，研读专业文献。在教学中他发现，成长于高海拔藏族聚居区学生的有氧耐力和抗乳酸能力普遍高于国内其他地区的学生，但由于缺乏专业的技术指导和能力训练，很难达到应有的运动能力和水平。因此，他发挥自身专业优势，结合当地学生特点，撰写了《关于林芝市第一中学开展田径专项队的可行性分析》，得到了学校领导的肯定和重视；出任田径队主教练，选拔优秀学生，开始了他与学生的筑梦之旅。

高强度的运动训练，烈日下的挥汗如雨，嘶哑的喉咙，晒红的皮肤，换来的是队员短时间内运动能力的迅速提升。2017年林芝一中校运会上，在经过了短短4个月的系统训练后，田径队队员初露锋芒，包揽男子100米、200米、400米等多个项目的冠、亚、季军，并且打破了男子4×400米尘封10年的全校纪录。

将专业知识结合社会实践，以自身所学助力西部发展，让更多具有天赋与特长的贫困学生拥有更多的可能性，这是侯博文的梦想，也将是他未来的努力方向。

助力西部发展，精心呵护成长

2016年11月11日，电商发展再度掀起购物狂潮，这对那时服务于林芝一中的侯博文来说却拥有着特殊的意义。作为研究生支教团成员之一，他发挥曾经担任学生会主席的协调统筹能力，担当重任，在腾讯乐捐平台发起了第四届"淘·孩子一个心愿"项目，联结社会爱心力量，满足西部贫困地区中小学学生的梦想和愿望。

活动顺利开展的背后是他与团队近一个月的坚持和努力：长途跋涉，走进山区，实地收集每一个孩子微小的梦想；项目上线，通宵鏖战，只为让多一份心愿得以实现。2个省份、5个城市、13所学校、3194个学生的心愿，这一连串数字的背后是他的责任担当与家国情怀。2016年12月，他带着精心策划的活动走进第三届中国青年志愿服务项目大赛赛场，并因活动符合《中华人民共和国慈善法》募捐要求、充分利用网络平台、可复制性和可延续性强的特点得到众多爱心人士的关注和认可，接受了《中国青年报》的采访报道。

带着礼物重回项目学校时，他被孩子们簇拥在中间，孩子们叫他"圣诞老人"，而他也享受着与孩子们共同分享快乐的独特经历。时至今日，还有人会问起他当年为什么选择支教，他总是淡淡一笑，但答案始终坚定如一："当年在我最需要帮助的时候是国家培养了我，现在有能力了，我也要到祖国最需要我的地方，让更多的年轻生命能够梦想起航。"

力求全面发展，发挥榜样力量

2017年8月，他结束服务返回学校，中山大学"德才兼备、领袖气质、家国情怀"的人才培养目标和藏族聚居区学生身上的坚毅与刻苦，成为了激励他继续提升能力的动力与支持。

如今，他已经成为中山大学体育部成立以来资历最老的高水平运动员，常有小队员打趣说"队长已经老了",但对于侯博文而言,年龄的增长意味着的是阅历的增加与经验的积累。

面对接下来的学习生活,他说:"跨栏是我生命中的一部分,面对迎面而来的一个个挑战,我会以运动员坚忍不拔的精神要求自己,不忘初心,砥砺前行。"相信侯博文会以运动员的拼搏奋斗精神不忘初心继续走下去。

张陆祺

中山大学2017大学生年度人物

心系西部乐奉献,全面发展勇担当

张陆祺,国际翻译学院2017级硕士生。她曾任珠海校区团工委兼职副书记、国际翻译学院研究生会主席、爱在西部支教团团长、中山大学第十八届研究生支教团团长、翻译学院学生会副主席。

在校期间,她立足公益,关爱社会,坚持个人素质全方面提升,在每一次小小的奉献与给予中实现自己的蜕变与成长。

在雪域林芝,她是心系教育的志愿者。她立足实际,转变教学方法,发挥特长,参与学校建设,创新模式,培育梦想,统筹团队,展现中大学子家国情怀。重回学校,她是不忘初心的追梦人。她紧跟时代,传递青年声音,担当领袖,助力学院发展,全面发展,释放青春正能量,在志愿服务、社会工作、文体活动等方面具有突出表现。

胸怀家国,传递青春正能量

"以青春力量助力国家发展"是张陆祺经常与人分享的一句话。在她看来,大学生肩负着一份社会责任,并需要在实践中不断成长。她身体力行参加各项公益活动,并带领更多同学投身于公益,营造公益氛围,传递青春正能量。

本科期间,张陆祺的公益足迹覆盖大型赛事、扶贫助学、社区服务等各方面。她作为通信大使,与山区孩子坚持通信两年,为年轻的心灵送去温暖;发挥专业优势,走上街头审校英文标识,受到珠海创文办感谢表彰;组织珠海校区参与人数最多、历经时间最长的"创先争优"社会实践活动,走进30余个项目地进行义教、导诊;带领13个院系297名志愿者服务珠海WTA超级精英赛,无畏台风"彩虹",凌晨坚守岗位,保障比赛顺利进行。

在获得研究生推免资格后,张陆祺加入中山大学研究生支教团,担任团长,于2016年7月至2017年7月赴西藏自治区林芝市第一中学开展为期一年的支教服务。她带领的团队在教学一线、行政工作和公益活动中均取得优异成绩,展现了中大学子的家国情怀。

她统筹协调四个服务地,对接整合社会资源,探索"支教团+公益组织+X"工作模式,立足实地调研,全年共开展23项公益活动,对接爱心资金及物资总价值超过300万元,服务人数超过6000人;参与西部计划西藏专项宣传片拍摄,因突出表现被评为全国大学生志愿服务西部计划、西藏专项优秀志愿者,其个人及团队事迹受到光明网、共青团中央及《中国青年报》《羊城晚报》等媒体采访报道,并得到时任团中央书记处第一书记秦宜智同志的肯定和赞扬。

不停留于表面,不辜负于责任,不愧对于本心。校园联结城市,青年奉献社会。她坚信公益之路会有更多年轻的力量和声音。

担当领袖,服务师生乐奉献

进入大学以来,张陆祺先后担任翻译学院学生会副主席、2012级本科生党支部副书记、珠海校区团工委兼职副书记、国际翻译学院研究生会主席等职务,并以踏实肯干的工作作风和积极主动的工作态度,锻造领袖气质,赢得领导、老师和同学们的广泛信任。

作为翻译学院学生会副主席,她带领194名成员,策划举办第八届广东省大学生"新媒体大赛"等30余个活动,创办微信服务号,翻译学院学生会在她的带领下获得"十佳学生会"称号,并获得院系风采大赛总冠军;担任珠海校区团工委兼职副书记期间,她先后负责指导实践部、宣传部、校学生会等8个部门开展工作,协调统筹珠海市大学生艺术节舞蹈大赛、毕业快闪等大型活动,运营和管理网申系统,实现珠海校区学生活动申请无纸化。

2017年9月,她当选国际翻译学院研究生会主席,开始带领院研会向"学术型、服务型、创新型"发展和转型。她参与协办首届"欧洲视阈中的中国"国际研讨会,助力学院学科发展和建设;筹办第三届"粤港澳外语与翻译研究生学术交流活动",获得教育部港澳台办立项支持;组建珠海校区唯一一支研究生志愿者队,吸纳6个学院研究生参与珠海教育系统"逐梦100"团建活动,共筑青春梦想。

在几年的学生工作中,张陆祺先后被评为"中山大学优秀学生干部""中山大学优秀团干部"。除了荣誉,张陆祺始终将一份责任与使命系于心上。

不忘初心,追求卓越再出发

结束为期一年的支教服务后,2017年8月,张陆祺返回学校,继续研究生学习。追求卓越已成为她的人生格言,她希望带动更多青年人在学习与实践中成为更好的自己。

她积极领会和践行党的十九大精神,接受《南方日报》、珠海电视台采访,传递新时代青年声音;组织研究生支教团成员开展四校区巡回分享10余场,讲述西部支教故事,营造校园公益氛围;参加中国第三届"互联网+"大学生创新创业大赛,关注留守儿童群体,斩获全国银奖;成立中山大学爱在西部支教团,整合社会资源,提供专业的支教培训和服务。

在提升和完善自己的同时,她也力求全面发展和个人兴趣的培养。聚光灯下,舞台中央,她担当主角,演绎《青春无悔》;3月林芝,高原赛场,她代表林芝市教育系统,主持全国首届排舞/广场舞锦标赛;作为国际翻译学院羽毛球队主力队员,本科期间她助力院队两夺四校区总冠军。如今她重新回归,希望在收获快乐的同时,再创辉煌。

2017年12月31日,中山大学研究生支教团当选"新时代中大力量典型人物"。她说:"做脚踏实地的践行者,做传递温暖的梦想家。"这是张陆祺对自己的要求和期待,也是她的梦想和未来。

践行公益,担当使命,追求卓越,胸怀家国。在路上,是对青春最真诚的告白,是对初心最真挚的坚持,也是对祖国母亲最崇高的献礼。张陆祺,一直在路上。

罗静怡
中山大学2017大学生年度人物

追寻工程师梦，活出充满答案的人生

罗静怡，中法核工程与技术学院（以下简称"中法核"）2016级研究生。罗静怡在本科阶段修完316.5个学分，是2016年中山大学优秀毕业论文作者，中山大学优秀本科毕业生，成绩名列前茅，多次获得奖学金。

2016年，她受邀参加于法国巴黎举办的世界核工展 WNE（World Nuclear Exhibition），2017年到法国 Grenoble INP-Phelma 交换学习，并于巴黎的欧洲原子能和替代能源委员会 CEA（Commissariat à l'énergie atomique et aux énergies alternatives）完成为期3个月及半年的实习。实习期间发表国际会议（BEPU2018，Italy）文章"Uncertainty Quantification of Isotopic Densities in Depleted Fuel"。同时，她的兴趣广泛，爱好钢琴、画国画、写书法、打羽毛球、跑步。

脚踏实地，积跬步至千里

她说："即使荆棘载途，也不忘初心。"从踏入大学校门那刻开始，她就清楚自己想要的是什么，中法核是个怎样的专业。1年的语言，2年的预科，3年的工程师学习，作为法国精英教育的标杆，法国工程师精英教育体系无疑是对中法核学子的身心忍耐力的双重考验。1286课时高等数学，1702课时高等物理与实验，1361课时法语以及1091课时的其他课程，中法核本科毕业所需的学分为中大其他学院的两倍有余，考试成为周六日特殊的"消遣"方式。最初的时候，静怡感觉又重新经历更苦的高三。但她严于律己，坚定着"越是迷茫，越应该抛弃负面情绪，做好眼前手边的事情"的信念。选择了荆棘，就当备无畏之心。

当她到法国 Grenoble INP-Phelma 交换学习后，她对工程师教育有了更深入的认识。"法国学生要进入工程师学校（即相当于中法核后3年的学习），是需要通过可能比高考还要更加严格的 Concours 考试。在他们两年的预科 classe préparatoire 的学习中，他们学习的强度并不比中法核本科阶段低。"

歌德曾言，一个人怎样才能认识自己？

绝不是通过思考，而是通过实践。而在中法核，她觉得获益最深的便是注重教学与实际紧密结合的工程师教育模式。古语有云："纸上得来终觉浅，绝知此事要躬行。"这在中法核有深刻的体现。

其一，在工程师阶段，中法核安排了 CEA、EDF 等科研组织或企业的工程师所制定的课程，而在 Grenoble INP-Phelma 交换学习期间，有的课程甚至是没有讲义或者课本的。其实这是因为教学内容贴合核产业的真实需求，并会根据企业的需求不断地调整。

其二，工程师阶段，中法核的学生们需要完成 3 次不同时长的企业实习，包括了普通工人实习、技术员实习以及工程师身份实习。而罗静怡也曾在中国阳江核电集团进行了为期 1 个月的实习，并在深圳大亚湾核电站完成了模拟机的实操性培训。"我最大的感触是，我们在学校求学过程中的辛酸与苦累，在核电事业、核电安全面前，其实都是不值一提的。"

她总说："时间就像海绵里的水，挤一挤总会有的。"对于生活中令人困惑的问题，她选择活在当下，活在每件事中。在本科阶段她连续 3 年获得中山大学优秀学生奖学金，以及屡次获得佐丹奴奖学金、中广核奖学金等的其他类奖学金，并且作为中山大学 2016 年优秀本科毕业生，其用法语撰写的论文《非能动安全壳冷却系统在事故下的研究分析》被法国电力集团 EDF 所采纳，毕业论文答辩第一，并被评为中山大学 2016 年优秀毕业论文。

激扬青春，脚踏世界拼图

所谓自井中视星，所见不过数星。"耳闻之不如目见之，目见之不如足践之"是她的箴言。在 2016 年 6 月，她代表中法核工程与技术学院，受法国电力公司 EDF 之邀，前往法国巴黎参加世界核工展（WNE, World Nuclear Exhibition），该展览囊括了全球知名核电相关的参展企业。她不仅更加深入且全面地了解到欧洲核能产业链上各个组成成分的发展与现状，还与来自欧洲的优秀青年学生进行交流。"这次的 WNE 的旅程，让我受益良多。核电产业的运作的复杂性、实践性与创新性是我们在学校书本上完全没有办法感知到的。这让我更加深刻地认识到列宁曾说的'理论在变为实践，理论由实践赋予活力，由实践来修正，由实践来检验'的真正含义。"

2016 年下半年，她申请到 Grenoble INP-Phelma 交换学习。"于我来讲，工程师最基本的就是适应能力，最重要的就是开阔的思维。"刚到法国时，她也面临着学习生活、文化差异等多方面的挑战。"我发现如果换个角度思考，自己就不会钻牛角尖了。两种文化的交融原本就是有矛盾有冲突的过程，但如果我们求同存异、选择尊重与欣赏，就会发现更多的乐趣。"

正是本着敞开心扉、真诚平等待人的自我准则，在异乡的土壤上，她收获了惺惺相惜的友谊。"交换的时间虽短，但时间却无法丈量情谊的厚重。"她并不止步于在法国本土的工程师学校交换学习。她还申请到在巴黎 CEA 的两次实习，对于核物理反应堆中不确定性进行分析研究。

于她而言，在 CEA 的工程师实习是一段值得津津乐道的经历。在这里，她潜心科研，并在国际会议 BEPU 2018 发表会议论文"Uncertainty Quantification of Isotopic Densities in Depleted Fuel"；在这里，她遇见了一群志同道合的师友、来自五湖四海的同事，加拿大、希腊、西班牙、葡萄牙、意大利、日本、法国……在这里，她向工程师的梦想又迈进了一步。

脚踏世界地图，她一直在寻找"在路上"的意义。于她而言，旅行的意义，不只是为了走出自我的围墙和栅栏，也是真切地触摸"在路上"这三个字的热度。"我很喜欢旅行，从忙碌的现实中抽离，同时更是向自我证明着，我不断地追寻。说白了就是一种对现实的逃避，放纵自己在一个陌生的城市，和那里说着不同语言、拥有不同文化的人们交流，做回最本真的自己。"她已经在澳大利亚、韩国、巴塞罗那、马德里、日内瓦等土地上留下了专属的脚印。

喜获丰收，不忘感恩之意

对她来说，她觉得自己是幸运的。幸运地来到中法核，体验到工程师的精英式教育模式，幸运地遇到来自世界各国却有着同样称谓的"工程师"们，幸运地在人生的路上遇到如此多优秀的学者和老师。"他们身上的人格魅力以及严谨的学术科研精神，时刻地鞭策着我。"

要容忍心里难解的疑惑，试着去喜爱困扰你的问题。不要试图去寻找答案，你找不到的，因为你还无法与之共存。重要的是，你必须活在每件事里，现在的你要经历充满难题的生活，不知不觉中，你将活出充满答案的人生。这不是人生大道理，枯燥无味，罗静怡就有发言权，她的人生就是对此最好的诠释。

胡亚光
中山大学2017大学生年度人物

大医济世，逐科学以为光

胡亚光，中山大学中山眼科中心2015级博士生，就读眼科学专业。入学以来，他积极进取，不断充实与完善自己，在思想上有较大的成长，在学习、科研工作中收获颇丰，在课余生活中表现突出。

他具有良好的思想品质，热爱祖国，被评为中山大学优秀共青团员。在校期间学习成绩及科研成果优异，发表高水平SCI论文7篇，博士生综合评分排名第一，获研究生国家奖学金，获"中山眼科中心优秀研究生"称号。曾任中山眼科中心研究生会主席，有较强的组织能力，获"中山大学优秀研究生会干部"称号。在各项文体活动中表现突出，获"中山大学学术规范知识竞赛三等奖""中山眼科中心诚信与纪律教育主题征稿活动二等奖"。

思想政治

胡亚光思想端正，为人诚实，上进心、好学心强，集体荣誉感强，严于律己，努力提高自己的思想道德修养。作为一名中共党员，他在学期间严格要求自己，不怕苦，不怕累。作为中山眼科中心博士生团支部组织委员，他积极组织支部学习党的十九大的重要思想，并广泛收集相关理论知识在支部进行学习与宣传。他曾被评为"中山大学优秀共青团员""中山眼科中心优秀共产党员"。

学习科研

胡亚光学习态度端正，学习目的明确。虽然担任学生干部工作繁忙，但他能较好地处理学生工作和学习的关系，学习成绩优秀，获中山大学二等奖助金，博士生综合评分排名第一。2016年度、2017年度连续两年被评为"中山眼科中心优秀研究生"，并于2017年获得了"研究生国家奖学金"。

在导师的深刻影响下，胡亚光认识到，只有科学进步才能推动社会的发展，在创新驱动发展中必须实事求是，脚踏实地进行科研。因此，在自己的科研工作中，他秉持自己的认知，实事求是，脚踏实地地进行科学探索，在学期间以第一及共同第一作者身份发表高水平SCI论文共6篇，其中影响因子IF>10分1篇，IF>5分3篇；以第二作者身份发表高水平SCI论文1篇，参与国家自然科学基金面上项目1项。他还曾多次在国内眼科学学术会议上发言,如全国眼科年会等,并获得第九届中国眼科学与视觉科学研究大会奖学金及全国眼科学研究生论坛"科研课题设计与成果比赛"二等奖。

学生工作

胡亚光在校期间,担任中山眼科中心研究生会主席一职,协调研究生会组织研究生们积极参与学校及中心举办的各类学术及文体活动,同时还策划并参与各类公益活动、品牌活动。因表现突出,他曾获得"中山大学优秀研究生干部"荣誉称号。

他曾参与的学术活动包括中山大学学术规范知识竞赛、新生入学教育大会、学术讲座报告、"百川交汇"学术经验交流分享会、"中山好声音"演讲比赛、"中山好声音"辩论赛。

此外,他还积极参与文体活动,曾参加包括院系篮球赛、"研艺之星"总决赛、"五四星海之声"合唱比赛、中山大学研究生会"精英训练营"、中山眼科中心新年晚会、诚信与纪律教育主题征稿活动、新生素质拓展活动、新生羽毛球对抗赛、中山大学校运动会在内的多个文体活动。

胡亚光积极开展社会实践活动,如寻访校友活动,他建立多个寻访知名校友小支队,采集和整理眼科校友在各条战线上的优秀事迹。

而作为一名眼科学专业的医学生,胡亚光积极参与白内障义诊活动。他积极联合白内障科,承办羊城两大公园义诊活动,志愿服务得到市民们的一致认可,被评为"最满意服务奖";积极响应中山大学研究生"三项工程"系列活动,在广东省惠州市惠东县港口卫生院和广州市番禺区、白云区分别开展了以"走进惠东社区,传递光明爱心""守护心灵之窗——眼科科普进校园"为主题的一系列眼科义诊活动。

此外,他还参加了很多学院推出的品牌活动。他曾参加第七届全国眼科学研究生论坛。该论坛由中山眼科中心主办,研究生会协办,以"研帆起航,展现自我"为主题,为全国眼科学研究生搭建交流平台,吸引了来自全国11个省市32家附属医院的20余名知名学者和200余名研究生参加。该论坛促进了各地区眼科研究生间的交流,激发了同学们对眼科学研究的兴趣,提高了中山大学和中山眼科中心的影响力和知名度。

生活运动

他热爱生活,生活作风优良,关心同学,广交朋友,用自己的热情把生活点缀得多姿多彩。在课余生活中积极参与学校及中心举办的活动,其中就包括中山眼科中心的新年晚会。他曾获得"中山大学学术规范知识竞赛三等奖""中山眼科中心诚信与纪律教育主题征稿活动二等奖"等奖项。在科研闲散之余,胡亚光还会通过打羽毛球和骑行来放松自己。他还曾参加院系羽毛球比赛、研究生羽毛球比赛并获奖。现在已经毕业的胡亚光想和师弟师妹分享几点经验:其一,"在大学阶段做选择的时候目的性不要太强,多做一些看起来毫无意义的事,到最后才会发现获益良多";其二,"多交一些朋友,多培养一些兴趣,这些会让你的生活更丰富"。

博观约取，笃行致远

麦骏杰，2013 级本科生，修读哲学系逻辑学专业，数学系数学与应用数学双学位。他在 1994 年 8 月出生于广东省佛山市顺德区，于 2017 年 6 月毕业后攻读清华大学经济管理学院金融硕士国际班（保研）。在校期间连续两年学业总成绩排名第一、综合测评第一。他曾荣获 2016 年美国大学生数学建模竞赛一等奖、2015 年全国大学生数学建模大赛广东赛区二等奖、2015 年联合利华营销精英挑战赛全国总冠军，两次国家奖学金（2014—2015 学年、2015—2016 学年）、两次中山大学优秀奖学金一等奖、一次中山大学优秀奖学金三等奖，系学生会优秀干事。他已获得证券从业资格证、基金从业资格证。此外，他还曾参加省级大学生创新训练计划科研项目"Ramsey 难问题"研究，是国家级大学生创业创新计划项目"F2F 分享交易 APP"主要成员、"LeeBee 公益项目"项目专员。

荀子有云："君子博学而日参省乎己，则知明而行无过矣。"他渴求全面发展，知识融会贯通，在大学本科的 4 年中，他一直如此要求自己。

厚积薄发

刚到大学，身边都是来自五湖四海的佼佼者，这大大地拓宽了麦骏杰的眼界，也让他感受到自身的平庸。大一考试的不如意让他迷茫而困惑，迷失了方向。他开始反思自身，正视自己的不足，正视自己的焦躁和傲慢。他发现以往的失利源于对自身的"优越感"，在学业上自己没有投入足够的精力。痛定思痛，他明白"成功都源于孤独的厚积"，他决定从此改正不足，发奋图强。

他时刻提醒自己要取长补短，主动接触学校里的各种资源。在每一堂课中他都坐在第一排，一有机会便向老师请教学科问题；每个周末都会到图书馆翻查书籍；虚心向高年级师兄师姐吸取经验，向导师询求意见。他发现并且捉住身边的各种机会，参加学生会、分享会、学习互助小组等。功夫不负有心人，通过一年多漫长的调整，他终于得到回报。他从大二起就一直保持专业成绩和综合测评排名双第一，并连续两次获得国家奖学金。

博观约取

他专注逻辑学的学习。逻辑学作为一个基础性学科，与众多学科有交叉联系，为了深入了解逻辑学的内涵与发展方向，他决定深入哲学、数学、计算机科学、经济学等学科进行全方位的学习。他修读数学学院数学与应用数学作为第二学位，旁听多门哲学研究生课程以及计算机、经济学的课程。他以学习为第一位，抱着崇敬之心去对待。得益于跨学科的背景，在逻辑与认知研究所沈榆平老师指导下，麦骏杰利用"天河二号"超级计算机，开展数论"Ramsey难问题"的研究，他的项目被评选为省级大学生创新训练计划项目。而后在逻辑所鲜于波老师的指导下，麦骏杰又着手进行基于"多agents的人工外汇市场建模"的研究。

他积极参加各类科研竞赛。通过文献学习大量数学模型的知识，在美国大学生数学建模竞赛中，他把太空垃圾效益问题转化成"投资组合"问题，改造蚁群算法求解最优解，获得一等奖。在中国大学生数学建模竞赛中，他自学、设计了图像识别系统，获省二等奖。

他渴望在学业上做到"博观约取"，为此，麦骏杰一直在向这个方向努力着。最终，他以自己跨学科学习的优势，成功保研清华大学经济管理学院金融硕士国际班。至此，麦骏杰这个阶段的小目标实现了。

笃行致远

立足校园，踏足社会，除了学业以外，他亦不忘接触社会，学以致用。

他加入创业项目——利用手机App服务同质性高的区域内二手物品线下交易。他作为团队代表参加广东省团委创业比赛、组织和各公司合作、参与开发Android端、租赁服务器上架市场、立项学校创业创新计划。此外，他积极参加企业实践类比赛，大二下学期时参加联合利华营销精英挑战赛。在长达两个月的比赛中，他开发出HTMl5互动游戏，参加人数超过2万人，最终荣获全国总冠军。

此外，他还积极参加社会实践，曾在广州证券固定收益事业部、中国联通广州分公司实习。实习丰富了他的阅历，也让他明晰日后的发展方向。

回馈社会

他出生于农村，看到农村的家庭只有微薄的收入，他倍感心酸，于是他暗下决心尽自己一份努力去帮助贫困地区的人民。2015年，他参加国际大学生公益组织创行针对山区蜂农的帮扶项目。该项目被评选为校级创新创业计划项目。

一年来他多次走访广州市增城区的山区。山路崎岖，交通落后，每次走访都充满劳累。他逐家拜访，询问情况，收集需求，说服他们参与项目。同时，他还到蜂蜜厂进行调研。每一次的拜访和计划都充满了变数，对方的不信任让他有过放弃的念头，而让他重新鼓舞起信念的是在走访中接触到的大学生村官。这些接受过高等教育的人，扎根于此，用知识改变别人的命运，而这正是一直以来他渴求的。他的坚持，最终成功帮助村子成立合作社，并且对接蜂蜜厂商进行了质量检查与包装，也获得了广东养蜂协会的肯

定和支持。

　　大学四年，他要求自己博学慎思、全面发展。他不仅在学业、创业、公益上有突出表现，还是一名阳光、充满活力的游泳和羽毛球好手。课余他活跃于运动场，多次参加系羽毛球比赛等活动，曾获系羽毛球团体赛第一名。回想起曾经的努力和成果，他无悔初心。但成功属于过去，人生的道路才刚刚开始，他将会以更谦卑的态度，去面对日后的挑战。不断追求完善，致力发展，激流勇进。

陈佩琳

中山大学2016大学生年度人物

创意改变公益，服务成就自我

陈佩琳，岭南学院2014级本科生。她成绩优异，在2016年度获"中山大学十大青年志愿者""岭南学院伍沾德博士伉俪杰出服务奖学金""中山大学优秀学生三等奖学金"，被评为"岭南学院优秀团员"。

她曾担任中山大学创行（Enactus）团队四校区总队长，组织参与创行团队各项活动，带领备赛组，作为全国冠军代表中国参与2016年于加拿大多伦多举办的创行世界杯，斩获全球16强成绩。她带领来自4个校区有着107人的团队，管理12个公益项目的运营，涵盖资源回收、弱势群体关爱、科技创新、环境保护、动物保护、技能交换等方面，直接影响人数达1078人。在担任队员期间，她曾参与三大项目的运营：①"柑之如饴"：回收新会地区制作陈皮后剩余的柑肉，帮助柑肉加工厂对接果农及拓展加工品销路，间接帮助回收10吨柑肉，减少当地环境污染的同时也为2个果园和柑肉加工厂创造经济价值。该项目从全国100余支团队中脱颖而出，获得中航国际微公益比赛全国冠军。②"衣宜以艺"：回收珠海校区校内闲置衣物，同时，利用衣服布料，为珠海市自闭症中心20位儿童提供3次艺术课程，并将其作品上架珠海校区爱心义卖平台"互助书屋"。③"锦绣珠沙"：帮助广州大吉沙村民发展蕉叶种菇技术，综合利用废弃蕉叶，并生产经济价值。该项目获得创行世界杯全国冠军，全球16强。

她曾任岭南学院学工部助理，协助国际关系办公室老师处理外教事宜，帮助教务处老师解决珠海校区教务事宜。同时作为"成长小伙伴"，她帮助大一新生熟悉校园环境。

她曾参加"侃英"英语义教项目，担任讲师，为唐家中学40名学生教授英语课程。她曾作为珠海银星社区服务志愿者、寒假招生志愿者、佛山"麦田计划"春节义卖志愿者、佛山市中医院导诊志愿者，为所在社区提供志愿服务。这就是陈佩琳，以创意改变公益，以服务成就自我！

黄靖文

中山大学2016大学生年度人物

在国际法研究中践行家国情怀

黄靖文，中山大学法学院国际法专业2015级博士生。

在中山大学的8年时光里，她从一名能言善辩的英语辩论选手成长为一名国际法学和南海问题的青年研究者，取得一批扎实而优秀的科研成果，并屡获嘉奖。她的祖辈世代以捕鱼为生，她听着惊险的"讨海"故事长大，南海的浪涛咏唱着她最亲切的歌声。近年来，南海争端风起云涌，她在南海之滨的校园里将目光投向了蔚蓝的三沙，她坚信研究和运用国际规则才是让南海成为和平之海、友谊之海、合作之海的终极之道。

心怀南海，笔耕不辍践行家国情怀

2013年年初，她看到了菲律宾单方面对中国提起仲裁的消息，敏锐地意识到南海争端司法化已经掀开了帷幕。学子不必投笔从戎，运用国际法也可以守卫南海。

自2013年"南海仲裁案"程序启动以来，她及时对案件中的复杂争议问题——特别是南海断续线的合法性、中国的历史性权利、南海众多岛礁的法律地位等核心争议展开研究。其间，她累计发表学术论文6篇，其中2篇发表在CSSCI刊物上，2篇被中国人民大学复印报刊资料全文转载，1篇与低潮高地问题相关的论文被收录在《中国国际法年刊》（CSSCI）《南海仲裁案管辖权问题专刊》中。而她也是该专刊16位专家学者中唯一的在读研究生。这些研究成果让她连续获得2015年和2016年国家奖学金，从2014年起连续3年获得中国南海协同创新研究中心设立的"南海奖学金"，同时还获得中山大学法学院"陈致中法学基金奖学金"。为了打下更结实的国际法基础，更进一步贴近国际法研究的新动向，她参加了2016年海牙国际公法暑期班的学习，还以会议助手的身份在联合国日内瓦总部旁听国际法委员会的工作会议。

知行合一，在交流和实践中贡献青年力量

她也是勇于在学术交流中发表新声、积极为国家建言献策的实践者。在国际海洋法人才紧缺的新形势下，初生牛犊不怕虎的她踊跃参加了国内外与南海问题相关的重要会议，参与了多项南海研究课题。

2013年，她曾作为唯一的硕士研究生参加了厦门大学南海研究院举办的海洋法国际会议，在众多国际海洋法法庭法官、国际机构官员和前辈学者面前进行主题发言。

2016年,"南海仲裁案"实体裁决公布在即,急需中国学者发出专业的声音,她积极地报名参加了国内、国际研讨会,并做会议主题发言3次。这些会议的主题均与南海法律斗争的新形势高度相关,要求发言人具备南海问题的深厚研究基础,而她从不因资历浅而退缩。例如,她作为唯一来自中国高校的发言代表,在澳大利亚卧龙岗大学举办的海洋学术问题研讨会上直面西方学者对中国南海立场的偏见和质疑,尝试更中立、客观地评述"南海仲裁案",获得主办方授予"海洋法新星"的称号作为鼓励。

此外,2016年,她在导师黄瑶教授的带领下,分别以第一、第二参与人的身份完成了国家海洋局、外交部委托的南海问题研究课题报告,提交了一份决策建议并获得中央部委的采纳,并且深度参与了国家社会科学重大项目"南海断续线的法理和历史依据"两年多以来的科研工作。

唇枪舌剑,在英语辩论中塑造领袖气质

她曾是一名致力于推广英语辩论的优秀辩手和学生工作者。她始终认为,广泛涉猎、关心社会是一名优秀辩手的基本素养,而领队出征、搭建平台更是一名学生工作者的职责所在。她在本科期间担任中山大学英语辩论队的领队,坚持每周两次组织队员们内部培训和模拟辩论,组建了一支具有跨专业背景的英语辩论队。历经3年国内外赛事的磨炼,这支队伍从零起步,成长为中国高校英语辩论队中的佼佼者。

2012年,她作为中山大学主力队员参加了"第十六届全国大学生英语辩论赛",以满分成绩获得华南赛区冠军,并获得全国总决赛的冠军。2013年,她以指导员的身份带领队员参加"第十七届全国大学生英语辩论赛",卫冕了华南赛区冠军,再次闯入全国总决赛并获得亚军。

凭借出色的辩论能力,在2012年韩国庆熙大学邀请她担任"东北亚英语辩论公开赛"的副裁判长,澳门大学邀请她担任辩论训练营的培训师。在她和队员们的努力下,创办了首届"广东国际辩论公开赛",邀请国内外英语辩论强手在中山大学切磋交流,激发中大学子提升思辨力、学习外语的热情。国家海洋建设事业还需要法律人才的奉献,我们相信黄靖文仍将在漫漫征途中继续前行,超越自我,为我国建设海洋强国添砖加瓦。

发青年之声，担时代之责

2017年，在由中央宣传部、教育部、共青团中央和人民日报社指导，由人民网、大学生杂志社、中国大学生在线和光明日报社主办的第十二届"中国大学生年度人物"评选活动中，我校卜熙同学从全国各高等学校的优秀学生中脱颖而出，成功获评"第十二届中国大学生年度人物"。

卜熙，中共党员，中山大学政治与公共事务管理学院2013级本科生。"把本科4年过成博士8年，把一天24小时过成48小时"，刚刚进入大学的他默默下定决心。四载一瞬，这是他的青春故事。

以笔为戈，发青年之声。他担任青年评论员，在媒体上发表评论文章10余篇，编辑出版高校第一本学生评论文集。寻访抗战老兵，传承中华文化，被团中央评为"全国践行社会主义核心价值观先进个人"。

求学问道，攀学术之峰。他斩获9项学业奖学金，获得累计超过5万元奖金，保送研究生。他科研成果突出，获得3项国家级、4项省级和20多项校院级奖项，多份调研成果被政府作为决策参考。

饮水思源，担时代之责。他6年勤工助学资助贫困学子，带领团队前往山区支教，组建辅导少数民族学生的社团，为国家贫困县设计"健康扶贫"方案，赴美国参加亚裔青年领导力峰会。

以笔为戈，发青年之声

一支笔和一张纸，是他心怀家国、关注社会的工具。

互联网的发展使信息汇聚，泥沙俱下，舆论环境渐趋复杂。他作为学校的青年评论员，在媒体上针对国事民生、社会热点和校园声音等方面发表评论文章10余篇，编辑出版了高校学生评论文集——《青议》，传播正能量。快节奏的生活使得诸多青年仪式感淡薄，在抗日战争胜利70周年纪念日里，他写下《抗战纪念日放假，青年何以笙箫默》一文，提倡青年拥抱节日，缅怀历史，被校内外媒体纷纷转载；针对高校的人才培养现状，撰文《人才培养之重，乃大学至重也》，被《中山大学学报》全篇刊登。他还在评论文中融入青年喜爱的元素，如将教师节与热播电视剧联系，撰文《当花千骨遇上教师节》，提倡学生关心教师；将体育锻炼与电视节目关联，撰文《因为体测，

"跑男"欲进中大却被拒》，鼓励青年加强体育锻炼，潜移默化地影响了同学们的行为。

他还到国家级贫困县担任志愿者，撰写的文章《国贫县攻坚无医村》被新华网、人民网、《海南日报》等媒体纷纷转载；他亲历台风灾害，用笔记录基层党员干部的担当与作为，获得"两学一做"宣传作品大赛奖项。他还开设了个人微信公众号，发表50余篇原创文章，内容涵盖思政教育、家国情怀和青年领导力等话题，激扬浊清。字里行间，是他对脚下这片土地、对眼里这个世界真挚的感情。

"今日之责任，不在他人，全在我们，社会需要更多敢于发声的青年。"这是他的期许，他协助老师设计"青年评论家"培养计划，吸纳了更多同学进入评论员队伍，他每周对评论员进行时事解读、评论写作的培训，鼓励大家为青年发声、为国家发声。这个评论员队伍在萨德事件、全国"两会"等众多大事上均表达了青年人的态度，鼓励大家积极维护国家利益。同时，卜熙不断地归纳经验，与老师合作的论文《新常态思维下高校共青团思想引领工作摸索》作为共青团与青年工作的研究成果被团省委收录。

书斋之外，他寻访抗战老兵做口述史，入选"社会主义核心价值观"先进案例；在纪念抗日战争胜利仪式上，发出"铭记历史，关怀老兵"的倡议；在五四青年节上，作为青年代表分享"传承中华文化，践行核心价值"的经历。2016年，他被团中央等单位评为"全国践行社会主义核心价值观先进个人"，敢于写，勇于说，他让世界听到新时代的青年之声。

求学问道，攀学术之峰

他常常自诩为行者，要在求知问道的路上行者无疆。

他的学业成绩突出，先后获得2次国家奖学金、李学柔基金奖学金和夏书章教授奖学金等9个学业奖，累计获得奖学金超过5万元。知无边界，学无止境，为深入了解专业历史，他选择溯本回源。整整3年，走遍了清华大学、北京大学、加州大学伯克利分校、斯坦福大学、新加坡国立大学等13所国内外高校，采访了20多位教授，整理了数万字的学科发展记录。

知行合一，热心科研。他聚焦农村电商发展，撰写的提案获得全国大学生模拟提案大赛银奖，并得到全国政协领导赞赏，被递交中央部委落实。他走进工厂观察劳工，他所在的调研团队从全国500多支队伍中脱颖而出，成为入选的15支队伍之一，获得"调研中国"社会调研奖学金和"挑战杯"课外学术竞赛特等奖，案例被"中国政府与政治案例中心"收录。他进入城市调研社工，走进农村，关注农民土地流转，共计获得20余项各级科研奖项。他连续3年完成大学生创新训练计划3项，科研项目2次获得广东省"攀登计划"科技创新专项基金的资助，多份研究报告被递交政府部门作为决策参考……不仅如此，他还先后奔赴美国、新加坡等地参加"领导力论坛""亚裔青年领导力峰会"等，并发表主题演讲，展示中国学生的风采。

饮水思源，担时代之责

他热爱公益和服务，因为他每天都做着这样的事。

他是"思源"优秀学生培养计划的一员，该计划在清华大学、中国人民大学、中山大学等6所高校开展，每年每校选拔30余名学子，培养"受助·自助·助人"的理念。他带领团队前往广西百色，为当地900多名留守儿童开展支教活动。支教结束后，他收到了孩子的一封信，写道："感谢你们带来了世界，让我知道了眼前看到的并不是我的全部。"之后，他每年利用勤工助学酬劳购买书本、文具寄给12名贫困家庭学子，鼓励他们继续深造。"这个世界太多人想要仰望星空了，缺的是磨镜片的人"，他想做磨镜片的人，因为他相信，念念不忘，必有回响。

他在初中、高中和大学均担任学生会主席，坚持6年勤工助学，资助贫困学子，连续3年被评为"梅州市先进个人"；他创办"民族优学社"，对成绩较为落后的少数民族同学进行"一对一"学习辅导，辅导时数近700小时；他协助学校推行"环保饭盒"等民生工程，开展学生服务事项200多件，汇编3本服务成果册，多次被评为"优秀志愿者"；他跟随教授前往国家级贫困县担任3个月的大学生志愿者，协助政府部门设计"健康扶贫"方案，帮助因病致贫、返贫的贫困家庭卸下负担。这就是他，一个普通的小城男孩，却在发声、求知、服务的旅途中始终上下求索，步履不停。

刘宏

中山大学2016大学生年度人物

勤钻学术勇创新

刘宏，生命科学学院2014级博士生。

在中山大学求学10年，他先后获得生物技术学士学位（2011年）、药物分析硕士学位（2014年），现攻读植物学博士学位。刘宏主要从事名优中药品种有效成分群的辨识和组方内涵解析，在中药全成分分析、指纹谱效学、网络药理学等领域有一定的理解与积累。10年来，他始终秉持学术钻研、科技创新的理念，在导师苏薇薇教授的带领下，经过不断的坚持与努力，取得了丰硕的研究成果：目前已发表SCI论文6篇（累计影响因子超过15）、中文核心期刊7篇、国际会议论文摘要3篇、授权发明专利2项、著作1部、科技成果登记1项。他先后3次受邀前往加拿大、阿拉伯联合酋长国、奥地利进行研究成果汇报，得到国内外学者的认可与鼓励，并2次获得国际会议资助。2015—2016学年，他获得广东省科学技术一等奖（第三完成人）、东莞市科学技术一等奖（第三完成人）、中国产学研合作创新成果优秀奖（第二完成人）等荣誉。

求学期间，他勤奋好学，不怕辛苦，脚踏实地，韧性十足。他曾获得国家研究生奖学金2次、王伯荪生态学奖学金2次、香港中药全球化联盟国际会议奖励2次、广东省药学会优秀研究生论文一等奖（第一作者），起到了良好的榜样示范作用。在钻研学术的同时，他积极融入学生组织，热心志愿者服务，曾担任中山大学研究生会南校区副主席、中山大学本科招生志愿者河北省队长等职，磨炼出良好的领导与沟通能力。

在未来，他希望能够依托高校或科研院所的中药研究平台，致力于探索创新的方法，从而有效解决中药的复杂性和模糊性问题，突破前人的理论和技术局限，从成分—靶点—疾病相互作用的角度深入挖掘中药防病治病的科学内涵。他将始终坚持学术钻研、科技创新，不忘初心，不断前行，为中药的现代化研究贡献自己的力量。

钻研学术、科技创新

自求学以来，刘宏便对中药所蕴含的科学内涵抱有浓厚的兴趣。2010年年底，他进入导师苏薇薇教授的实验室，研究"复方血栓通胶囊基于谱效关联的药效物质基础与组方规律研究"课题。中药，尤其是复方制剂成分繁杂，要在大量的成分中发现核心活性成分并非易事。为此，他充分利用课余时间归纳总结中药谱效学研究领域的国内外研究现状，积极参加多学科交叉学术讲座，并多次与导师进行沟通交流，企求获得灵

感。经过不懈的努力,他最终以创新的角度,运用计算机建模方法对中药复杂的化学成分信息与药效信息进行关联,建立了复方中药活性成分群辨识的新模式。目前,该研究模式已经成功应用于课题组的多个中药品种,具有范例作用。

刘宏在研究中善于发现问题、解决问题,能够设计相应实验检验自己的想法。在课题的攻坚阶段,他勇于创新,突破前人的理论和技术瓶颈,探索新的方法并得到其他同行的认可;他创新地应用均匀设计思想,在不需进行成分逐一分离的情况下,制备了多份具有化学成分差异的复方中药样品,大大降低了研究工作难度,提高了工作效率;他结合中医与西医的造模方法,摸索并建立了一种快速、稳定的大鼠急性气滞血瘀模型,并已发表相关文章,广泛用于课题组其他中药品种的药效评价。

中药的组方配伍讲究"君臣佐使""四气五味""七情和合",这也是中药的特色所在。然而,传统组方理论至今仍缺乏科学合理的解读,很难被西方学者所接受。为了更好地解析复方血栓通胶囊的组方规律,他创新性地基于药理实验数据,运用多种统计方法研究药材变化与药效变化之间的相关关系,科学解析了组方中各味药材的贡献、作用、主次、交互关系,形成了高水平论文,并推广应用于多个复方中药品种。

在学术研究的同时,刘宏积极开拓视野,展示风采。他曾受邀参加第十二届和第十四届中药全球化联盟会议(CGCM)、第六届创新药物与治疗大会(ICDDT)等国际前沿学术会议并进行大会全英报告。他自信地向各国学者展示中大学子的风采,课题的研究成果得到了同行的一致好评。在迪拜的第六届创新药物与治疗大会上,由于他在会上的优异表现,会议主办方赠送了帆船酒店的水晶模型作为表彰。

从 2010 年年底到目前,他始终坚持研究同一课题,脚踏实地,不忘初心。在此期间,有过失败,有过迷茫,也有过喜悦与收获,通过不断的耕耘及点滴的积累,他已经成长为一个有责任、有担当、敢想敢做的有为青年。

实现自我、未来展望

在学术研究上,他希望能够依托高校或科研院所的中药研究平台,开展中药基于现代多学科组合技术的基础研究,探索有效解决中药复杂性和模糊性问题的创新方法,深入挖掘其防病治病的科学内涵,以祈为加速传统中医中药接轨国际主流医学、进入国际市场贡献微薄力量。

在未来,他将始终秉持钻研学术、科技创新的理念,不忘初心,不断前行!

聚焦环保，知行合一，公益创新，笃志前行

环境科学与工程学院"掌沁环保"是一个致力于"环保创业，公益创新，服务社会"的大学生创新实践团队。在"大众创业、万众创新"的时代背景下，团队成员以"德才兼备、领袖气质、家国情怀"为奋斗目标，希望利用所学知识，知行合一，为国家的环境保护事业贡献一份力量。

"掌沁"视环保为己任，以创新为突破点。通过调研，团队发现空气污染尤其是雾霾和室内空气污染严重影响人们的健康生活。仅仅广东省，每年就有超过11.8万的儿童因室内空气污染而致病或者死亡。为此，"掌沁"依托环保专业知识与多学科融合创新，致力于研发创新环保产品改善居住环境，以服务社会，造福人群。两年时间，"掌沁"先后斩获"创青春全国大学生创新创业大赛电子商务专项赛银奖""广州国际创业大赛优胜奖"等荣誉，发表论文6篇，创新技术获得小米公司、绿美集团等企业的重视，创业故事得到凤凰网、网易新闻、《信息时报》等多家媒体报道。

公益服务，商业调研

"掌沁"团队始终不忘"环保创新，服务社会"的家国情怀，在进行市场调研的同时，还让更多的人了解空气污染的危害以及空气污染防治的重要性。

团队通过走进广州城区的不同社区，同时前往揭阳等地宣传室内空气污染的危害，呼吁人们关注身边的空气污染，并介绍空气污染治理的相关知识。此外，他们还针对婴幼儿群体进行深入调研，不定期为一些幼儿园、早教场所提供免费的空气质量检测服务，并根据检测结果提出相应的治理措施。

通过公益宣传，"掌沁"一方面传播课堂所学的环保知识与理念，另一方面开展市场调研，根据调研结果进行针对性的产品开发和商业计划的制定。

产品创新，空气净化

日渐严峻的空气污染正严重影响着人类的身体健康，其中，儿童是空气污染的最大受害者。研究表明，室内空气污染特别是装修污染会严重危害儿童的正常发育，每年中国约有2万名儿童因室内装修污染而患上白血病。通过调研，"掌沁"发现广东省47家幼儿园中有超过40家幼儿园的室内空气污染超标，儿童生活环境的空气污染形势堪

忧。而目前我国空气净化器的普及率不到1%，且市面上没有一款真正有效的针对孕婴人群设计的空气净化产品。为此，"掌沁"依靠中山大学科研技术的创新，通过"出风口高度智能调节""超静音睡眠模式""防撞伤曲面"等人性化的设计，致力于打造一款"陪伴儿童成长"的空气净化器，为儿童的健康成长保驾护航。

高效成长，模式创新

"掌沁"依托自身的独有优势，致力于推进高校、企业与政府之间的产学研合作，加快学校科研技术成果转化的速度。在这过程中，"掌沁"团队成员相互交流协同创新。

一方面，"掌沁"掌握最前沿的实验室科研信息。"掌沁"团队成员积极投身于实验室的科学研究中，团队成员来自环境学院、生命科学学院、药学院等学院，具有不同学科背景，参与了包括空气污染治理、土壤修复、水污染处理、药学、生态环境修复、微生物燃料电池在内的诸多领域的研究。

另一方面，团队成员积极积累创新创业经验以及校友资源。团队有5名成员加入中山大学创业黄埔班，系统学习商业管理知识，并不断接触社会精英与企业家，为适合落地的项目寻找合作企业。

在2016年，"掌沁"已经成功对接了中山大学大气污染控制实验室与广州市绿美集团公司，并促成双方达成200万元的投资意向。

团队发展，战略布局

从2014年起，团队核心成员便在中山大学环境科学与工程学院空气污染治理的课堂上学习相关知识，并积极进入实验室开展科学研究，接触空气净化领域的前沿技术。团队成员潜心科研，已先后发表多篇论文，并积极参与学术会议，了解最新的行业发展动态。

2015年到2016年，在"双创"浪潮的推动下，"掌沁"开始着眼于科研成果市场转化的工作。团队通过在电影院、幼儿园等地深入调研与市场分析，确定了产品的市场定位并制定了团队的商业计划书。2016年2月，"掌沁"成功研制出婴幼儿专用的空气净化器1.0，随后，团队一方面着眼于产品技术的检验，另一方面致力于商业模式的创新。2016年3月，"掌沁"正式注册公司，并积极参与各项创新创业赛事，得到媒体、企业家和政府有关部门的关注。

在未来，"掌沁"将对接更多的资源和团体，利用比赛的成果和收获，推动项目继续发展，并继续秉行"知行合一"的理念，积极创新，让更多人关注空气，为我国的空气污染治理奉献一份力量。团队还特别感谢学校提供的创新实践平台，感谢环境学院、管理学院老师们一路的支持与指导。

"掌沁"一路走来，经历了技术研发的困境、市场定位的错误等诸多挫折，但"掌沁"始终坚持不止，不断超越自己，克服困难，并取得了一定的成果。相信在未来，"掌沁"会发展得更好。公益创新，做出更多更好的项目和产品，"掌沁"永远在路上。

冉彬学

中山大学2016大学生年度人物

音乐精灵，天籁之音

冉彬学，公共卫生学院2012级本科生。

作为一名医学生，在忙碌的医科学习之余，冉彬学还能玩转校内外各大歌手大赛。独唱、阿卡贝拉、二重唱、合唱，她热爱并尝试了各种形式的音乐，也获得了非常辉煌的成绩：国际合唱节金奖第一名、校园好声音广东省第一名及华南地区第四名、广东省大学生声乐比赛一等奖、厦门卫视海峡两岸大学校园歌手邀请赛十强银奖、中山大学维纳斯歌手大赛四校区总冠军、酷狗繁星"校园星梦想"偶像大赛广州十二强、酷狗音乐青春组合挑战赛全国三强等。

维纳斯歌手大赛是中山大学超大型品牌活动，冉彬学同学一共参加了3次，前两次蝉联东校区冠军，第三次便一举夺得四校区总决赛的桂冠。她在大一以一首《天下无双》获得东校区冠军时便在学校一举成名，她如天籁般空灵的嗓音引来艺术教育中心各位老师的关注和欣赏。在那之后，她便开始活跃于中山大学各个大型晚会、草地音乐会的舞台，也经常出现在中山大学的宣传视频中，更屡屡代表中山大学参加全国性的唱歌比赛并勇创佳绩，为我校取得荣誉。

一路高歌的冉彬学，在2016年同样留下许多音乐的足迹。

这一年，她获得广东省大学生声乐比赛一等奖，并圆梦第三十届中山大学维纳斯歌手大赛四校区总冠军，获中山大学著名校友——歌曲《涛声依旧》的作词作曲者陈小奇先生的极力称赞。

她是重录版中山大学第二校歌《山高水长》的女主唱，这首歌入选网易云音乐曲库，熟悉的旋律和优美的歌声给万千怀念中大的校友们带去温暖。

她是中山大学2016年快闪宣传片中的主要领唱，着一袭红裙在北校园红楼上高唱"有没有那么一首歌"，拉开快闪的序幕。

在纪念孙中山先生150周年诞辰暨中山大学医学教育150年音画诗剧《中山情》中，冉彬学担任主要领唱——《山高水长》《翠亨村》《我们的孙中山》等诉说着孙中山先生的生平，每一首都牵动着台下校友们感动的心。

在台湾中天电视台拍摄的《梦想大学堂——走进中山大学》的纪录片中，冉彬学作为中山大学代表歌手献唱第二校歌《山高水长》，让台湾同胞们了解大陆中山大学的校园文化。

在正式发行的中山大学原创音乐专辑《桃李芳馨》中，收录着冉彬学作为原唱的三首歌曲——《逝去的烟火》《你不懂我不懂》《昨夏》。

在《中大音乐三十年》一书主编徐红老师的邀请下，冉彬学的人物专访编录在此书中。此外，在徐红老师的推荐下，冉彬学作为广州8位代表歌手之一，在广州塔内举办的"梦响汇年度音乐盛典"上演唱，与国内著名的歌手交流学习，也获得了"最佳梦想团队"的嘉奖。

在2016年毕业季时，冉彬学献唱中山大学版《你曾是少年》，该视频在网络上反响热烈，累计上百万次的播放量，并受邀参与保利地产的校招宣传MV主题曲录制，成为保利地产在中山大学校招的校园大使。她在《唱吧》软件上传的唱歌视频，也被湖南卫视《我想和你唱》栏目组发现，并加进杨钰莹的视频短片里，在正式播出的节目中播放。

2016年也正值公共卫生学院40周年华诞，冉彬学在院庆晚会上为远道而来共赴庆典的校友们献上了精彩的表演。

很难想象在比赛中获得如此优异成绩的冉彬学，在上大学之前没有参加过任何歌唱比赛，也未受过任何专业的训练。她说："我得益于中山大学优质的艺术教育水平和浓厚的艺术氛围感染，得益于中大艺术教育中心老师的耐心专业的指导和挖掘，是老师还有一起玩音乐的同伴们的帮助，才使我有了这些进步和成绩。"尽管音乐并不是冉彬学的专业，但她却将音乐过成了她的生活。借用著名哲学家尼采的名言："每一个不曾起舞的日子，都是对生命的辜负。"冉彬学正是这样一个热爱生活、敢于想象追寻、敢于发现自己无限可能的中大学子。"音乐之路"在这里才刚刚开始，她将继续高歌，带着对音乐和生活的满腔热情和纯真追求，也带着这份精神继续启程，继续去探索生命精彩纷呈的无限可能。

高旭
中山大学2016大学生年度人物

愿识乾坤大，仍怜草木青

高旭，国际翻译学院2013级本科生，创业学院第七期成员、UTips团队核心成员、SCC俱乐部第二期成员、逸仙思源第一期成员，曾获国家奖学金、中山大学管理学院李学柔基金奖学金，也是广东省大学生创业技能大赛的冠军。

她曾四次作为学生代表在"国家奖学金颁奖典礼""开学典礼"等重要场合发言；创立"高小旭"个人公众号和"小旭晨报"自媒体，建立了"每力"社群聚集两百多位伙伴线上打卡；曾将万元奖学金悉数捐出，为贫困小学建立图书馆，巧用新媒体帮助村民销售农产品约17吨；作为亚太地区商学院华南户外联盟的一员，徒步穿越了腾格里沙漠。

学 生 领 袖

2013年8月，一个外表柔弱的女生怀着梦想和憧憬踏入了中山大学珠海校区的校园，她从未想到，在此后3年的时间里，能成为中大出镜率最高的学生代表。她曾在国家奖学金颁奖典礼、李学柔基金奖学金颁奖典礼、逸仙思源二期开幕仪式、哲学系开学典礼等场合作为优秀学生代表发言；在国际翻译学院、国际金融学院、管理（创业）学院3个院系修读课程并获得优异成绩。为此，她几乎每周都要往返广州和珠海两个校区，但从无怨言。她认为，知识本身就是美好的，值得怀着饥渴的心去追求。家人朋友问她这样会不会太辛苦时，她只是笑笑，然后回应说："还好吧，我们的目标是——岐关车票连起来能绕地球一圈！"

校园"网红"

很多人了解高旭，是因为她创办的"小旭晨报"自媒体。每天早上7点，她都会把精心整理、配有链接的热点新闻发布到朋友圈。令人佩服的是，"小旭晨报"全年无休，从不间断。同时，她还开通了"高小旭"个人微信公众号，利用每周往返广州和珠海的时间，记录生活和自己的成长，至今已发布近100篇。她的梦想之一是在25岁前出一本自己的书。同学、朋友们常感慨佩服她的毅力，问其有什么诀窍可以如此坚持。她回答说这是"习惯的力量"。于是在2017年年初，她创办了"每力"社群，组织200余名社群伙伴每天线上打卡，养成坚持的好习惯，同时分享心得，共享学习资料。

素食素心

高旭是一个素食主义者,已连续吃素长达10年。别人问她吃素的原因,她的回答一向简单:怕动物会疼。拥有这般爱心的她,将2016年所获逾万元奖学金捐出,为四川省阿坝州克久幼儿园建立图书室,以及为甘孜州新龙县菇龙镇康多村然西寺小学建立体育馆贡献自己的一份力量。她还利用自己写作的特长,通过网络平台,参与帮助清远市石潭村村民销售滞销小黄姜约12吨、红薯5吨。她还在暑假期间,与"逸仙思源"的同学们一起去广西德保县、靖西市支教;在校期间,参与组织"寻找最美高校"大型公益徒步活动,希望能以此增加对留守儿童的了解,唤起社会对留守儿童的关注。

刚柔并济

外表柔弱的她也有刚强的一面。大二,她加入了UTips创业团队并成为其核心成员,大三进入创业学院学习相关知识。其间,她参与两款App的设计及推广,并在全国创业大赛中获得金奖。平时,她还积极参与体育运动,是国际翻译学院舞蹈队成员,大学期间体育成绩全部在90分以上;2018年5月,她作为"亚太地区商学院华南户外联盟"的一员,徒步腾格里沙漠。她说,挑战自己的感觉令人兴奋,希望自己可以成为刚柔并济的女生。

对于过去的成绩,她说,大多都是惊喜般地降临;对于未来,她说,希望获得与自己付出相匹配的应得的回报。高旭,一直用自己的事迹演绎着青春的篇章。

林振镇
中山大学2016大学生年度人物

在"更好"中奔向更宽广的大海

林振镇,海洋科学学院2013级本科生。他连续3年获中山大学优秀学生奖学金,2016年获国家奖学金;被评为中山大学"优秀团员""优秀团员干部""十佳团支部书记"。他一直在努力,大三、大四期间连续以第一作者的身份撰写两篇高质量的科研文章,并在大三拿到院系综合绩点的历史最高分4.75,这无不彰显着他的人生格言——"做到更好"。

埋首科研,志向"深蓝"
做专业扎实的学术精英

坚持以面向学术前沿、面向国家重大战略发展、面向区域和社会经济发展需求为导向,是海洋科学学科前进发展的根本方向。在学校十二字人才培养目标的引导下,林振镇不曾改变自己志向"深蓝"的初心,时刻保持着对学术前沿的热切追求,以及对海洋问题的敏锐和求索。大三时,在导师指导下,他以第一作者的身份在国家水利部期刊《水文》(CSCD核心期刊)上发表了第一篇科研文章。大四期间,林振镇没有因为保送直博而给自己片刻放松的机会,而是参与到多项省级、国家级课题的海洋水文野外观测项目,一直与时间赛跑,进行着大量的技术探索和实验研究,于2016年12月再次以第一作者的身份投稿第二篇科研文章,并于2018年2月在《水文》期刊上发表。在技术研究的过程中,他充分认识到海洋河流中悬浮物浓度观测技术的缺陷和不足给科研活动造成的深刻影响,技术研究的意义在于寻找一种能提高测量和分析精度的技术手段,而且这种技术手段能投入到实际的科研活动中去。为此,在进行大量实验和野外实践经验积累的基础上,他设计了一款新型固液分离的适合野外现场的交直流两用抽滤装置,并自行动手制作出一台完整的样机,已获一项发明专利和两项实用新型专利受理书(林振镇排名第二,导师排名第一)。

林振镇在学术科研上的努力和动手实践上的勤奋,让他得到参与编写《海洋动力沉积学实验教程》的机会,作为编辑成员里唯一的本科生(也是唯一的学生)。林振镇按要求出色地完成了相关工作,该书已于2017年8月份出版,作为海洋科学基础实验教程在全国发行通用。此外,在2016年12月,林振镇还作为第二申请人参加申报了一项广东省水利科技创新项目,他作为项目负责人,负责一项国家级大学生创新科研训练

项目——"基于 SCHISM 超强人类活动驱动的伶仃洋水动力场异变数值模拟"。

立足专业,又"红"又"专"
做德才兼备的思想领袖

3 年连续获得奖学金,从三等奖学金到二等奖学金,再到大三综合绩点 4.75(海洋科学学院本科生历史最高分),拿到一等奖学金和国家奖学金,林振镇一直坚持并努力做到更好。

2016 年 12 月 26 日,他正式成为一名党员,从 2014 年的校级"优秀团员"到 2015 年校级"优秀团员干部",再到 2016 年全校评选出的"中山大学十佳团支部书记",并参加全国大学生党员"两学一做"专题网络培训示范班学习,获评中大的优秀学员。

同时,他与其他班委一起带领海洋科学学院海岸(13)班,勇夺校级"优良学风标兵班"和校级"红旗团支部"两大荣誉,为师弟师妹们树立良好的班级榜样。作为学生中的榜样和楷模,林振镇通过自身的努力,在学院学生中起到了很好的知识引领、思想引领作用和一名合格党员的先锋模范作用。

不忘初心,热心公益
做服务家乡的社会英才

2016 年,林振镇带领海洋科学学院、岭南学院和国际金融学院的学生申请并完成广东省家园基金项目"贵屿镇华美村电子回收现状及其危害调查",以自身能力和知识助力家乡发展。该项目成功入围广东四大优秀项目,林振镇作为项目负责人也因此受邀在"广东可持续发展 2016"会议上进行项目汇报。在进行调研过程中,当他了解到农民深受环境污染的严重影响却因生活所困无法摆脱时,林振镇萌生了对中国广大乡镇电子垃圾回收问题进行深入思考的想法,并提出了"电子垃圾的重生:网络化回收进乡镇"的议题。该议题成功入选由中国扶贫基金会举办的"SAP 青年责任梦想+大赛"全国 50 强议题,并最终获评"SAP 青年责任梦想家奖"。

大一至大三累积公益时 251 个小时,作为项目负责人,他组织过 Happy Start 义教队、"榕园行动"和"三下乡"社会实践绿色家园队等项目,并获评"最佳人气奖""优秀通讯员"和"中山大学 2015 年暑假'三下乡'社会实践活动先进个人"等公益奖项。一路走来,他充分理解并践行着社会主义核心价值观,坚持为人民服务。同时,他也积极响应国家大学生阳光体育的推广,从 2014 年校道接力比赛团队第四名到 2015 年校道接力比赛团队季军,对于锻炼他永不止步,以榜样传递正能量。

埋首科研,立足专业,热心公益,爱国爱家。一路走来,林振镇奋斗、收获、感恩、成长,是中山大学给予了他广阔的平台和诸多的机会,他将加倍努力,继续前进。在迈向星辰大海的征途中,相信他会更加沉着地迎接并战胜更强大的挑战,以实际行动服务社会和报效祖国,在服务社会和报效祖国的行动中体现中大学子身上的德才兼备、领袖气质和家国情怀!

陈潮金

中山大学2016大学生年度人物

潜心科研，医者仁心

陈潮金，2014年被中山大学附属第三医院录取为免试研究生，2016年提前攻博，转为2016级临床型博士研究生，师从黑子清教授。

作为中山大学附属第三医院的临床型博士研究生，自入学以来，他主要是在麻醉科、肝移植ICU、心内科、呼吸科轮转。他勤奋刻苦，积极参与各类手术的麻醉，特别是肝脏移植手术危重病人的麻醉和围术期处理，临床上共参与逾10例肝移植危重病人的术中麻醉与术后管理，积累了很多临床经验。

在管理病人上，他注重从每一个细节入手，始终严格要求自己，尽自己最大的努力，保证患者围术期生命体征的平稳和内环境稳定；同时还注重人文关怀，待患者如亲人，及时与患者及家属沟通交流，取得患者及家属的理解和支持，保证治疗及时有效地进行。在上级教授的带领下，他经手的病人大都顺利度过麻醉手术期以及术后危险期，顺利从ICU转回到普通病房，并顺利出院，至今仍有多名患者健康随访。

治疾病，育人心

在陈潮金管理过的病人中，有一位40岁的张阿姨给他留下了深刻的印象。张阿姨是深圳本地人，在深圳中心城区拥有多套房产，每月的租金用于全家的开支都绰绰有余，丈夫开店经商，儿子在读高中，她的日子过得逍遥自在。但张阿姨突如其来的丙肝肝硬化急性肝功能衰竭，彻底破坏了这一家人其乐融融的生活。因为肝功能衰竭，甚至出现肝肾综合征、肝性脑病，肝脏移植手术是张阿姨最后一根稻草。手术结束后，张阿姨转入移植ICU，陈潮金刚好是管床医生。经过他们的治疗，张阿姨虽然醒了，但饱受疾病折磨的她，已经变得悲观、敏感、多疑、易怒、面容憔悴，俨如一个70岁的阿婆。她甚至情感起伏剧烈，几度悲观到想放弃治疗，拒绝配合医护人员的治疗，在ICU期间动不动就对管床的护士发脾气，治疗效果不容乐观。陈潮金看到张阿姨这样，心里更是难受。因为ICU是封闭式管理，家属是不能在一旁陪护的，作为管床医生，除了常规的治疗外，他每天有空就陪张阿姨聊天，喂她喝水，守在张阿姨的床边，俨然她的家人一般，尽自己最大的可能跟她分享外面的精彩世界，开导她、鼓励她积极去拥抱生活。沟通交流的次数多了，张阿姨对他的信任与尊重与日俱增，慢慢地也越来越开朗，重新找回了生活的信心和希望，也逐渐配合医生的治疗，这也加速了张阿姨康复的

进程。

经过一个月的治疗，张阿姨终于可以转到普通病房，但张阿姨和他的联系并没有因此而中断，甚至在出院以后，张阿姨还会经常给他"汇报"她恢复的情况，分享她的生活。即使后来张阿姨又多次入院，肺部感染不断加重，甚至一度需要依靠呼吸机进行机械辅助通气，她依然乐观，依然坚强地面对一切。在张阿姨的身上，陈潮金看到了患者对于疾病的恐惧和茫然失措，他很欣慰，他的努力能够让张阿姨正确认识、接受疾病，并带着感恩的心去面对生活。他也很庆幸，自己作为一名临床医生，在治病救人的同时，始终保持一颗待病人如亲人的心，不忘关心呵护病人，真正走进他们的内心，感同身受地去思考问题，面对人生，然后再提供最适度的关怀，给出最好的建议。

挺身出，化险情

2017年1月22日在广州开往潮汕的D7505次列车上，列车上传来了紧急求医的广播。作为医生，救死扶伤是天职，不管何时何地，只要有病患，他们总会下意识地第一时间奔赴现场。当陈潮金挤到指定的车厢时，发现是一个五六岁的小男孩虚弱地躺在父亲怀中，满身通红，呼吸微弱，而母亲和乘务员正在一旁焦急地等待。作为第一个赶到现场的医务人员，表明身份后，他迅速询问了病情和相关病史，让乘务员拿水银体温计给小朋友探测了一下体温。"41.7℃！"乘务员惊慌地叫了一声，小孩的母亲着急得大声哭了起来。他在安慰小朋友的母亲的同时，了解到小朋友本来就有发热现象，其母亲身上还携带有医生开的肛塞退热药。列车上条件非常有限，他迅速让乘务员送来冰冻饮料，用薄布包裹后夹在小朋友腋下等部位物理降温，同时鼓励小朋友多喝水，并往小朋友肛门塞进了一颗退热药。慢慢地，列车上其他的医务人员也陆续赶到现场，其中还包括他的一位大学同学黄辛炜，现在是中山一院内分泌科的研究生。随后所有医护人员一起守在小朋友身边，生怕出现高热惊厥或者意识障碍等症状而危及其生命。在大家的共同努力下，小朋友的意识逐渐恢复，体温也开始下降，并在火车到站时，第一时间将小朋友送到了当地的医院进行治疗。类似的情况或许以后还会出现，相信身为医者的他，随时都会毫不犹豫地伸出援手。

搞研究，弄发明

陈潮金还积极参加科室、医院、广东省麻醉学会以及中华麻醉学会组织的多次学术活动：参加由广东省医院协会、麻醉科管理专业委员会举办的第五届麻醉（镇痛）相关并发症案例分享演讲比赛，并获得二等奖；参加由广东省医学会组织的2016年广东省医学会麻醉学术年会英文论文演讲比赛，并获得三等奖。同时，在繁忙的临床工作之余，他几乎把所有的空闲时间都献给了临床与基础科学研究。"白天做手术，晚上做实验"是他研究生生活的真实写照。他研究的主要方向是围术期器官功能保护，重点是肾缺血再灌注损伤的防治。他以第一作者身份在 Medicine（IF：2.133）上发表SCI论文一篇，另外以第四作者的身份参与的两篇论文已经分别被 Scientific Reports（IF：5.228）和 Journal of Cellular and Molecular Medicine（IF：4.874）收录。同时，在进行动物实验的过程中，他自主设计发明的实用新型专利——多功能老鼠吸入麻醉箱，解决了现有的麻醉装置无法同时实现麻醉诱导和麻醉维持以及无法同时开展多只老鼠的吸入麻醉维持的技术问题,大大提高了实验效率,也提高了麻醉剂利用效率。

爱公益,传爱心

工作之余,陈潮金积极利用节假日参加志愿服务活动,他希望能用自己的微薄之力,传递爱心,传递正能量。身为广东省养生文化协会专家委员会"名医工作室"的志愿者,他积极参加名医工作室举办的义诊活动,被广东省养生文化协会评为"热心医务人员"。

医者仁心,临床科研两不落。陈潮金将用笃行来陈述。

怀揣梦想与远方，迈向星辰大海

王子博，中山大学管理学院 2012 级本科生，大学四年获两年国家励志奖学金、IMA 管理会计分析大赛全国总冠军、挑战杯大学生创业大赛全国金奖，共获各类奖项 10 余次。他曾任腾讯游戏、网易游戏品牌管培生，所负责的《王者荣耀》成为中国十大最受欢迎手游，《英雄联盟》公关传播获千万玩家互动，另获麦肯光明等 6 家公司的就职机会。

心怀远方，雄鹰初露锋芒

怀揣着对中山大学的向往，王子博从静谧的贵州小镇来到繁华的广州。想象中的中大开放多元，拥有各种可能。当各种选择摆在面前时，他却像山里的雏鹰，在大都市的天空失去了方向……大一结尾，看着刚到平均线的绩点和空白的学术经历，年轻的他茫然无措。

王子博自认并不聪明，但他深知勤能补拙，相信只有学习才能让自己更为优秀。

大二来临，年轻的雏鹰开始展翅。

在专业课学习的道路上，王子博从不松懈，凭借自身的勤勉，终于在中山大学的华丽舞台上，找到了自己的位置——连续两年取得国家励志奖学金，还在大三"解锁"了"综合测评全系前三"的自豪成就。

在此期间，王子博还在多类学术赛事中挑战自我。他带领 4 位小伙伴，参加了 IMA（美国管理会计协会）管理会计案例分析大赛。作为最年轻的队伍，面对清华大学、上海交通大学等知名高校的优秀选手，他们没有退缩，而是选择夜以继日地攻读艰深的专业书籍，以一颗赤子之心逆风而行，最终在更高的舞台找到自己，取得了总决赛的冠军，实现中山大学在此赛事上的三连冠！

在"大众创新、万众创业"的号召下，许多大学生都纷纷投身于第三产业以谋求发展。但他却选择研究石斑鱼养殖技术，尝试涉农创业。虽然 App 等新兴科技在大众眼中拥有着无限的可能，但王子博认为不应该忽视第一和第二产业的创新。作为市场参与者，他为我国石斑鱼养殖、销售提出了创新意见，并以此为基础，和同伴们撰写了商业计划书。在为期半年的调研和构思后，王子博的团队在中国大学生创业竞赛的最高峰——"挑战杯"全国决赛上凭借翔实可行的计划书和路演展示，斩获了国赛金奖。

王子博希望通过创农，让更多的大学生在追求热点产业之余将注意力转移到基础产业中去，解决更多基本问题。

之后，王子博还参加了 GMC 商业精英挑战赛、海外学人创新创业创意大赛、中山大学电子商务大赛等，都取得了不菲的成绩。谈及比赛的收获，王子博觉得参赛的经历不但增长了自己的自信，更对自己的升学和工作都有很大的帮助，丰富了自身阅历，拥有了更多证明自己的机会。

在一次又一次的比赛中，他不断激励自己挑战自我，飞向更高的天空。

格物致知，终得实践真知

基于自己对市场营销的专业学习，王子博相信市场营销是实践导向，第一手的理论往往源于优秀公司的实操上。从大一开始，他便不断寻求机会，践行所学知识，积累经验。

大一暑假，王子博进入全球最先进的软件公司——甲骨文股份有限公司进行实习。虽然很多人都觉得实习工作距离一个大一学生太过遥远，但他认为实习是一个结合理论与实践的绝佳机会。他在观察大公司实际运营的同时，不断印证营销理论，吸取前辈工作的经验，努力探索自己于商科的发展路径。

大二期间，互联网企业在全球兴起，"互联网＋"成为热潮。为了践行自己所学的市场营销知识，到营销资源最多的地方大展拳脚，王子博选择了互联网行业中需求量最大的地方——游戏行业。他在浏览实习信息时，发现网易游戏正在招聘品牌管理培训生，即使写明了"招收大三学生"，王子博仍是抱着试一试的心态，递交了简历并出乎意料地通过了审核，成为全国 6 位网易游戏管培生之一，负责《梦幻西游》品牌管理的相关工作。在网易游戏实习期间，王子博感受到网易富有情怀的管理和精湛的业务水平，这使他加倍努力提升自身。

大三暑假，王子博获得了腾讯游戏的品牌经理的就职机会，进入了号称"万中选一"的《英雄联盟》品牌部。在全国最大的互联网公司，机遇与挑战并存，面对每天 14 小时的工作强度的挑战，王子博也产生过退缩的念头。但为了让自己的人生活得更宽广，做更多有意义的事情，他在这次挑战中坚持了下来，几乎牺牲了所有的娱乐时间用来加班学习。实习结束的时候，王子博不仅掌握了一套完整的营销方法，业务能力也提升到独当一面的地步。在《王者荣耀》上线时，他制定的公关、媒介和广告策略，将这款全新游戏打造成 2015 年中国十大最受欢迎手游之一；他负责的《英雄联盟》暑假公关传播，获得千万级别的玩家互动，超过了同期其他所有游戏。

展翅翱翔，为梦插上翅膀

王子博不仅爱学术、爱实践，也对帮助他人充满了热忱。大二期间，他接触了米公益 App。借助这个平台参与一些志愿活动可以赚取米粒，而这些米粒可以转换为慈善基金，帮助更多有需要的人。这一独特的公益理念吸引了他，虽然和自己所学的营销专业并没有多大的关系，但他怀着纯粹做公益的心情加入了米公益的创业团队，负责一些线下活动的宣传，如大学城的荧光慢跑等活动。王子博认为，通过企业促进公益是一条值得尝试的道路，加强企业公益活动宣传，可以吸引更多的人参与到公益，企业也会得到更多的曝光，可谓一举两得。企业借助宣传得到发展之后，也会提供更多的慈善基金回报公益，从而帮助更多的人。

除了参加米公益活动，王子博每年都会去佛山市顺德区的养老院，和护工们一起帮助行动不便的老人，给他们擦身子、更换贴身衣物。每一次去养老院，他收获的都是满满的快乐和满足。

7岁那年，王子博开始了对萨克斯的学习。在他看来，生活不仅仅是学习和工作，而萨克斯可以陶冶情操、放松心情，作为一种调和剂，让自己以更好的姿态去迎接生活。

除了音乐，长跑也是王子博一直以来的爱好。而长跑恰恰证明了一次两次的努力与成就并没有什么值得骄傲的地方，如果没有持之以恒的努力与前行，就永远都无法触碰到真正的成功与幸福，还会因半途而废断送前面的辛劳。

"Live long and live prosper"——生命漫长而宽广，是王子博的座右铭。在他眼中，只有不断拓展自己生命的宽度，做更多有意义的事，不断接受新鲜事物，不断挑战，才能创造让自己骄傲的成就。

他是来自贵州的雏鹰，怀揣着梦与远方，道阻且长。他没有丝毫畏惧，征途大海茫茫，他一路过关斩将。王子博在学业学术、比赛实践、实习工作中挑战自我，在中山大学用最好的成绩证明着自己的才华与能力！

顾西辉

中山大学2015大学生年度人物

投身于地理，埋首于科研

顾西辉，中山大学地理科学规划学院自然地理学专业2014级博士生，研究方向为变化环境下气象水文极值响应规律。他发表科研论文30余篇，其中SCI 12篇，8篇为TOP 10期刊。他于2013—2015年连续3年获得研究生国家奖学金，3次获得中国自然资源学会、珠江流域委员会优秀论文奖。他通过学校公益岗位、广州义工联等参与校内外志愿服务活动，合计公益时数达500余小时。

坚持不懈，不变初心

从幼时起，顾西辉就对地理怀着极大向往与好奇，因而在本科时，他便义无反顾地选择了郑州大学地理方向的"水文学与水资源工程学"专业。

这个学科的热点和难点，主要在于气象水文极值响应规律。所谓极值，就是极端天气灾害事件，而这些事件往往对社会、经济乃至人身财产安全有重大影响。

水文学与水资源工程的研究是公益性的，并不面向市场，从事这个专业往往对学历有较高的要求。在自己的兴趣和环境的共同驱使下，顾西辉选择继续在这个领域深入研究，梦想以后在高校从事教学和科研，硕博连读无疑便是最好的发展路径。他把科研当作事业，准备用一生的时间去追求。

在自己的不懈努力下，顾西辉成为中山大学地理科学规划学院自然地理学专业2014级博士生，研究方向为变化环境下气象水文极值响应规律。在导师的帮助下，顾西辉的研究不断地深入，他也渐渐对这个方向有了更多的了解和更深厚的积累。越是朝着地理科学的深处不断探索与发现，他对于地理学科的兴趣与热爱就越发浓厚。在多年探求知识的道路上，顾西辉坚持不懈，研究地理的初心始终不曾改变。

科研攻关，刻苦实干

结束本科专业的学习，继续硕博研读进行科研攻关，显然，顾西辉的探索地理的难度又登上了一个新的高度。本科学习主要是夯实专业基础，对于成果的检验以考试成绩为主导；而从事科研的研究生，更需要的是自主学习，选择在某一个方向上深钻细研，其考核评价方式以创新为主导。两个阶段在学习方法和评价方式都差异较大，难以适应的问题就摆在眼前。

从事科研工作，入门最重要。

一开始，顾西辉对科研没有概念，不知道路径在哪个地方，不知道从何处下手，也没有方向。就像在一间黑暗的屋子里，看不到任何光亮。

在科研所需要的专业技能、基础知识储备方面，那时候的顾西辉还远远不足，他的专业技能和基础知识储备并不能支撑他迈入更深奥的领域。但顾西辉并没被这些困难所吓倒而轻易地选择放弃，他耐住寂寞，坚持不懈付出自己最大的努力来丰富自身学科素养，奋力克服这些困难与挑战。"没有方向，可以尝试朝一个方向去摸索，专业技能、基础知识不足可以静下心来一点点积累、攻克。重要的是花费足够多的时间去克服它。"顾西辉怀着对学科的满腔热忱，耐心去探索尝试，坚信时间会给付出辛劳的自己一个满意的答案。

在各种科研项目和生产实践项目中，他思路清晰、成绩斐然，得到了导师、项目需求方、项目组同学的一致认可，能吃苦、能打硬仗、能挑重担的优秀品质在一次次的科研中逐渐被打磨得熠熠生辉。

顾西辉用1万小时定律身体力行地诠释着自己的科研经历——"只要你在一件事情上花费了1万个小时，你就可以成为这个领域的行家"。

热心公益，促进科研

在忙碌得有时连吃饭都来不及的科研生活中，抽出时间做公益似乎是一件不可能的事，但顾西辉却做到了。

在繁重的学习工作之余，他作为广州义工的一分子，一直坚持通过社会公益岗位服务更广泛的群体。"关怀露宿者""跟长者谈心"……每一个活动，他都认真参与，用自己的一片真心奉献自己的一份力量，收获他人一个开心的微笑。

很多人都认为时间有限，不可能做完那么多事情。但在顾西辉看来，这其实是一个伪命题。"一个人如果真想去做这么多事情，那他肯定能够抽出这部分时间，关键在于自己愿不愿意投入这部分精力。"在平衡公益生活与科研学习生活方面，顾西辉有着这样的一套理解。

顾西辉能让自己抽出时间进行公益活动，有两个原因。一方面，他将自己的公益实践活动的时间进行合理的规划与安排。一个是在每周四晚上9点至10点半，一个是周六下午2点半至5点半。晚上一个半小时并不会占用很多时间，周六属于周末，往往应该陪伴女朋友，但是他们选择一起去做公益。另一方面，他平时做事情十分专注，集中精力提高效率，相对就可以节省很多时间。更不可忽视的是，他已经养成了进行公益的习惯。长时间兼顾各项事务，已经使他锻炼出了处理好多种事情的能力。

于顾西辉而言，公益不仅仅能够奉献爱心，丰富自己的精神世界，给自身的科研也带来了巨大的正面影响。科研的圈子确实有些小，他几乎每天都是实验室、住所两点一线，往往会沉浸在自己的小世界里。参与公益活动往往能够扩展他的视野，有助于转换自己的思维和环境。"公益能够让自己变成一个更有情怀的人。"

投身于地理，埋首于科研

爱与恩情，一路相随

2012年，顾西辉考进中山大学，在迎来了人生重要转折点的同时，也遇到了对他影响最重要的两个人：对他科研发展有着不可替代的影响的导师张强教授和陪伴他走过风风雨雨、不离不弃的女朋友周晓清同学。

"我以前是一个不是很爱学习的人，也比较懒散。"顾西辉回忆道。而张强教授是一个非常严谨、严厉、严肃的学者，对学生的培养非常认真。同学间往往笑谈："张强教授对学生的培养就像是高中班主任。"他会在实验室的后窗户查看学生是否认真学习，还会主动找同学询问科研进展，再根据不同情况给予详细的指导。而一旦有人懈怠和贪玩，被张老师发现后往往会给予非常严厉的批评。

在教导他科研项目学习的同时，张老师也给顾西辉树立了人生方向和理想。正是在这种严谨踏实的环境下，他慢慢改掉了之前不好的性格和习惯，开始努力和奋进，朝着理想不断前行。

而在顾西辉从事科研最艰难和最气馁的时期，是他的女朋友周晓清不断地给予他鼓励和生活上的关怀。顾西辉的女朋友周晓清在华南师范大学读书，两人在不同的大学本身相处时间就不多，尤其是在科研处于紧张阶段时，两个人连见一面都颇为不易。但周晓清从没有抱怨，她十分理解顾西辉的科研工作，从不吝惜给予他鼓励与支持，甚至在顾西辉通宵达旦开展研究的时候给予他持续的陪伴和鼓励。

谈及女友，顾西辉满是爱意与感激，认为她是自己能够坚持下来最坚强的后盾。

小时候的他在孩童的世界中追逐着风的来向，长大后他在科研的世界中追逐着水文的波动，从稚嫩的孩童到朝气勃发的青年，他的世界是属于地理的世界，他就像宇宙中微小却闪亮的行星，一直绕着地球做着永恒不变的周期运动。

一路学，一路爱，顾西辉坚持不懈地追求自己最爱的地理科学。从无知的少年到学识渊博的科研工作者，顾西辉一直坚守着自己的初心。科学是他生活的底色，公益为他的生活增添光彩，有着恩师与爱人的陪伴，他一定会在自己梦想的道路上走得更长远。

先锋团队,人人赞之

中山大学 SYSU-Software 团队(又称 iGEM 软件队)曾连续 4 年斩获 iGEM 总决赛金牌,并连续 3 年获得软件组最高奖——最佳软件项目奖。它是 iGEM 创办 11 年来综合成绩最好的软件组队伍。除此以外,团队还开展了一系列学术与公益活动,推广合成生物学与生命科学。iGEM 软件队对于中山大学的学科竞赛、科技创新以及人才培养均具有特别意义。

多方的人才汇集

国际基因工程机器设计大赛(International Genetically Engineered Machine Competition,iGEM)是合成生物学领域的国际顶级大学生科技赛事。

本着"以兴趣为基础,以科研为导向"的理念,团队于 2015 年年初开展本科生科研项目,以严谨科学的态度进行项目方案的设计、论证和实现,致力于提升学生的科学素养与创新能力,促进中山大学生命科学学院的生物信息学和合成生物学学科的进一步发展,积累宝贵的经验和培养一批优秀的后备人才。

考虑到 iGEM 比赛的跨学科性质,完整的项目包含了生物理论、数学建模、编程实现和美术设计等模块。为迎接这样复杂的挑战,培养和建设一个科学全面的团队成了获胜的关键。他们将队伍分为生物组、模型组、编程组以及设计组 4 个板块,面向全校本科生开始招募,尝试进行综合考察,遴选优秀的人才。多学科队伍的形成也为不同领域的学生提供了相互交流合作的舞台和接触交叉领域的机会,培养兴趣,探索深度,兼顾广度。

对有意向加入的同学,会经过一系列的面试加以遴选。在全体成员选拔完毕后,团队会组织他们进行专门的生物学知识培训,彻底完成一个合成生物学领域的软件队伍的组建。

完善的交流协作

由于团队成员来自不同的院系,大家的课余时间各不相同,团队的集体交流成为一个必须考虑的问题。

团队里每周末都固定在南校园召开组会,每组带着成果进行汇报,并与其他组进行讨论分享。由于分属不同的校区，平日里取得的进展大多在线上讨论完成。微软俱乐部、实验室都留下过组员们讨论研究的身影。

在筹备过程中，iGEM 软件队也曾遇到过人手比较紧缺的情况：比赛临近终点，为使所有的数据实现整合，他们需要把大概 800 个方程输入到计算机里。这些方程手写起来十分容易，但是要输入计算机中使机器完成识别，还颇要花费一定的时间。团队的荣誉就在眼前，大家除了埋头苦干外别无他法。就这样，队员们开始了艰难而又漫长的接力，基于合理的分工，每个人领取一小部分的任务，通力合作，终于在期限之内顺利完赛。

团队参加 iGEM 比赛，不仅是在与世界各地的优秀大学生团队进行竞争，更重要的是使团队融入这一交流学术、交流人文的大舞台。比赛前夕，团队成员前往台湾参加台湾交通大学召开的亚太地区交流会，与其他参赛队伍互相发表看法，提出建议，有序地进行研讨。除此以外，他们还前往北京大学参加中国范围内的交流会，借助这个平台，与厦门大学、南京大学开展有相关项目上的合作。

在交流的同时，队员们深知他们代表的不仅仅是 SYSU-Software 的形象，更是中山大学的形象，甚至是中国的形象。因此，iGEM 软件队也相信积极友好的对外交流能为团队的成绩助力。

另类的公益奉献

团队在参加 iGEM 比赛的同时，也把握这个机会，配合开展一系列学术与公益活动，聚焦于为大众进行科普，面向校园乃至社会推广合成生物学与生命科学。他们利用作品和自身努力影响周边生活，也致力于将世界的行为融入他们的作品当中。

校园内，团队在"生物节"中设立展位，开展学术讲座活动，传播合成生物学知识；团队还与北校区生物安全委员会达成合作，制作了一副与生物安全有关的扑克牌，发放宣传到学校的实验室与相关管理单位，让大家意识到生物学安全的重要性。校园外，团队开发了合成生物学手机游戏"Synbio Box"，在安卓平台发布，向青少年普及合成物学知识并获得了广泛好评。

对于团队的公益活动，队员们打了个通俗易懂的比方：你不需要知道一部手机内部的芯片构造，但是最起码的也要知道手机的功能。这就和他们进行公益科普的性质一样。对于学术的成果，大众可以不知道它的具体工作原理、理论依据，但是，既然研究出来了，希望大家至少对于该成果的功用以及使用方法有一定的了解。

"当你能够获得美好的成果时，过程中所遇到的一切不开心和困难，仔细想来都算不上什么。"

大学的四年说来漫长，实则短暂，投入在 iGEM 队伍上的这段时光令让所有人都觉得格外值得。幸运地在正确的时间遇到正确的一群人，一起朝某个目标前进。除了在学术能力上有巨大的提高外，收获的友谊更是团队给予每个成员的特别大礼。

SYSU-Software 团队薪火相承，将优秀的经验、宝贵的收获届届传承下去，并在其中不断完善，不断提高团队凝聚力，让中山大学 SYSU-Software 团队持续在国际舞台上绽放光彩。

中山大学2015大学生年度人物

君子不器，卓尔不群

姜昊旻，数学学院2012级本科生。

作为学生干部，他坚持服务理念、维护学生利益、团结广大同学、勇于主动发声；作为学联主席，他积极推动学联学生会改革工作；作为学生代表，他访问美国多所高校，积极推进国内外交流合作；作为最佳辩手，他在唇枪舌剑中思辨真知。

"形而上者谓之道，形而下者谓之器。"从鄂西小城到中大校园，姜昊旻始终秉承着"君子不器"的信念，用知识武装自己的同时，也承担与自己能力匹配的责任。

学生工作，大展拳脚

初到中大时，身为异乡学子的姜昊旻希望尽快融入中大，出于想对学校进一步了解的好奇，他加入了校学生会。

姜昊旻在学生会工作了3年，于2014—2015学年担任了学生会主席。任内他与学生会的同学们坚持服务理念，积极做好学生工作，调查同学们在学习生活中存在的问题并切实解决，不断改善校园的一点一滴。他与一群志同道合的青年，建立并完善能够让每一位同学反映自己诉求的线上线下渠道，为学生诉求与学校改革发展之间搭建了桥梁。在姜昊旻的领导下，学生会采用微博、微信作为接受同学们意见反馈的渠道，通过校领导午餐会等活动为学校改革发展建言献策。

凭借学校的支持与个人优异的表现，在中华全国学生联合会第二十六次代表大会期间，姜昊旻从全国诸多学生会主席中脱颖而出，当选中华全国学生联合会执行主席及全国学联普通本科学生会专门委员会主任委员。2015年12月，国家副主席李源潮接见了姜昊旻。他积极主动为全国学联学生会改革工作建言献策，参与制定《学联学生会组织改革方案》，并积极主持合作交流工作，率代表团赴美、交流、学习学生工作经验。

国际交流，学习提升

赴美的行程中，姜昊旻先后参访了哈佛大学、耶鲁大学、哥伦比亚大学及美国常青藤学校联盟理事会。访问期间，他深感中美文化差异。虽然美国学生会注重领导力和全球视野，但是学生活动覆盖面之小，校园政策落实之少，令他颇觉遗憾。

美国的学生会规模很小，但是功能齐全，通常是在有活动的时候临时招募志愿者参与，活动期间他们会提供很多展示见解、讨论社会问题的平台，促进领导力的发展。一次在美国的学生面前介绍中国的学生会之后，他们的主持人用中文说的一句"说得非常好"以及他们对中国的极大兴趣都令姜昊旻印象深刻。

但另一方面，姜昊旻不禁为一些美国以及港台地区的高校中，普通学生对于学生会的参与度之低而扼腕。比如交流中他得知，虽然哥伦比亚大学的学生会经常讨论一些校园政策，但是真正能够落地实施并且被广泛认同的甚至一个都没有。

与自己3年里在中大参与学生工作的经历进行比较后，姜昊旻认为以上现象出现的原因一方面是中美学生会的理念不同，因此工作的核心和方式都有区别，中美之间互有所长，应该多加交流，相互学习。另一方面所处的社会环境不同也造成了各国学生工作的差异，每个国家甚至是每个学校的环境都是不同的，学生工作也应该因地制宜，发展特色。

荣誉在身，不忘充实自我

在大一期间姜昊旻参加了辩论赛，他的优异表现和出众的思维能力获得了赞赏，中山大学校辩论队向他伸出了橄榄枝。2013—2014年他还获得了中山大学院系际辩论赛最佳辩手的荣誉。

谈及参加辩论队的最大收获，姜昊旻认为辩论学习对自己学生会的工作提供了很大的帮助，也对自己价值理念的塑造起了很重要的作用。3年的辩论经验使他学会了向阴暗发出批判，向弱势投以关爱，向盲目提出思辨，向冲动呼唤理性。

姜昊旻认为，生活的理想状态应该是白衣飘飘、诗歌与吉他，而不仅仅是社会机器里一颗没有思想、没有激情的螺丝钉，安于现状，不求改变。

常有人说大学之中，精致的利己主义者越来越多，大学4年不过是在为自己谋求一份更好的工作、更好的发展或者在现行评价标准中取得更好成绩。

姜昊旻不评判这种态度的优劣，但他还是相信学生在大学的年纪应当单纯一些、浪漫一些、洒脱一些，象牙塔里的青春提供给我们无数可以体验的美好，尤其是精神上的单纯美好，诗歌与吉他就是精神层面追求的一个代表，拥有这种不向大流屈从的态度，其实更有利于我们在入世的时候有着更清醒的认识和更坚定的信念。

从新港西路135号到颐和园路5号，4年的时间转瞬即逝，结束在中山大学4年的本科学习生涯，姜昊旻在北京大学开启了人生的崭新篇章。

在4年之后，当剥下一个个头衔和标签，最终陪伴他走余下漫漫长路的，终究还是这些经历沉淀下来的收获。

朱王勇

中山大学2015大学生年度人物

独善其身，兼济天下

朱王勇，光华口腔医学院2014级博士生。

他是学习之星，也是科研达人，更是大学生创业路上的探索者、实践者。他始终坚持着自己的创业梦想。筚路蓝缕，独善其身不忘兼济天下，他从未放弃过。

求真务实，沉心科研

2007年，朱王勇以优异的成绩考入了中山大学光华口腔医学院7年制专业。7年的专业学习并没有让他感到满足，学得越多，看到的问题也越多，面对问题的无奈感与无力感也越强烈。

在对知识探究的驱使下，2014年硕士毕业后，他毅然选择了攻读博士，学习更多的知识，使自己更充实更完善，希望拥有更多的机会。

进入博士阶段，对待学业，他也产生了新的认知——从本科到博士，是一个从积累到运用的差别。在本科阶段更多的是积累和模仿，老师的教学会循序渐进，会给学生们提供思路和方法。但在博士阶段，导师会直接给学生们一个任务，无论是思路还是方法都需要自己去摸索，这样他们就需要运用自己学过的知识来解决问题。

怀揣着坚定的目标以及期望，他继续苦心钻研，求真务实。朱王勇最终以优异的成绩完成博士课业，博一综合排名2/20。一年以来，他又以第一作者发表SCI论文2篇（累计IF=4.659）及中文核心期刊论文1篇。

有着更高更宽的视野的他并未停歇，随后他又投入导师的国家自然科学基金、广东省自然科学基金及广州市科技计划项目的研究中。他希望自己能在博士这个更高的平台上，做自己喜欢和擅长的事，帮助更多的人。

从小处着眼，投身创业

秉承"三基·三严·三早"的医学教育理念，朱王勇从本科阶段就开始进入临床学习。数年的临床见闻体会，看着病人住院出院如流水般，他不禁思考，凭自己一个人一把刀，穷极一生能帮助多少人？如何能以他的所知所学，帮到更多的人？

在朱王勇眼里，身边的医生们都忙着研究"大病"，但他觉得帮助那些忍受慢性病困扰的人们，用自己的医学知识去给他们带来一点点"小"的改善，也是一件非常有意义的事。

实地的调查研究以及细心的临床观察让他发现，20%～50%的人睡觉都会打呼噜。单纯打呼噜虽然不是病，但它却实实在在地给许多人带来困扰和痛苦。而医学上确实没有太"适合"的改善措施，以致市场上各种"止鼾器"泥沙俱下，有些甚至是隐藏了很大医学隐患的设备。有关打呼噜的研究是多学科交叉领域，与自己的专业——口腔颌面外科也有关联。

从"小"出发，与时俱进。针对一块医学空白领域，朱王勇在导师的指导下，投身于睡眠医学界近年来开始受重视的体位干预疗法的研究。而近几年来，"互联网＋医疗"的理念也日渐成熟，越来越多的疾病通过"互联网＋医疗"的方式得到了很大的改善。朱王勇有了一个新的想法，就是改进体位疗法传统手段、工具，凭借智能硬件和互联网的新技术来实现一种自动、舒适、普适的睡姿引导，达到院外改善和监测的目的，真正帮到成千上万的鼾症患者。

这个理念形成后，他深知自己一个人是无法实现的，必须组建一个团队共同实现这个目标。但团队的组建十分不易，创业是一个高风险的事业，不确定的因素很多，尤其是做医疗产品，理念一致很重要，成员选择更需要慎重。

怀揣着这样的想法，他找到了中山大学光华口腔医学院和创业学院毕业的同学刘瑶，两人响应国家创新创业号召，共同组建了一支横跨医学、软硬件开发、工业设计、工商管理、市场营销领域的复合型人才队伍。在此基础上，他们创立了广州逸善舒晨生物科技有限公司，获得飞马旅袁岳领投的数百万元天使轮融资。他们团队的目标是从临床医学的实际需求出发，紧贴大数据时代物联网的潮流，最终成为用户的私人健康管家，真正实践朱王勇的医学理想。

于朱王勇而言，他们的创业之路荆棘密布，每天都会有新的问题，每天都是难关。有些问题短时间内克服不了，只能顶住压力，等自身成长到能解决的时候再克服。

正是因为有着这样的想法，朱王勇和他的团队才将艰险化作通途。

通过日积月累的不断努力，他们将医学与科技结合，研发了智鼾垫产品，为广大鼾症患者提供了真正基于医学理念的解决方案，并为项目申请了省科技计划、天河区科技计划及5项国家专利。此外，团队的努力成果先后荣获了中国创新创业大赛广州赛区三等奖、广东省青年创业大赛第一名、天英汇创新创业大赛一等奖等，并在网上获得了许多朋友的支持与认可。

无论是科研还是创业，朱王勇发现他和团队的成员们有一个共通点——都是任务导向制。发现一个需求，明确自己想解决什么问题—带领团队—克服困难—验证自己的想法—解决问题。经过这一系列的过程，最终顺利完成任务。

千里之行，始于足下。朱王勇"互联网＋医学"创新创业的道路才刚刚开始。他还希望研制出更多的医疗产品，帮助更多的人。他表示，他愿尽能力与判断力所及，遵守"为病家谋利益"之信条。

坚持锻炼，健康生活

科研、创业太过繁忙，对身体的消耗也极大，朱王勇深受导师影响，坚持锻炼已经成为一种生活习惯。在他看来，有些事情做了是消耗，有些事情做了是补充和积累，跑步对他而言就是一种补充和积累。

朱王勇已经习惯了独自跑步，这带给他安静思考的时间，也是一种难得的享受。经过一次次长途跋涉后的冲刷，是他坚定的信念和誓不轻言放弃的决心。他曾完成过广州马拉松全程组、深圳百公里徒步，也获得过广东定向越野联赛的冠军。在奔跑的路上，巨大的消耗也让他十分痛苦，"半路好几次想放弃，但咬咬牙竟然都坚持下来了。"这些比赛可以说是对他在科研创业路上的韧性和执着的最好写照。

朱王勇认为，如果单纯做一名医生，是可以独善其身的，但是他更希望自己有能力且足够幸运，可以兼济天下。再长远一些，他希望能完整摸索出医学创新创业的一整套流程，传递给身边有想法的人，为现在的医患矛盾提供一个崭新的视角和解决思路。他永远奔跑在路上。

追寻创业梦,不做蓬蒿人

王冬雨,药学院 2013 级本科生。

她是自主创业中的佼佼者,多次取得丰硕的成果;她是多才多艺的好学生,学习上的好榜样。面对困境,永不低头,让她变得不再平凡。

她这样勉励自己:假若没有来生,那就在今生活成一株骆驼刺,无论永恒与否,面对困境,她永不低头。

激扬青春,应有鸿鹄之志

不要让梦想只是说说而已!若想要坚持自己的梦想,便要风雨兼程。

成长于商人家庭的王冬雨,从小便有了创业的梦想。她的父母希望她可以成为一个独立自强的人,故十分注重她在思维能力和情商方面的培养。正因为这些方面的培养,她的创业之路才更加顺畅。

在王冬雨读小学的时候,在放寒暑假的第一天她的母亲都会要求她写出在假期的总体计划,以及每天需要完成的事项的具体时段。因为这些特殊的"任务",培养了她合理安排时间、最大化利用空闲时间的能力。随着一次又一次对未来时间的规划,她对做每件事的周期有了更加理性精准的预判,也就是说,做事之前,她会先估计一下事情的时间跨度,这对于她之后的创业奠定了非常重要的基础。要准确判断事情的周期,需要先假设这一步可能失败,或者需要更长的时间,就比如她的第一次创业,从一开始就抱着失败的心态去尝试,只是希望自己可以通过创业学到一些东西,增加一些社会阅历。

与此同时,"做人要懂得确定性,做事要懂得不确定性"的道理让她受益匪浅。做人一定要有定性,不能做墙头草。但做事就不能钻牛角尖,蒙头做到底。对于创业来说,要能够顺时应变;对创业者来说,对社会中的问题要有最敏锐的洞察力和前瞻性。

大一的时候,她便和朋友看准了小额度的分期付款项目。经过近半年的市场调研,最终在综合了不同年龄段的消费能力、消费观念、消费心理与信用度后,她和团队选择了"大学生小额分期付款"这一细分领域。2015 年伊始,她创办了"学信通讯工作室",继续实现她的梦想。

在创业路上,不仅要有志向,相关知识的支撑也是必不可少的。王冬雨认为,有创业的梦想和胆量是极好的,可是不遵循市场基本的经济原理,梦想和胆量是一文不值

的。因此，她选择了修读创业学院双学位。在创业学院，她和来自中山医学院、护理学院、数据科学与计算机学院、移动信息工程学院等学院的学生开始了他们的创业之旅。凭借团队超强的凝聚力和创造力，她们在2015年年末参加了由教育部、国家发展改革委等部门联合举办的"中国首届互联网+大学生创新创业大赛"，获得了广东省赛第一名和全国总决赛创意组金奖的好成绩。

从小养成的好习惯，在长大后渐渐显示出其特有的价值，为她在发展路上的小船保驾护航，加上自己不懈的努力，终于让她人生变得多姿多彩。她的励志故事，鼓励着所有人——年轻人，要有远大的志向。

荆棘载途，当备无畏之心

大学生创业最难就是资金的筹备，至今王冬雨还清晰地记得在大西北 -20℃的寒风中，每天跑去向身边的朋友家人讲述项目的远大前景，希望能得到一些天使融资的情景。然而通过这种方法得到的资金还是很有限的，最终她还是选择了向银行贷款。"学信通讯工作室"在成立后，遭遇了种种问题：刚刚成立时，订单量比预期的少很多，甚至还出现了几例坏单等。

无论遇到怎样的困境，她总是用无限的热情与大胆的想法来坚持自己的初衷，每次到最后，总是能把问题化小，最终成功克服它。

团队的成员无论多么志同道合，也难免会遇到分歧。然而，这对于王冬雨来说，是一个更好的谈论商讨的机会。

在王冬雨看来，团队如果只处于一人独大的局面，想必在项目还没有落地之前，就会崩溃了。毕竟每个人考虑问题都不能真正地做到全面，俗语说就是"三个臭皮匠，顶个诸葛亮"。这些分歧的出现会加速每个人的脑力活动，从而碰撞出更灿烂的思维火花，最后基本上都能想出一种更加完美的方案来解决问题。所以，优秀的创业团队的分歧，应该只停留在头脑风暴期间，并且只是对事有分歧，而不针对人。

种子不落在肥土而落在瓦砾中，有生命力的种子决不会悲观和叹气。面对困难，凭借一颗无畏之心，逐一解决，不愧为上策。

身兼多职，规划杂乱之务

每个人的一生中都会扮演承担多种角色，重要的不是这些角色是什么，而是如何去做好这些角色。

王冬雨是个多才多艺的女孩，她始终能平衡好这些角色。

在创业的同时，王冬雨没有忘记作为学生的本分，那就是学习，她连续两年获得奖学金。在大一时，凭借自己钢琴八级的水平进入了乐队，担任键盘手，并参加了中山大学研艺之星大赛等多场演出，还担任过多场晚会的主持人。大二时，她担任校礼仪队队长，组织校内礼仪培训20余次，受训人数超过千人。在培训中她不仅仅作为组织者，也扮演了礼仪培训师的角色。从节目编排，到舞蹈编排再到队员培训，都在她的组织下完成。在团队的努力下，礼仪队在很多比赛中获得优异成绩，并代表中山大学参加了由中韩合办的"国际青年嘉年华"表演。礼仪队还和广州美术学院建立了长期的合作关系。在卸任之际,她获得了"中山大学优秀社团干部"的荣誉称号。大三时,所在的话剧社剧组凭借剧目《愚者的游戏》,获得了广东省话剧院举办的广东省大学话剧培育工程二等奖。

无论是工作还是生活,王冬雨都会有一个提前的规划。有了规划就能最大化地利用时间,更大程度地实现自律。她认为,一切的成功并非都源于自控,但当自己达到了自我期盼的自律程度,它所带来的满足感,是任何的吃喝玩乐都无法比拟的。

喜获丰收,不忘感恩之意

对于王冬雨来说,自己获得了这样的成就,最大的想法就是感恩。

在创业学院的前辈吴周四海师兄创办的鸿鹄体育健康管理有限公司中,王冬雨担任了市场总监的职位。她觉得自己是非常幸运的,跟着师兄不仅学到了很多知识,更重要的是获得了很多资源与人脉。2015年,通过成员的努力,在全国体育类创业项目比赛中,鸿鹄公司获得第一名的成绩。

谈及"学信通讯工作室"从最初的负债累累到现在的盈利状态,王冬雨没有丝毫的骄傲,相反她谈得更多的不是个人的辉煌,而是自己内心的感恩。没有这个团队,没有他们的努力付出与支持,"学信通讯工作室"或许不会成功。

王冬雨很感谢前辈、学校和创业学院给予的支持,尤其是项目的指导老师任荣伟教授日日夜夜的陪伴和不厌其烦的教导,让她们的项目有了质的飞跃。而她今后也会继续加油努力,让这句感恩,不只是说说而已。

在创业路上,王冬雨永不言弃,并会通过自己的奋斗,越走越远。

不要说创业是一件不可能的事,失败和成功只是隔着有无决心与意志的距离。王冬雨用自己的人生演绎着这美丽诗篇。

吴周四海

中山大学2015大学生年度人物

创业圈里的"宁泽涛"

吴周四海，体育部公共事业管理专业2012级本科生。

他8岁离开家，进入专业运动队，有过荣耀，也有过辛酸。在人生转折点上，是中大校训精神勉励着他，不断挑战自己，奋勇前行。

吴周四海，一个特别的名字，正如特别的他。

倾听内心，谋而后动

2012年，吴周四海考入中山大学体育部公共事业管理专业。刚刚进入校园，他就展现出非凡的学习和管理能力，不仅轻松拿到奖学金，阳光开朗的气质也颇得老师和同学们的喜爱。因此大学第一年他就一举当选为班长，不久又当选为学院团委兼职副书记，并以主席团成员的身份参加了中山大学第四十二届学生代表大会。2014年，广州市举办首届电商模特大赛，凭借突出的表现，吴周四海拿下了"大赛人气王"的称号。2015年，中山大学开办了首档"重走迁徙路"真人秀特别节目，这是全国高校内第一档真人秀节目，吴周四海也在其中参演，以清秀阳光的风格，为节目增色不少。吴周四海也从中历练了许多，节目出炉后，在国内高校电视台中播出，好评如潮。

他知道自己想要做什么，那一份渴望牵引着他，倾听自己内心的声音，找到了前行的方向。很多事情不是想做就可以立即开始着手的，而是需要一番深思熟虑的。首先要分析自身的优势，寻问自己的内心想从中获得什么，然后仔细安排自己每一步要如何去做。他相信，只要迈开脚步去做，成功的机会就有50%。只不过就是比别人多付出一些、思考得早一点，提前摆脱恐惧，勇敢地去接受生活的历练。想清楚，看明白，就能在事情真正开始的时候，让自己显得更加从容不迫。

学会包容，吃亏是福

有着10年游泳运动员经历的吴周四海，拥有一副令人羡慕的好身材，加上清秀的脸庞，被同学们戏称为"颜值担当"。他顺理成章地就承包了学院所有晚会的节目主持，以智慧风趣的谈吐、大方得体的风格在校内主持界小有名气。之后，吴周四海又顺利进入中山大学校模特队、礼仪队，在校园大大小小的活动中，都能看到吴周四海活跃的身影。吴周四海受到大家的喜欢，不是因为他多才多艺的身份和能力，更是因为他的热心肠。

人际关系的处理在许多人面前都是一个难题，吴周四海没有刻意去触碰和处理这些所谓的"问题"，反而是专注于做好自己。他说首先要做一个有正能量、有趣的人，别人才会愿意和你做朋友。在与同学伙伴相处合作的过程中，他认为每个人都是独立有自己的想法的，不要试图去改变别人的世界观，强行让他们赞同你，而是去努力理解他们的观点。吴周四海放宽心胸，力所能及地去帮助更多的人，多结善缘，他相信吃亏是福。

德才兼备，跻身创业

在中山大学的学生考核体系中，有一个硬性规定，就是要求学生游泳必须要游25米达标方能毕业，这也是许多同学头痛的事情。于是，吴周四海创办了中山大学游泳协会，免费为中大师生提供专业的游泳培训课程。作为一名拥有10多年游泳经验和获得过20个以上冠军的专业级运动员，吴周四海将自己的专业技能对师生们倾囊相授。

自游泳协会创立至2015年，会员超过200人，至少150名同学学会了游泳，并通过了考试。如今，吴周四海的"游泳教练"身份依然在持续，师生们有空就爱找这位免费的游泳教练来锻炼游泳。

在日常的学习生活之外，吴周四海非常重视学习党和国家的方针政策，努力提高自己的政治觉悟。2014年，李克强总理在9月的夏季达沃斯论坛上首次提出"大众创业、万众创新"，引起了吴周四海的关注。到了2015年，李克强总理又提出"大众创业、万众创新"，是发展的动力之源，是富民之道、公平之计、强国之策。吴周四海深以为然，很是激动。但他深知，想要创新，想做一名成功的创客，首先必须系统地深入学习，纸上谈兵切不可取。于是，吴周四海考入中山大学创业学院获得双学位资格，进一步学习专业的管理知识。

2015年3月，做好充分准备的他，创办了鸿鹄体育科学健身咨询有限公司。他出任CEO兼公司法定代表人，仅仅一年，鸿鹄公司的运动康复及特色体育业务就从广州拓展到清远、阳江等地，客户超过千人，营业收入超过100万元，为社会提供就业岗位20多个。逐渐地，吴周四海在大学生创业圈子里已经小有名气，不过，他的眼光并不止于此。广州与香港一衣带水，吴周四海希望能够借助地缘优势，进一步拓展公司业务，因此一直对广州与香港的体育交流相当关注。2015年12月，吴周四海任香港小蚂蚁体育会专项顾问，鸿鹄公司也与香港小蚂蚁体育会签订合作发展协议。

2015年11月，吴周四海的鸿鹄体育公司在全国体育院校创新创业策划大赛荣获冠军。2015年12月，鸿鹄公司获得国家创新创业项目资格。

吴周四海的理想很大，他说，希望三年后能带领公司新三板上市，让更多的人享受体育带来的健康和快乐，为更多的退役运动员提供就业岗位。

从心出发，有爱相助

吴周四海观察到，可能很多人知道宁泽涛这些体育明星运动员，但是很少人会去了解另外一个运动队员群体——他们为了梦想、为了国家的荣誉奋斗了一辈子，最后也没能站上最高的领奖台。所以，吴周四海希望能够提供不同的运动服务，不仅让普通的群众能更好地锻炼，让退役运动员可以发挥自己的专长，找到自己的价值，同时，还能够帮助退役运动员们更好地去与人、与社会接触，做自己擅长的事情，满足个体的价值需求，收获到更多对自身的认可。

他说自己是幸运的。在创业初期遇到了一帮好兄弟，还得到了中大以及他创业导师的帮助，特别是李瑞清导师——不仅在创业方面对他提供了很多帮助，同时还教会了他许多人生道理。大学生创业就是不停地在探寻方向，他们也不知道未来应该如何做好，只知道把每一关都走好，摸着石头过河。

梁永业

中山大学2015大学生年度人物

在公益服务里助人，于全面发展中立己

梁永业，国际金融学院2012级本科生。他勤奋好学，先后获得奖学金7次；他热心公益，一直致力于服务不同的群体；他甘于奉献，是一名敢担当的学生领导者。

"古之立大志者，不惟有超世之才，亦必有坚韧不拔之志。"这句话，是梁永业最好的写照。

博学笃行

作为一名来自香港的学生，在内地读书，一开始他难免有些不适应。然而，信奉着"既来之，则安之"的观念，梁永业渐渐融入这里的生活。

进入国际金融学院之后，他面对的第一个难题，就是高数的学习。对于一般的港澳学生而言，数学基础比较薄弱是限制个人发展的一大难题。但可能因为他从小就比较擅长数学，经过一学期的学习，高数对他来说逐渐没有了困难的感觉，在大一下的时候他的微积分还考取了满分。

他给予身边港澳生学习数学的建议：课堂上高度地集中注意力，课后勤询问与做题，基础打好后，学习便能够慢慢上手，更高难度的知识和题目都能迎刃而解了。

4年间梁永业一直坚持以这样认真的态度对待每一门科目，最终以优异的成绩完成了金融学专业的学习，连续3年获得校一等奖学金，还曾获得其他捐赠奖学金。作为一名香港学生，有如此的成绩，在国际金融学院是非常难得的。

投身公益

做公益所获得的快乐，让梁永业的内心更恬静、更宽广。

在日常学习和生活中，他认识到中国历史发展的进程，也了解到现在在贫困地区依然艰辛地生活着的人们的状况。

作为一个公民，他认为我们不应该仅仅停留在提升自己的层次上，我们至少可以在力所能及的范围内，稍微做一点点有利于公共利益的事情，而这一点点乘以13亿人，就会让善的力量变得可观，让社会整体的生活变得更好，也能实现一个公民的社会价值。

大二暑假，他加入广州市青草公益团队，组织公益夏令营，为外来务工人员的子女

们开展生动有趣的课堂和户外活动,用微笑和行动与小朋友们结下了深厚的友谊。他深深记得他们班上担任班长的那个小男孩——见证了那个在家和在校截然两人的他与家里人缓和关系的过程。

当得知自己的服务交流有了效果之后,梁永业觉得,他选择成为一名志愿者,是最正确的。这个夏令营或许对服务对象们原来的生活不会有太大的改变,但是只要有那么一点点的进步,对他这样的志愿者来说都是一种难以言表的满足感。

人在繁忙的时候,可能会因为事情过多而杂乱无章,这时候就要静下心来做好应当做的事。虽然面对申请读研、社团和助教工作的压力,但梁永业依然不忘公益和服务的初心。

他对公益的坚持,在一定程度上是受他父亲的影响:父亲是一个非常关心社会上弱势群体的人,常被残疾人的坚强与执着的勇气所感动,每年都会资助需要关心和帮助的残疾人,他资助了几十名孤儿的学业生活,在汶川地震后还组织援助队亲身前往灾区。

于梁永业而言,公益志愿活动让他深刻地理解生活的意义,感受自己的价值。在他看来,这是一个德才兼备的大学生应有的责任,也是一个具有家国情怀的大学生应有的担当!在未来,他仍会坚持做慈善事业的行动者,当爱心奉献的传播者。

团 队 协 作

梁永业在学生群体中有较高的威信及认可度,曾任中山大学国际金融学院学生会主席、中山大学学生会委员会委员、第六届中国大学生"智·商"商业技能大赛执行主席等。

在职期间,梁永业没有原地踏步,固守陈规,而是大力改革活动和制度,提升活动质量,力争为国际金融学院乃至珠海校区的同学们带来最好的服务体验。他将体育类活动作为工作开展的另一个重点;他善于倾听同学们的需求,举办真正对同学们有益的活动;他还大力落实"走出去"的理念,为中大国际金融学院乃至中大学子搭建与外界沟通的桥梁。

然而,在运营和管理团队的过程中不可能一帆风顺。

在他带领的学生会和某券商合作举办比赛的时候,该公司希望他们能够硬性要求同学们参与以为其增加业绩。但学生会本应就是一个服务学生的组织,梁永业不能任由此类事情的发生,他要确保同学们有选择是否参加活动的权利。通过和合作企业的讨论,他们主动提出降低该公司赞助费用,以确保活动举行中能够坚持学生工作的宗旨,并让相关部门去继续寻找其他可能的合作,以确保活动的顺畅进行。

梁永业回忆道:"和外界合作,很容易因为工作思路不一致而产生分歧。而他们作为组织者,能做的就是尽量沟通到位、尊重对方、多点换位思考。"

作为团队领袖的他,有自己独特的管理理念,完美展现出强烈的领袖气质。

在优秀的团队中,他会营造一个良好的内部氛围,从源头上先尽量避免团队内部矛盾的发生。首先,从制度层面,各部门的分工明确。部门之间的合作是否顺利是团队氛围好坏与否的一个重要标志,明确分工才能有良好的合作,不会有互相推卸责任等影响团队氛围的情况发生。其次,从服务理念建设入手,提高部长、干事们的工作激情,形成一个共同的工作价值观：服务学生。更进一步地讲，真诚、平等的内部沟通是营造积极团队氛围的基础，应鼓励成员之间的相互帮助和相互尊重，每个成员都有充分表达创意和建议的权利。

梁永业认为，当团队成员产生矛盾时，作为领导者，不应该偏袒任何一方，而应该客观、多渠道了解事实情况，在充分考证和讨论后，做出最客观和合理的决策。其关键是要以理服众，向矛盾双方做充分的解释，尽可能地消除彼此间的矛盾，并提供相应解决方法，避免同类矛盾的再次发生。

全面发展

良好的身体素质是学习的前提保障，只有积极参加体育活动，才能提高自己的身体素质。在日常学习、志愿活动和社团工作之外，他还在多种运动项目上斩获佳绩。

热爱足球的他作为国际金融学院足球队的一员，曾两次参与中山大学四校区足球超级杯比赛，并助力球队获得冠军。另外，他还是一名篮球爱好者，在院内篮球赛中作为主力参赛，助力球队获得全院季军。除了球类活动，跑步也是他的一大兴趣爱好，他曾在多项跑步赛事中取得优异的成绩。

梁永业认为积极参加运动是一种可以使自己终生受益的习惯。参与运动能令他有更充沛的精力投入到日常生活当中。日积月累的运动过后，他的心境慢慢变得平和，不管多大的事情，都能冷静对待。

在才艺方面，梁永业也有不少爱好和特长：毛笔书法、导演、创业……逐渐积累的荣誉让他慢慢将结果看淡，而去重视过程的体验。对他而言，体验一个过程要比得到一个结果更加有价值，因为在过程中能够重新认识和锻炼自己。

"博学、审问、慎思、明辨、笃行"是中大的校训，他时刻铭记于心并付诸实践。他用自己的行动充实青春的生活，用自己的智慧成就青春的梦想。他善于抓住机遇，勇于接受挑战，为不负在中大的美好时光不懈拼搏。

至今，梁永业都不悔当初来内地读书的决定，他坚信内地带给他的是更为广阔的发展未来和机遇。奋斗的路还很长，他将以成为一名德才兼备、具有领袖气质和家国情怀的新青年为目标，不断前行！

马衍

中山大学2015大学生年度人物

求学不倦，责任在肩

马衍，中山大学中法核工程与技术学院2015级硕士研究生。

中大的校训"博学、审问、慎思、明辨、笃行"是他铭记于心的箴言，个人综合素质的全面提高是他孜孜不倦追求的目标。他认真求学、刻苦钻研；关爱同学、勇担责任。他与中法核工程与技术学院一同成长，今天的中法核工程与技术学院离不开他汗水与心血的浇灌。

他是普通的，和我们一样，始终是中大莘莘学子中的一员；他又是不普通的，他是中大众多优秀人才中一颗闪亮的明珠。他以自己的亲身经历践行着一份自己的责任，一份中大人的责任。

压力即动力，不畏求学困苦

中法核不同于其他专业，这是唯一需要学习法语还需要学习核工程的理科专业。学习核工程已需要付出极大的努力，加之法语的掌握要求，学习中法核专业对于常人来说是一件极为困难的事情，而将其学得优秀似乎是不可能的。但在马衍的面前这些困难压力全化作了动力，他让这些不可能成为可能。

从入学开始，他就秉持着认真严谨做学问的态度，孜孜不倦，对所有课程的学习都下功夫钻研，踏踏实实地完成学院和老师的要求。本科阶段的他，在法国工程师预科教育模式下，完成了1286课时的高等数学、1702课时的高等物理与实验、1361课时的法语以及1091课时的其他课程总共307学分的课业。成功不会辜负每一个做好万全准备的人。

功夫不负有心人，4年以来马衍的裸绩点一直保持年级前五名，连续3年综合测评全院第一，并获得国家奖学金和中山大学一等奖学金，大四荣获第六届管理学院李学柔奖学金和2015届校优秀毕业生的荣誉，与毕业设计小组成员齐心协力获得毕业设计第一名。在老师的指导下，他还将毕业设计翻译成中文投稿到国内知名杂志。

进入研究生阶段后，他进一步投入专业知识的学习，每学期学习10余门专业课，同时还帮助老师翻译重要外语文献，参与老师的科研项目。暑假期间，他则在中国目前最大的在建核电站阳江核电站实习。

在中法核专业的学习中遇到困难，他从不畏惧与屈服，而是以最积极的心态去面对。"我有遇到特别困难的时候,但是从来没想过放弃。"马衍这样谈道:"困难的时候谁都有,无论是在哪个学院,哪个学校,作为学生,还是作为走上职场的人。至于压力大的时候该怎么调整,其实我更喜欢从根源上解决压力问题,就是提前做好安排和规划,最高效地解决问题。"在自己空闲的时间里,他会事先做好充足的准备,面对压力他保持高效的行动力,拒绝拖延。

生活拒绝枯燥,拥抱丰富多彩

尽管学习任务多、负担重,但是马衍并没有一头扎进学习的海洋而忽略了自己的生活乐趣。相反,马衍充分利用自己的空闲时间,参加各种各样的活动,让自己的课余生活更加丰富多彩。

从大一的班长和院团总支委员,到大二的团委学术部部长,再到大三的学院第一届团学联、主席,他投身于学院大大小小的工作中。马衍在担任学术部部长期间还建立了中法核学习资料分享平台,为全院各年级的学习交流提供了一个有效渠道。从小热爱运动的他在大二时加入排球队,他全身心投入排球队的训练和比赛,在训练时间极短的情况下助力中法核院队创佳绩。

回馈他人、回馈社会也是他对自己的要求。他曾在暑假期间赶赴广东信宜参与和同学一同策划的公益活动,进入信宜的3所重点高中,与高三学子交流经验,以缓解他们所承担的巨大压力。平时在生活中马衍也时常关注校园公益动向,参与力所能及的公益项目。身为深圳市义工联合会一员的他,高考结束后他还以志愿者的身份参加了2011年在深圳举办的第26届世界大学生夏季运动会。

除了平时读万卷书以外,每次长假,他还坚持行万里路。他热爱旅游,热爱探索世界,从四川的贡嘎山和甲居藏寨到台湾的阿里山与垦丁海滩,从北京的老巷胡同到巴黎的塞纳河畔,在不同地方欣赏不同的美景,接触不同的人和事,让他的生活充满激情与快乐。

对于马衍来说,学习、公益和运动是不矛盾的,平衡好各项之间的关系重要的是提高做每件事时的效率。关于社团,关于运动,关于旅游,他在这些丰富的活动中用心投入,活出了生活的精彩。

责任不是负担,勇挑肩头前行

提起"责任"二字,马衍的躬体力行都足以证明他对这个沉甸甸的词语的诠释。

工作中的他勇于承担责任。在学院团委建设期间,因为建制不全,配制不整,有很多学院工作不能落实,如学院的迎新工作、学院公益时审核工作等。每当这时,他总是挺身而出,将这些任务扛在自己的肩头。不拘泥于部门的限制,他真心为同学和学院服务,追求最优的效率,不走形式,不弄虚作假,服从老师下达的任务,也勇于向老师表达自己的看法和意见。身为学院的干事,他曾代表中法核团学联前往北京参加中国中法工程师学生组织交流会,建立中法核与其他院校的联系。身为学术部部长,他积极建设学习资料分析平台,把同学们的很多宝贵的笔记和补充资料汇总,给同级的同学乃至后辈做资料补充,承担起学术部部长为同学们学习服务的责任。

学在中大

他相信，一枝独秀难出头，百花齐放才是春，分享就是彼此共同进步的过程。

对于马衍来说，事前事后谈责任都不够真实，因为责任体现在过程。而他一旦在工作和学习过程中选择了开始做一件事，都会全力以赴。他表示，在这个过程中他不会太注意自己承担着什么责任，而他的态度与行动本身就在对这件事负责，结束后，无论结果好坏，他都认为无愧于自己，无愧于承担的责任。

这掷地有声的回答，是他的亲身实践。"责任的承担重在过程"，责任不表现在空泛而华丽的言语上，而是真真切切、实实在在地体现在他自己的态度与行动中。

不需什么华丽的辞藻，不需什么虚无的空想，马衍正一步一个脚印，脚踏实地地走在由他自己设计的人生道路上。求学不倦，责任在肩，这样的马衍，定会春风得意马蹄疾，日日看尽长安花。

服务国家西部，绽放青春之花

"到基层去，到西部去，到祖国需要的地方去。"这句话并不是说说而已，第十六届研究生支教团成员秉持着这样的信念，前往需要帮助的地方，用他们的青春和热情，谱写了一曲支教华章。

或是为了体验西部的生活，或是想用一年的时间思考自己未来的道路，抑或怀抱信念与梦想，想为西部教育贡献一份力……支教团成员启程的目的虽各不相同，但他们到祖国最需要的地方，用一年的美好时光，绽放最美的青春之花。

播撒知识，惠及学生

3000多千米的路途阻挡不了一群可爱的支教老师从中山大学前往遥远的西藏，他们在那里播撒知识的种子，为西部的未来点燃希望。作为支教老师，他们说，首先要保证自己的教学质量，希望孩子们可以在他们的课堂上掌握学校要求的基础知识，在此基础上，他们希望给孩子们带去更广阔的视野、更新奇的知识以及更灵活的读书技巧。在学校中，他们不仅要教授课程，还担任着各种职务。繁忙的事务让短暂的一年特别充实且有意义。

在那里，支教成员们深深体会到：自己在这里是被需要的。这种感受让他们的内心受到触动，鼓舞着他们，同时也让他们意识到自己肩上沉甸甸的责任。那一刻，他们的目标统一起来——希望西部的孩子们可以健康成长，希望自己可以在这一年中做出有意义的事，真正给服务地的孩子们带去益处。

他们带去了知识，收获的却不只是感动。

深入调研，克服困难

调研能让支教团更清楚地了解西部孩子们的需求，意义重大但过程却充满艰辛。由于去支教的学校是高中，支教团的成员们要认真备课教学，每周有6天的上课时间，只有每周唯一的休息日可用于调研。那里的路不好走，时间大量地流逝在路途中。雨季来临的时候，时间浪费得更加严重，交通不方便成为让他们头疼的问题。于是，他们向当地教育部门说明了情况，最终得到了服务地团委、广东援藏队、服务地教育局、服务单位学校的支持。交通的问题解决了，调研的道路也越来越平坦顺畅。

在调研过程中,他们发现,大多数学生选择从水龙头直饮冷水。由于那里水质较硬,烧水后水垢明显较多,长期以这种方式喝水有害健康。在发现西部饮用水存在安全隐患的问题后,他们开始构想解决方案。他们试图通过向社会募捐,购买具有净水功能的设备,从而解决学生饮用水安全的问题。

接下来遇到的困难就更加棘手了——公益信任危机让社会募捐的难度增大。面对社会爱心人士的质疑,他们没有丧气,而是认真对待,详细地向每一位爱心人士说明资助项目所进行的工作。研究生支教团的一帮一、一对一的助学金项目需要大笔资金,他们为每一个贫困生建立档案,详细记录每一位学生的情况,定期反馈给资助人,通过长期的不懈努力,他们获得了社会的认可与信任。

他们用心地去了解当地的需求,让自己的行动真正被当地需要。当重重困难阻挡他们时,他们不是独自在战斗。

乐于创新,懂得取舍

他们锐意创新。西藏林芝奖教金计划的推行、新项目"为你写诗""青翼计划"的设立与尝试,都是他们结合调研结果、发动自身智慧进行创新的收获。

他们不仅将知识带到西部去,还带去了精彩丰富的课余活动。在文艺汇演上与孩子们一起载歌载舞、在运动会上与孩子们一起挥洒汗水、在登山的路途中与孩子们谈天说地……一年的时间让他们融入了当地的生活,学会了从当地孩子的角度看问题。

其实他们还有一个"微笑计划":为学校的每一个孩子拍一张微笑的照片。由于生活环境所限,他们中的大多数没有一张属于自己的照片,了解到这一情况后,支教团的成员想给6所中学的每个孩子拍一张他们自己的照片。可是,有那么多的孩子,预算经费相当惊人,他们没有足够的资金去实施这个项目。考虑到如果仅仅让其中一部分的孩子参加这个项目,其他孩子会伤心失落,最终他们选择将这个计划推迟。留待下一届筹到足够的资金后,他们会将此项目再次启动。

一切公益活动的出发点是当地的需求。这就需要他们脚踏实地,清楚了解当地的需求,而不是一味地想当然,带去自己认为当地需要的东西。有时候大家参加公益活动,发现其实自己服务的对象并不需要他们,这对他们自身并无益处,不仅自己感到失落,还会打扰对方。只有脚踏实地,才能找到自己存在的理由,进而真心对待、用心解决问题。

在支教团这个很有传承性的大家庭中,前辈们给后辈们传授着经验,后辈们带着前辈们的期望一步一个脚印,去落实他们暂时无法完成的项目。

10多年来,正是因为他们的不断创新,懂得取舍,才对支教点的教育做出了值得肯定的贡献。

未来的道路还很长,西部的孩子还需要支教团给他们带去知识,让他们了解外面的世界。一代又一代的支教团成员将持续为祖国西部教育贡献自己的力量。他们最终的目的是"消灭自己":只有当祖国西部不再需要他们的那一天,他们才算完成了支教团的使命!

吴桐

中山大学2014大学生年度人物

钟情艺术轻吟瘦西湖，创业敢为超越不可能

吴桐，哲学系2011级逻辑学专业本科生。他在大学期间大胆创新，超越寻常，取得了丰硕的成果，不仅多次取得国家和省级创业大赛桂冠，创办了自己的公司，还在艺术上有着不浅的造诣，既是出色的小提琴手，也是维纳斯歌手大赛四校区总冠军。

大胆尝试，超越"不可能"

"威五足球赛"目前在广州大学生体育界已经闯出了不小的名气。追溯起创始人吴桐的创业故事——在大一时他就已经埋下了创业的种子，经过3年的耕种，终于开出了第一朵花。

大一时一个偶然的机会，吴桐接触到"创业学院"这个新型教学模式的大平台。通过多方寻找，他顺利加入南校区"花约工作室"。对"赢在中大"创业大赛进行了解后，他决定带领团队大胆尝试探寻新的与花卉有关的项目。出于技术上的需要，整个团队几乎寻找了所有生科院拥有专利项目的教授，试图寻求他们专业上的帮助，最终顺利得到了黎祖福教授的支持。他们借海洋蔬菜种植专利杀入大赛的半决赛，最终获得了优胜奖。

在参与创业竞赛的过程中，吴桐发现，很多创业项目要么是实践项目，要么是比赛项目，两者合在一起被大家一致认为是"不可能做成"的。对方振振有词，可吴桐就是不信邪——"要是有一个项目能以比赛指导创业思想，以实践探索创业方向呢？"

机缘巧合下，吴桐认识了"珠江三角洲室内五人制足球超级联赛"的创始人兼董事长的黄达昌先生，跟他倾心交谈之后两人一拍即合，他们发觉五人制足球有着巨大的前景。在创业前辈的指引下，吴桐决心将五人制足球和全民健身推向千家万户。凭借他们一致的创业理念，吴桐聚集了阵容强大的团队，经过大家的共同努力，创业计划初具形态。再次回到"赢在中大"的舞台，吴桐超越自身，斩获了银奖。

但他的努力并未就此止步。

2014年2月，吴桐自主创业的"广州威五体育发展有限公司"正式注册成立。凭借他出色的领导能力以及所带领的高效团队，"威五"在3月份便联合广州市内10所高校共同举办了首届"广州大学生威五五人足球赛"。整场赛事共有64支球队参与，设有64场比赛，最终的冠军球队还可获得高达万元的奖金，在国内的业余足球赛中是

首例。

　　赛事的消息刚一传出，便收获了热烈的反响。同学们积极参与，报名开启后很快即有超过 32 支队伍报名参赛；社会广泛关注，赛事相继得到人民网、新华网等门户网站转载发文，以及《南方日报》整版报道等。团队还特意邀请了足球明星前国足赵达裕先生莅临现场指导，共计 9 个赞助商成为公司第一批战略合作伙伴。

　　曾有业内人士断言，威五公司"不可能赚钱"，于是吴桐再一次迎击"不可能"。凭借"广州大学生威五五人足球赛"的成功，吴桐带领的"威五"于 2014 年 5 月获得了世界 500 强企业中国平安集团的青睐，合作举办了"中国平安励志计划·大学生追球中国梦"大型活动。现场超过 900 人冒雨观战，场面极为壮观。该活动不但获得了中国平安的好评，恒大俱乐部更是以赠送全体球员签名的球衣和足球的方式，表达了对"威五"的支持，给予了吴桐莫大的鼓励。公司也因为这场赛事扭亏为盈。

　　实践先行，比赛跟上！在这个忙碌的 5 月，团队以小组第一的成绩斩获了"创青春·第九届挑战杯广东省大学生创业计划大赛"金奖，为学校争得荣誉。在随后的 7 月，吴桐带领团队晋级中国创新创业大赛，荣获"珠江天使杯·广东省创新创业大赛"企业组"优秀企业"称号。11 月，团队赴武汉参加国赛"挑战杯"，在展示区与时任副校长颜光美教授交流项目心得，最终为学校捧回了银奖。

　　随着团队比赛生涯告一段落，吴桐带领团队强势回归实践活动，酝酿下一阶段更大的进步。

　　同一时间完成多任务，对他而言没有"不可能"，只有"不敢想"和"不敢做"。

创业就是永远在学习

　　吴桐在带团队的时候，提到最多的一句话就是，"创业就是永远在学习"，要不停地学习，才能跟上公司和团队的成长速度。

　　吴桐的第一学位哲学系的逻辑学，看似是高大上的"学科中的学科"，但吴桐却认为哲学和逻辑学照样可以指导生活，指引创业，无论从战略还是战术上都有很大的裨益。"最喜欢的是批判性思维这个实践性工具，让我在很多时候都会缓一缓，先想想自己这样思考对不对，而不是立刻全盘接收，这就留给我一定的反应时间去准备更大的挑战。"

　　而吴桐第二学位创业学院黄埔五期的工商管理专业，看上去似乎更有"干货"，但在课堂中对吴桐影响最大的，恰是班主任开设的"创意管理"。他认为创院根本上是培养企业家精神，大家除了要重视会计、管理等基础学科以外，还需要认真看待自己的创意创新能力的培养和锻炼。从宏观角度看，吴桐坚信这是从"中国制造"到"中国创造"迈出的最关键性一步。

　　加入"花约"之前，他也通过多种经历锻炼自身。他曾担任过南校区合唱团 Mini Concert 晚会的导演，策划过哲学系第一届"步步惊心"校园推理断案大赛。

　　在几段创业实践和比赛经历中，吴桐曾得到许多师兄师姐的关照。而今的他也希望可以凭借自己的项目帮助很多有想法、有理想的师弟师妹们认识创业并走上创业之路。在一些经验交流分享会上，吴桐时常会主动留下联系方式，欢迎师弟师妹问各种问题。

"我大一时学校里很难找到创业团队,对于创业活动的支持力度有限,创业条件要艰苦不少。现在微信公众号一搜'中大'字眼,多半都是学生创业团队的项目,留言就有机会加入。"

"踏上创业的不归路,我们只能永不止步。"

文化积累,艺术先行

在"老板"这样一个"世俗"的称呼下,吴桐其实还有一颗文艺的、充满了浪漫的"音乐心"。他很怀念踏上创业路前追随音乐的那段旅程,他说:"要不是因为创业的忙碌,音乐对我的重要性还没那么容易体现出来,现在音乐已经是我的奢侈品了。"

初中一年级的吴桐,就以"二提"的身份跟随广州市小天使交响乐团第一乐团赴莫斯科、叶卡捷琳堡进行艺术交流演出活动;初三时,他以合唱团成员与艺术团小提琴手的身份,随广州市第二中学艺术团赴意大利交流演出。

少年时期打下的艺术功底使吴桐在大学里更尽兴地一展所长。

刚入校,他就担任了南校区迎新晚会的主持人,历年来罕有大一新生能获此殊荣。2012年1月,吴桐受邀成为"中山大学陈小奇作品全球巡回演唱·中大站"的表演歌手,这使得他积累了在更大平台演唱的经验。为了2014年美国站和香港站的《烟花三月》演唱情感能更到位,吴桐更是前往扬州瘦西湖现场,体会作曲作词者当初的心境,他这种认真的态度获得了老师们的一致认可。

虽然在第一次参加的维纳斯歌手大赛中遗憾落败,但是他不放弃,"技不如人的话自己就要更加努力"。花费了一年的时间去准备,吴桐终于在一年后再登比赛台,如愿以偿获得了冠军。每每谈起"维纳斯",吴桐的脸上就藏不住笑容。"维纳斯"所带给他的,不仅仅是个冠军名头,更是汗水过后收获的喜悦。

在2014年创业最繁忙的这一年中,吴桐主动报名参加了中大团委举办的"三下乡"活动,更是在打完国赛"挑战杯"后立即赶回学校参与了校庆晚会的表演和校庆专辑的录制,"时间总是有的,少娱乐一点就好了"。这,或许就是他鞭策自己度过最充实的大学时光的意志力吧。

杨鑫

中山大学2014大学生年度人物

教育实现公益，写作充实人生

杨鑫，中山大学博雅学院2014级研究生，攻读中国哲学的他是一个身上有着无数光环的博学才子。他的履历中有着许多获奖记录。可是，现实生活中的他，其实更看重淡然简单的幸福。他的年度汉字是"兑"，简单说，就是"一切都在很好的轨迹上，人生能做到这样的简易，就无往而不利了"。

而正是这种对生活、对人生的态度，使得杨鑫对世界有着独到的见解和看法，他试图用自己的文字去感染农村孩子——"顺乎天，应乎人"。

让儿童教育绽放在农村

杨鑫于2012年随学院下乡服务，并在北康关村希望小学教授童诗的写作，经他教授的二到五年级的学生的多篇童诗发表于《儿童文学》。他讲道："现在农村里的孩子可怜，生活条件是一方面，更重要的是他们不爱他们生活的地方。"他还表示，很多去支教的，不管是个人还是团体，都在试图向孩子们传递一种"外面的世界很精彩"的想法，很容易导致农村孩子对家乡缺乏认同感。而杨鑫与这些人或组织不同，他认为"支教是教小孩如何做一个幸福健康的人，而不是关爱这些穷乡僻壤的'流浪猫'们"，所以他教孩子们热爱家乡，让他们喜欢生养他们的地方。

杨鑫对儿童文学，尤其是儿童诗歌的研究和探索颇有成就，因此他便教孩子们学写儿童诗，以这种方式，让孩子们对自己的家乡有更深沉的热爱和更全面的认知。

在希望小学的支教经历，让杨鑫深有感触。刚开始时，他问那些孩子的理想，答案无外乎"想做大老板""挣很多钱"……他认为"这样的小孩是让人很难过的"，所以杨鑫希望通过儿童诗的创作课，让他们对自己生活的世界产生兴趣。直到现在，他还保留着孩子们当时创作的一些诗歌，这些诗歌语言很平实质朴，却很有趣。

言谈之间，我们可以感受到杨鑫对这些孩子的付出。他希望经过他的教学更多农村的孩子能觉得自己的童年是幸福的，将来有了成就应该把家乡建设得更好，而不是一味地鼓励他们"逃离"自己的家乡。

对公益有着独到见解的杨鑫，致力于用教授儿童诗来增进农村孩子的幸福感，这是一种新颖的公益方式。每个人其实都可以发挥自己的所长为这个社会做出一点点贡献，而杨鑫正是以自己独到的方式影响了那些孩子。现在的杨鑫也会参加一些公益活动，同时也关注对写作真正有兴趣的苗子。

让文字创作充实人生

在高中时期,杨鑫便在文学方面崭露头角,曾获得新概念大赛的一、二等奖。现在的他回头看高中时写过的文章、拿过的奖,非常淡然地表示那并不都是多么荣耀的事情。杨鑫在创作的路上收获了很多,他说:"如果只看那些刊登的文章的数量和获得的证书,就显得太浅薄了。"杨鑫认为"成为一个伟大作家的想法很多时候会让一个人成为一个三流作家",而他所坚持和向往的是生活得轻松自在,"这比成为名家难得多"。

大学以来,读书不倦。

大一有一个学期,杨鑫每天晚上通宵阅读西学原典,为了不打扰室友,就搬一张椅子在宿舍盥洗室读书。大二时他两次选修大三的课程并拿到第一名和第二名的成绩。另外,在"外国美术史""早期希伯来文明"等科目中他获得全班第一名的成绩。大二假期,他还完成了一部长篇小说《魂师》。大三开始他潜心研读国学经典,无论字句义理必探颐索隐,志以学术为业。

近期,杨鑫融合中国哲学的思想,在改写一些启蒙读物、寓言等。相信《狼来了》的故事大家都听过,是幼儿园老师用来教育小孩要诚实的经典。而杨鑫认为"这个故事传达给小孩子的其实不是诚实的理念,而是考虑问题要周到"。"这只能教会孩子理智地分析,从而趋利避害。若是如此下去,很可能就会变成一个虚伪自私的人。"

杨鑫身上还有许多闪光之处。他幼年开始进行乒乓球训练并进入市乒乓球队,曾获市"优秀运动员"称号;在文字创作上转型,由青春文学转而从事儿童文学,并获得不小成就;曾获"2012年感动南粤校园广东大学生优秀人物——博学人物"的称号。

杨鑫的身上有着博雅学院学生特有的清冷淡然的特质,对荣誉、名声他看得很轻。他做过的公益,写过的文章,读过的书,在别人看来处于一种只可仰视的高度,但他只是以平常心来对待这些。无论是在农村支教,还是在文字创作过程中,杨鑫都有着一份对公益独到的理解和对世界不同的看法。"刚中而柔外",杨鑫这样评价自己,他也一直以这样的状态在人生的道路上走着。

在知识的海洋中遨游，在时代的浪潮里拼搏

周默，岭南学院经济学2011级本科生。在校期间他共获得包括中山大学一等奖学金在内的六次奖学金，并赴耶鲁大学参与Yale-China培训项目。他在"'创青春'全国大学生创业竞赛"中获得全国银奖、广东省金奖第一名，"GMC全球企业管理挑战赛"中获得全国三等奖，"'毕马威'企业文化案例分析大赛"中获得中山大学季军，"CIMA全球管理会计大赛"中获得优胜奖。此外，他还担任广东省学生联合会主席、中山大学学生会主席。

"No pain, No gain"这句话仿佛是为周默量身定制的一般，在朋友的印象中，他在不停地忙碌，但是也在不停地收获。周默喜欢尝试，也不畏挑战。

特长与专业的完美结合

中学时期的周默是一个计算机编程特长生，进入中山大学岭南学院之后，他就一直期待能够将自己的编程特长与金融方面的知识联系起来，将计算机应用于金融。

周默总是擅于抓住任何可以实践的机会。在"Matlab科学计算"课堂上，周默结合了他在编程上的扎实基础进行模型研究，并利用Lazarus与C程序详细为同学们介绍了计算机算法在金融中的运用。

此外，在中金公司的暑期实习中，周默凭借着自己长期以来的知识积累与来自北京大学以及香港科技大学的4位金融专业研究生共同设计了两款ELN股票挂钩衍生产品。同时，他还与其中一位同学通过计算机编程利用双蝶模型与蝶群模型构造了拟合股票市场波动性VIX指数的ELN产品。

这就是他对于知识的选择——既不摒弃"老本"，也不停止创新。

俯首甘为孺子牛的坚持

各种尝试，各种选择，周默的大学是多彩无畏的。而期间，在学生会里的历练是他在大学期间感触最深的经历。他说："我在学生会待了3年多，喜怒哀乐都在这里。学生会对我人生观的改变产生了很大的影响。"

周默仍然清楚地记得自己在竞选校学生会主席时提出的三个设想：第一，他认为学生组织的服务不应该是一种被动的服务，学生组织在活动的过程中可以感触到更多的细节,利用这种优势,它应该能够及早地发现问题,并及时主动为同学、为校园服务。第二,周默感受到了新媒体的强大。作为一种学生组织,不仅要有利用新媒体解决问题的能力,还要有能够在新媒体的基础上深挖的能力。他觉得新媒体需要一个不断改编的过程。第三,资源分享计划。他希望把学生会所有的案例都整理下来,并能够共享到各个院系给予参考和借鉴,将其作为一种传承制度而延续下去。

值得庆贺的是,通过大学4年的努力,周默前面的两个设想都实现了。其中,对于第三个设想,周默曾为此制订了详细的计划,动员了校会三分之一的人进行整理,尽管经历了一个很长的周期,最终还是取得了圆满的成功。

在这个过程中,周默遇到的最大的问题就是,如何保持同学们的积极性,如何说服同学们相信这是一件有意义的事情。而他的解决办法就是身先士卒,用实际行动投身于此,证明了这是一件有意义的事情,并使这个活动成为一个凝聚人心的契机。

学生会的一点一滴都让周默时刻感受着温暖人心的力量,3年多的日子里,周默始终坚持着"服务学生"的理念,一心想着要为同学们真正做些什么。

他们用微信让服务公开于校园,努力使新媒体渠道跟上同学们的使用习惯;在北校区的"食堂挤占"事件中,校会与同学们共同解决了滞留多年的老问题,用座谈会的方式让同学们参与到解决机制中;在思想引领的过程中,周默和同学们适时地在首个烈士纪念日以及"三走"活动中发出了倡议;在引起校内外关注的"人间小团圆"事件中,用正面积极的回应和一遍又一遍的安全模拟保证了电影首映式的顺利进行,本着"爱岗爱国"的坚定立场保障了同学们参与文化活动的权利……

就是这么一个尽心尽力的"领头羊",在卸任时仍然遗憾没能做太多。

勇于接受新的历练

周默觉得大学这几年学生干部和实习的经历给了他很多锻炼,但是他仍然坚持认为,如果一个人总是待在学校或者学校周边来看待一些行业,眼界是很难放开的。他们需要多走出一步,比如和国外的研究生一起工作或者进入行业实习,都可以学习到很多在学校里、书本里学不到的东西。基于这样的认识,周默在大三下学期便开始了实习,先后在久谦咨询公司、软银集团等公司接受新的历练。

周默希望,通过他的故事能让更多的同学了解:中山大学是一个充满可能的、给你舞台的地方。中大学子们大可以放下心中所想过的"不可以",努力去尝试自己的"新生活",在不断地尝试中选择最适合自己的生活。

中山大学2014大学生年度人物

目标明确、热心公益的"offer帝"

王颖，管理学院科学系电子商务专业2011级本科生。她是别人眼中集齐BAT（中国三大互联网公司，B指百度、A指阿里巴巴、T指腾讯），以及华为、三星、唯品会等6家明星企业录取通知的面霸；她是Zeta团队核心创始人之一；她是交换期间的兼职达人；她是乌克兰土地上一个热心公益的天使……

王颖说自己是一个典型的目标导向者，明确、善思、积累、挑战是她身上突出的特质；同时，她也是一个感性的追求真我的简单女孩，真诚、纯粹、随性。"知道自己真正想要的是什么，活得快乐。"

求职面霸是怎样炼成的

大一寒假，王颖就已经通过毕马威公司的笔试来到毕马威实习。收到阿里巴巴的第一份录取通知后，她并未止步，而是不断朝着新的目标出发。面试过程中，王颖一直保持着难能可贵的平常心和沉着冷静的心态，认真而淡定地应对所有的考验。"我从来不会看那种类似面试宝典的东西，我认为比起那些技巧，把你的魅力展现给面试官更重要。"

王颖在初次面试三星电子时，遇到了一个问题，当时她未能做出满意的回答，回去后她一直在思考自己的方案并随时记下自己的灵感。之后第二次面试竟还是提出了这个问题，于是王颖顺畅完美地向面试官传达了自己的构思，而三星也立刻向她伸出了橄榄枝。王颖认为，如果你没有很完整地回答面试中的问题，这并不代表你失败了，应该继续思考，注重平时的灵感，让面试官看到你的"干货"。"所谓的运气，只给有所准备的人。"她懂得如何把握机会并从中汲取营养，不放弃每一个可能。

面对众多录取通知，王颖却选择了间隔年。这个选择"受到老师的影响"，在意料之外，却也在情理之中。她希望在毕业后的一年中，多读一点书，能够在真正开始工作时有一个很充实、很饱满的状态。"不想那么早就把自己卖给工作，而是要追求自己真正想要的。"

创业碰钉子没关系

身为Zeta团队中的创业主力，王颖在2014年"广东省挑战杯创业大赛"中通宵熬夜修改计划书、细化讲稿、完善展示；在2014年"盐商杯"中国青年创新创业大赛中荣获广东省二等奖，并受到广东省委副书记马兴瑞、副省长林少春等领导的亲切接见，同时也成为广东地区进入全国"盐商杯"比赛的两支队伍中的一支。

王颖深知创业之路的艰难，"见到投资人、拉资源"都是很实际的。她说："在获奖之后，创业团队吸引了一些公司来投资，但大学生创业团队与社会上的创业团队毕竟有很大差别，因此在洽谈时要注意策略，并且不要轻易把自己团队的核心全部透露给投资者。一定要认清投资者，保护自己团队实力非常重要。"

谈及Zeta发展情况，王颖认为还是比较慢的。Zeta"蛰伏了很久"，但她表示，"希望Zeta走一步就扎稳一步，不要太急躁"。这样的创业态度，让王颖在创业道路上稳扎稳打地走着："尽量做一个跑在前面的人，看到后面的变化，或者感受下一个变化快来临时风浪打过来时的信息。"

在乌克兰遇见温暖

2013年寒假，王颖在春节前去了乌克兰西北部偏僻的医疗学校做志愿者，教孩子们中文和英文，介绍中国文化，讲解医疗常识。第一次出国，第一次没有在家过春节，这样的第一次带给王颖的不是犹豫退缩，而是坚定地前进。"其实没有什么固定的任务，我能做的我都做了。"平时王颖也会给校长和校长夫人做按摩，得知校长有类风湿，她就把她妈妈给她带过去的暖宝宝全送给了校长，让校长感动不已。

对王颖来说，这段经历有着很多温情的瞬间令她难以忘怀。大年三十的时候，大家一起吃晚餐，校长突然进来组织小朋友一起对王颖说"新年好"。虽然每个人的发音都不是很标准，但那一刻，王颖不禁热泪盈眶，第一次在异国他乡被一群可爱的人感动了。之后在王颖要离开时，孩子们都不舍得她走，便把她的护照藏起来挽留她。最后到了不得不分别的时候，几个小朋友一起替她把她29英寸的很重的箱子搬下楼，校长也抱着她说："你一定要回来！以后什么时候来我们都欢迎你！"现在每当王颖过生日时，乌克兰的小朋友都会送来祝福。

"在快离开的时间里，每天最重要的任务就是把自己梳洗干净，等小朋友过来合照。"虽然这是一个很小的细节，但可以看出王颖与孩子们的感情很深，她的付出、她的阳光、她的耐心，换来的是乌克兰孩子们脸上灿烂的笑容。这次经历"虽然一开始风险未知，但最后收获的感动却是很多的"。

与父母一起体验年轻

2013年，王颖去韩国做交换生。当许多交换生把"交换"当成"旅游"的时候，王颖已经在韩国找到了各种兼职。在她看来，只有同时做三件事情才能真正融入新环境中去：工作、学习和生活。

虽然有语言障碍，但她从未放弃。在化妆品店做导购，在便利店通宵收银，在酒店营销推广，在LG工厂组装手机，这些兼职都渗透着她的汗水和努力，她从中积攒了宝贵的经验和财富。由于语言不通，王颖只能做一些低廉的活儿，但在短短半年时间里，她参加了近600个小时的兼职，赚得了人生的第三桶金。

  而对于兼职所得，王颖早有规划。从熟人那里听到后悔没有在年轻的时候带父母出去玩，她看到了别人的遗憾，而不想这种遗憾也成为自己的遗憾，于是决定用兼职的钱和父母一起旅游。就要出发的时候，阿里巴巴通知王颖去实习，但她依然选择了与爸妈旅行回来再去实习，因为她不想错过和父母在一起感受美好、感受年轻的机会。

  王颖就是这样一个有着很强的能力的人，一个明确自己内心的目标导向者，一个热心公益的温暖天使，一个热爱生活珍惜亲情的随和大学生。她用自己的行动感染人，用自己的爱心鼓励人。她清楚地知道自己的定位，同时又懂得享受过程、积累经验，一直在进取的道路上大步向前。

刘文慧

中山大学2014大学生年度人物

大山的星星

刘文慧，资讯管理学院2011级本科生。她出生于河北省国家级贫困县，父母年迈多病，家境拮据，但是她勤奋刻苦，自立自强。2011年高考她摘得县文科状元，考入中山大学。4年来，她勤学好思、成绩优异，累计获得奖助学金10余项，共计3万余元；她热心公益，服务社会，组织筹划多个公益项目，服务对象超过千人；她致力于学生工作，身兼数职，获20余项集体、个人荣誉；她还利用课余时间进行各类兼职实习，自己负担学费和生活费等。

天堂就是图书馆的模样

刘文慧勤思好学，成绩优异。上大学以来，她获中山大学优秀学生一等奖学金、国家励志奖学金等数十项奖学金，获得中国人民大学、上海交通大学等多所大学推免保送研究生资格。她钟情学术，坚持进行学术探索与研究，对图书馆学充满热情，相信"天堂就是图书馆的模样"。2012—2013年，她作为团队负责人，完成广东省大学生创新训练项目"政府信息资源趋利化整合共享研究"，学术成果论文《基于利益相关的档案信息资源整合共享》被学科领域核心期刊收录。借助参加各种课题研究的机会，她深化专业认识，力求学有所用。

专业学习之余，刘文慧还参加了广东省"政务关注"调研比赛、"挑战杯"等数十个学术竞赛，在实践中丰富和拓展学术能力，获多项省级、校级荣誉。其中一篇参赛报告被共青团广东省委员会收集，于2015年集册出版。

在时光的悄然流逝中，各种点滴经历之间，她的羽翼渐丰。

夜空中最亮的星

从大山里走出来的刘文慧，深知教育的重要；学习图书馆学的她，更加明白阅读对于孩子的成长有着无可替代的帮助。4年来，她和她带领的团队始终致力于阅读推广与图书室建设，将专业知识学以致用，服务社会，让阅读成为夜空中最亮的星。

她组建小型团队，筹划建设"书写爱——圆梦图书馆志愿服务项目"，为更多的孩子带去梦想和力量。在整个过程中她亲力亲为，从力排众议开始策划图书馆项目，到开展宣传、募集图书再到书籍组织分类、运送建设，最终为河源梅村小学建设了一所含有

价值超过3万元的1000余本图书、200余本字典和各类型体育用品的少儿图书馆。一年的时间，无数次碰壁、无数次尝试，用旧书回收的方式既环保又有效地建立了乡村少儿图书馆。

她作为项目负责人组织广东省未成年人管教所图书导读与图书室建设，开展阅读推广、帮教活动，让未管所少年认识更广阔的世界，获得自我成长。因活动效果显著，未管所专门赠予锦旗向她示谢。刘文慧还因此受邀参加共青团广东省委员会组织的"甘露行动"广东省志愿者交流会，并作为唯一的学生代表发言。

在各种各样的公益活动中，她累计服务上千小时，她希望用点滴行动书写爱、传递爱。

团队的闪耀是个体最好的注脚

刘文慧同学自大一开始就服务于各个学生工作岗位上，先后担任班长、院辩论队主力辩手、院学生会公关部部长、党支部书记、助理辅导员等，带领所在集体获评中山大学先进党支部等14项集体荣誉。担任党支部书记期间，她完善制度，力求创新，将传统活动"图书馆文化周"拓展至四校区共同参与，并首次实现校企合作，与乐岛共建、荒岛图书馆合作举办中山大学首场"真人图书馆"，活动效果良好，获得《城市画报》、腾讯新闻等多家媒体报道及关注。对于各种荣誉，她从不归功于自己，恰恰相反，她深知塑造一个充满活力的团队比一个亮眼的负责人更加重要。

大山给了刘文慧勤劳勇敢的力量和纯净善良的内心，她也竭尽所学，回馈大山。一路上，她坚定而执着地努力向上、闪耀光芒。演讲、辩论、骑行、舞蹈、主持，多种才艺全面发展，她用行动在属于自己的舞台熠熠发光，相信在未来的日子里，她的光芒能被更多的人看到。

王思然

中山大学2014大学生年度人物

世界那么大,不如去闯闯

王思然,生命科学学院2014级本科生。她连续3年综合评测全系第一、平均绩点排名全系第一,获3年国家奖学金,还通过层层选拔获生命科学学院毕达留学奖学金。她曾担任学院助理辅导员、学生会部长。

2014年年初,她曾独自奔赴非洲坦桑尼亚,在当地贫民窟学校进行了为期2个月的支教。2013年中山大学招生宣传日,她作为生科院的学生代表,在怀士堂演讲……这个集万千光芒于一身的女孩,在面对这些头衔与标签时却显得云淡风轻,对她而言,再华丽的介绍也只是浮光掠影,人生还有更多精彩和未知值得探索和期待。

公益无限,从心出发

王思然说她想用不同的视角看一看世界,于是在大三的寒假她毅然远赴非洲坦桑尼亚。

非洲,这个被上帝遗忘的角落,充斥着贫穷、落后、疾病、饥饿……这一片土地似乎就是苦难的代名词。然而,王思然却义无反顾地选择了这里。当王思然真正踏上这片土地时,她才发现现实的残酷远比她的想象夸张,但人们的微笑也萦绕在她心中久久不散。

给她最大冲击的是当地女性受到的不公平待遇,她们没有与男性平等的社会地位、没有一技之长、难以找到工作,没有独立经济来源的她们只能依附丈夫生活,甚至只能忍受长期的暴力与歧视。看到这种状况,王思然的内心涌起一股愤懑之情,她希望能够尽自己最大的努力帮助这些受困的女性。最开始她展开了一些宣传活动,但是效果却不甚显著。但是,她并没有气馁,授人以鱼不如授人以渔,要从根本上解决问题只能让那些女性自立自强。于是,她发起了以女性职业技能培训为主的项目,为当地女性提供英语和计算机课程的学习。

最令她担心的是一旦她离开,这个项目可能就会不了了之,之前的努力也会付诸流水。意识到这个问题后,王思然竭尽所能整合资源,包括通过脸书等网络空间进行呼吁与宣传,希望这个问题能够得到国际上的关注。此外,王思然还奔赴当地的一些企业和机构,拉赞助、做宣传。在最后一个月里,她跑遍了当地几乎所有的酒店,为当地女性争取到50多个实习岗位。在她的努力下,一半的女孩子获得了她们人生的第一份工作。

在这两个月的历程中，有痛苦但更多的是欢乐。王思然清晰地记得当地居民的热情，记得那个非洲小哥真诚地教她斯瓦西里语的"Rafiki"（朋友）；她会想念跟家里 Bibi（奶奶）一起用椰子汁熬出来的酱汁的浓香；她也会为孩子们给志愿者们多舀的半碗粥，和那句"要把最好的留给客人，不然你们就不会来了"感到心酸，因为孩子们将珍贵的砂糖给了志愿者……

有一次课上，王思然打算教学生如何介绍别人，于是她让他们形容一个老师。当时一个叫 Hanifa 的学生站起用斯瓦西里语唱了一首歌，只有简单的四句，可是全班同学一起反复唱了好几遍。他们告诉她，歌词的意思是"没有任何一个人能像你一样"。在项目结束的那天，在教室里跟所有人道别，王思然原本想留下最灿烂的笑容，可是还没等她说话，所有人就开始唱那首歌"没有任何一个人能像你一样"，她当场泪如雨下。

从非洲回来后，王思然发现自己开始更有意识地关注这个社会，这也让她坚定了服务社会的决心。她主动申请加入全球性的女性发展组织 Lean In，并成为核心成员。作为这个组织的广州创始团队之一，看着它从不成熟到成熟，她甚感欣慰。

其实王思然一直是个热心公益的女孩，高中的时候她参加过一个探访敬老院老人的活动，但是由于学业紧张，王思然最终只去了五六次就不再继续了。虽然王思然告诉自己这是无可非议的，但是这件事仍留给她无限的遗憾。敬老院的事给予了王思然一个警醒，也让她明白公益不是头脑发热，一旦开始就必须全心投入。尽管个人的力量是微弱的，但既然已经决意走上这条路，就不应半途而废，即便是献身于此，换取一些改善，也算是值得了。

合理规划，永不妥协

王思然从小成绩优异，在高考后她报考了自己所热爱的专业，怀着对生物学的憧憬，进入了生命科学学院。然而经过了最初的兴奋与好奇，她发现这个专业与自己的性格不符，自己的特点和长处也得不到发挥。就这样，王思然一度陷入迷茫，这刚好成为去非洲的契机。回来之后，她豁然开朗，沉下心来，专心学术，"既然已无从选择，那就把现有的事做到最好"。

连续3年绩点第一，王思然俨然成为一个名副其实的"学霸"。谈及学习方法，她首先提到的是知道自己要达到什么标准，明白将哪些放置首位，制订一个长期计划和一个短期计划并且严格实行。这样的计划看似简单，但实施起来又谈何容易？她会给自己定下详细的短期计划，计划好之后坚决执行，全心投入；她会充分利用零散的时间记单词、背知识点。"只要你想，学习总有机会。"

除此以外，她也是个活动达人，敢于尝试、敢于挑战、敢于创新。王思然曾参加 2013 年大学生全英商务大赛并获全国二等奖、华南赛区第一名、中大特等奖；主动申请到中荷创意经济论坛做工作人员；曾经参与广州市团委、广州市社会科学院的多项工作；在广州市人力资源和社会保障局有过两个月的实习经验；此外，在各种与学科相关的比赛与交流会上也能看到她的身影……王思然从不会因为有些事情没有做过而感到胆怯，反而是这些事情吸引着她，让她一定要完成。

她是一个倔强的自强女性，凭着勤工助学的工资和奖学金，独立承担了大学 4 年所有的学费和生活费。即便有时候她也会窘迫，但是不服输的她却不愿意找父母寻求资金支援，甚至向表姐借钱，赚了钱再还。她认为既然已经成年了便该对自己负责，这种"倔"对她而言也是一种激励，是另一种让人努力的形式。

对待学习与工作，王思然的目标是优秀。一方面她争取成为最优秀的人，另一方面只要成为最优秀的那群人的其中一个便足矣。不必将每件事都做到极致，尝试过后，此心无垠。

以诚待人，以心交心

她喜欢辩论队中小组讨论的头脑风暴，享受在篮球场大汗淋漓的快感，乐意与部门的小伙伴喝糖水聊方案，热衷于逗乐畅谈，满足于和家人一起拍照"卖萌"……这是一个简单纯粹的女孩，以真诚换来他人的坦诚相待，以热心换来他人的支持与关心，她的笑容总是无处不在，带来无限欢乐与温暖。

2015年，她的"解忧杂货店"上线了。这是她自创的一个在微信上帮助他人解决烦忧的平台，她希望能尽自己的绵薄之力帮助身边遇到困扰的人。王思然是从《解忧杂货店》这本书中找到的灵感：僻静的街道旁有一家杂货店，只要写下烦恼投进卷帘门的投信口，第二天就会在店后的牛奶箱里得到回答。那么自己何不也建一个线上的解忧平台呢？说做就做，不久果真就有人找到她寻求帮助，而她愿意作为一个倾听者，联系自己的经历，为他人理清思路，做一个幕后的小智囊。这样的举动或许不足为奇，但是这样的善心却让人感动。

亚里士多德说，优秀是一种习惯，追求优秀是一种对生命的赤子之情。而什么是优秀呢？或许这个问题根本没有标准答案，重要的是我们一直在追求优秀的路上。

王思然的答案是——"世界之大，不如去闯！"

杨乐
中山大学2014大学生年度人物

平凡中的不平凡

杨乐，中山大学光华口腔医学院口腔医学7年制学生。他，是一名学生工作者——追求营造组织的向心力，相信做学生工作犹如逆水行舟，若不创新、不接地气，就会不进则退。他，是平凡的一个人——希望能够感染一群人去做不平凡的事。

学生工作：重在创新

杨乐不仅仅是光华口腔医学院团委学生会副书记、主席，而且连续3年担任中山大学团委北校区兼职副书记。"我从初中就开始做学生工作了，我自己对学生工作是有一份感情的，虽然我现在已经投身临床实习，但我仍在学生工作的第一线。"

他认为只要有一颗心，有想法，就不应该退居二线。在学生工作的道路上，他不但扩大学院品牌活动的规模，而且创新性地提出了一些新的活动建议，如中山大学首届水上运动会、"春天花花一起PAR"、冬至游园会等活动。在学校层面上，他提出了"中山大学北校区校车停靠点改善方案"，首次举办五院合作论坛，促成医学生运动会、四校区医疗服务志愿行的举办，推动医学生毕业誓词宣读、北校区微公益活动的开展。

对于这些创新想法的提出，杨乐是这样说的："活动不因为去年举办过就还要坚持，我更喜欢去尝试一些新的点子。人人都有想法，关键是看你是否是一个会把想法付诸行动的人。"他认为学生工作和学习能力的培养对每个医学生都十分重要，学生工作与学习这两个方面是相互促进的，对以后的工作会有很大的好处，并不是"鱼和熊掌不可兼得"的事情。

公益实践：三立足，暖人心

杨乐在公益的道路上一直是一个忠实的实践者。谈到自己以志愿者的身份参加第16届亚运会及亚残运会时，他只是淡淡地说："志愿服务亚运及亚残会并不是我们个人的特质，而是我们那个年代广州大学生的一个标签。"

在参加志愿活动时，杨乐认识的一名留学生志愿者Tom就让他非常感慨："他在拿到奖学金之后，用这笔钱回到自己的祖国去开展公益项目，但对于中国的大学生这么做就很难，中国的大学生应该向他学习，用自己获得的一些东西投入到公益。"

立足学院，杨乐和同学组织在学院校区内开展旧书旧衣回收、母亲节拍立得送真情、图书馆义工等活动，服务同学，服务校区；中山大学附属口腔医院、中山大学肿瘤医院导诊，中山大学附属一院六一儿童节探访等活动的开展也为医疗机构添上了公益的色彩。立足学校，他在中大社工北京街社区服务中心建立起以"社工+义工"为工作服务模式的团队，连续两年获得"优秀义工团队"称号；他还积极参加校园公益策划大赛、中山大学寒假招生志愿活动。立足社会，他是广东省白内障筛查及转诊项目（SEER）的首批项目创始人员及现任理事会成员。他带领口腔医疗服务队参加中山大学"三下乡"社会实践活动，被评为"2014年广东省暑期'三下乡'先进个人"。

在谈到广东省白内障筛查及转诊项目时，杨乐认为这是一个"授人以渔"的项目。他是这个项目的创始人员以及现任理事会成员，该项目旨在深入贫困的农村，教授村医筛查白内障的技术，为白内障患者提供检查、转诊的服务，并获得在当地医院优惠治疗的机会。从项目开设起至2014年，已有5个年头，共转诊约3000人，治疗约200人。这个项目对于医学生来说是一个不太一样的形式，它弥补了人们对白内障的认识、村医筛查转诊能力以及县级医院治疗能力的不足。不论是丰富多彩的学生工作，还是温暖人心的公益活动，杨乐都能做到尽心尽力。在学习上，杨乐一直都是一名学海浮舟者，他深知良好的医德医技是他毕生的追求。

本科期间，他每年都能获得中山大学优秀学生一、二等奖学金，同时还获得管理学院李学柔基金奖学金、光华医学奖学金等。他也积极参加科研工作，组织设计的"癌前干细胞标志物PIWIL 2在口腔白斑恶变组织中表达及癌前干细胞分离初步研究"获得2012年中山大学本科生科研设计大赛的立项。他还曾前往英国格拉斯哥大学牙学院进行交流学习，在临床运用、学科内容及科研进展方面进行了深入的学习。

对于未来，杨乐这样说："我相信'船到桥头自然直'，与其以目的为导向地生活，不如把自己武装好，去迎接可能会碰到的机遇。"

作为一名口腔颌面外科的研究生，杨乐依旧认为学生工作和公益事业是他生活中的重要部分。他只是一个平凡的人，却希望这个世界因为有了自己而有一点不一样，他一直坚守在这条道路上。

陈硕斌

中山大学2014大学生年度人物

在分子领域探索世界，在科研路上寻找自我

陈硕斌，中山大学药学院2011级直博生。他专心科研，钻精学术，他一共发表SCI论文18篇，其中第一作者论文3篇（总影响因子12.8），申请中国发明专利3项。由于在学术上的突出表现，陈硕斌曾以院内评比第一名的成绩获得了国家奖学金。

当挚爱成为专业

初中时候的陈硕斌动手能力就比较强，喜欢在家里动手做一些小东西。到了高中，老师规定的实验课已经不能满足他的动手欲望，于是他决定大学要选择一个实验能力较强的专业，做自己想做的科学实验。高考过后，他来到了中山大学药学院，选择与药物相关的科学研究。

本科二年级的时候，在老师的关注与鼓励下，陈硕斌进入了药物化学实验室进行科研。他热心科研，但同时也发现自己的知识体系还存在很大的漏洞。于是他利用所有的课余时间在实验室补充基础知识与实验技能，从大二暑假开始一直到大三，他基本过着宿舍—食堂—实验室三点一线的生活，在实验室里他用电脑查资料、看书、上论坛查找教程。就这样凭借自己强大的自学能力，他的知识体系不断充实完善。

长期的积累使他自主掌握了计算机辅助药物设计方面的基础知识及技术手段，能够熟练组合使用多种不同的分子模拟计算软件，并能结合一些常用的物理化学实验方法，对分子模拟结果进行验证。通过对自学技能的灵活运用，在本科阶段，他独立完成了课题"靶向端粒G—四链体核酸结构新配体设计"，并以第一作者的身份，在 *Bioorganic & Medicinal Chemistry Letters*（影响因子2.3）上发表SCI研究论文1篇。

对这篇本科阶段以第一作者身份发表的SCI论文，陈硕斌解释道："这篇论文好像是我在学习某个技术时的附属产品吧，其实当时本意并不是要做这个课题的，而是在学习的过程中发现了这个有趣的现象。"

当时他在实验室做药物化学方面的研究，在研究过程中他发现其中有一个系统和高中化学的球棍模型联系起来，就会变得很直观、形象。在科研好奇心的驱动下，他开展了三四个与之相关的课题，最终这一个课题获得了成功。

也许，正是由于这种对科研纯粹的热爱和解决问题时的专注，陈硕斌在科研的道路上才会越走越远，仅在本科阶段他就发表了5篇科技论文。在科学研究的过程中，陈硕斌不断发现自然界一些有趣的现象和问题，这些奥妙促使他一直探索着。这种纯粹地解决问题的快乐，不是来自其他一些外在的驱动力，而是来自内心渴望探知世界的热情。

当大多数人临近毕业纠结于各种选择的时候，陈硕斌早在大三就已经决定好了要读研，继续投入科研工作之中。除了对科研的热爱以外，陈硕斌认为以后不管从事哪行哪业，自己要创造价值首先应该积累自己，在适合发展的专业上取得更好的进展，学无止境，在享受科研的过程中不断成长。

享受失败，花开愈香

成功的脚步总是踏过失败而来，陈硕斌在科研路上也遇到很多大大小小的困难。但他认为在失败的过程中学到的东西反而更多，并坚信失败中也有一个知识的正反馈过程，坚信只要认真付出了总会有收获。所以面对课题研究中出现的挫折，他总是反复针对自己的假设，不断建立新的更加接近事实的假设。在这个过程中，陈硕斌看到的不是自己又失败了，而是自己又知道了一种错误的假设，离事实的验证又更进了一步。

在谈及印象中最深刻的科研经历时，陈硕斌说的并不是已经取得成功的课题研究，而是现阶段还在进行的G—四链体核酸结构鉴定的新方法研究课题。这个研究是陈硕斌迄今为止遇到的最具有挑战性的一个，其间经历了很多次的失败，尝试了很多的实验方法，直到最近才找到新的方案，慢慢地往对的方向走去。

尽管经历了很多次失败，但他觉得自己选对了问题，因为这能够证明自己具有解决问题的能力。面对失败，陈硕斌都对课题的每一步重新认真地把关，确保数据的正确。他认为错误会给我们留下线索，而这些线索正是指向成功的关键所在。正确理性地面对失败，学会从失败中找到成功的因素，或许就是他科研取得重大突破的重要原因。

科研路上，遇见更好的自己

陈硕斌在本科阶段一直都是个自主独立的人，当进入科研团队以后，他意识到需要学会与不同的人进行合作和协商。初入团队时，他总是谦虚地倾听别人的想法，并与自己的思想进行对比，在思路上不断进行拓展。有时候他会跟别人交流讨论自己的想法，在团队中达到一种友好协作的氛围。之后对于新进来的同学，陈硕斌多是鼓励他们提出一些合理的想法，引导大家一起讨论。现在的陈硕斌遇到问题更多地会选择合作、进行协调，更多地倾听不同的思想。

同时，陈硕斌受到严谨的科研精神的影响，对任何事情都会在意证据。在科研中，他会寻求证据和别人进行讨论，解决对同一问题的分歧点；在生活中，对任何一个观点都会在意证据的支撑，对微信中发表的信息，他都会先做一个考证，而不是盲目地相信。

科学研究的研发刷新迅速，因此科研工作者们总是面临更新知识库的问题。陈硕斌除了大量订阅有关文献外，对知识也采取了有目的吸收。信息时代重要的不是吸收所有的知识，而应有目的地选择有利于充盈自身的知识进行储备。

此外，对于有些文献的结果陈硕斌也不是全盘接受，而是从自己思考的角度批判性地吸收别人的思想，选择自己需要的知识，这便是陈硕斌不断提高自身知识水平的有效

途径。

"我觉得现在不用急着考虑物质生活，而应好好享受生活，享受科研给我带来的乐趣。"陈硕斌认真地说到，眼神透过镜片显出几分坚定。

陈硕斌，这位已经把科研深深融入自己生命里的科研工作者，相信在未来，他一定会在科研的道路上再创佳绩，一次次地遇到更好的自己！

中山大学翻译学院志愿队

中山大学2014大学生年度人物

翻悦志愿，译展风采

中山大学翻译学院志愿队服务人数已超过 100000 人次，每年服务时数约为 25000 小时，累计已达 75000 小时。

春去秋来的接力，始终如一的爱心，矢志不渝的热情，是团队生生不息的动力。它曾获首届珠江公益节"双千一百"公益社团的荣誉称号、第四届"广东省志愿服务金银铜奖"集体银奖，并成为"益苗计划"——广东省志愿服务组织成长扶持行动暨志愿服务项目培育成长项目之一。

然而，几乎没有人能想到，这支翻译学院志愿队居然只有 4 年多的历史。雏鹰展翅，乳虎下山，却已是成就非凡。

铿锵百人行

志愿队的规模非常庞大，自成立以来，共招收了 840 余名队员，目前已有超过 800 名志愿服务者常年在岗，活跃在珠海市各社区进行实践公益。这支队伍面向整个珠海校区招募志愿者，不分学院和年级，只要你对公益有着热情和责任心。他们需要的只是善良的人，温暖的手，真诚的心。

如果你认真研读他们的活动日程表，就会发现"每周日上、下午各三个半小时""每周六上午 9 点至 11 点""每周一至周五下午 4 点至 6 点"等极其精确而规律的时间安排。为了不耽误大家的学业，队里的日常活动都有相对固定的时间，以便管理人员征集参加活动的志愿者，志愿者们也能合理地安排自己的时间，自愿选择合适的时间去参加活动。不让社团活动成为队员们的负担，也是队伍的贴心之处吧。

情系于公益

因为热爱，所以执着不悔；因为年轻，所以激情满怀。

这支年轻的志愿者队在不断地和新的社会工作中心或者志愿者组织接触和了解，不断拓展新的项目。他们不仅仅是参加公益，同时也会一起头脑风暴，自己组织创新更有创意和意义的活动，例如爱丽丝书屋志愿活动、"四点半学校"、树德亲子共读项目……

志愿队的每一名成员都会思考怎么样提高自身活动的关注度，激励别人一起做公

益,调动更多人的积极性,也就是"倡导型"公益。

以爱之名,他们用内心的温暖为需要帮助的伙伴们驱赶绝望;勤勤恳恳,他们的努力和守候终获认可。

更特别的是,他们还提出了"社区学院"的概念,即以一个社区为中心,和社区委员会合作,举行志愿活动,把中山大学的学习资源以及大学生的知识本领运用到社区中去。尤其是发挥英语以及其他小语种的专业优势,在丰富居民的生活、提高社区儿童的学习兴趣的同时,也为志愿者们提供了一个更好地与社会接触的平台,有更加"接地气"的公益体验,这就是这支队伍的初衷。

志愿者们也能在做公益的过程中收获机遇。在他们和珠海市远博社会工作活动中心的合作项目中,志愿者们正是在工作中得到了对方老师和领导的认可,从而有机会在假期去社区居委会带薪实习。

在做公益的过程中,为大学生们谋福利、求进步也是该团队一直以来所强调的,社会服务固然是重中之重,成员本身的发展也值得关注,需要关注。

亚运展风采

由于具有无可比拟的外语优势,翻译学院志愿队有参与多个大型国际赛事的经验,例如第一届中国国际马戏节、第十一届世界家庭峰会、留学生节和国际马拉松等。

负责人张文静特别提到了志愿队参与亚运会的经历。这个活动并非团队的申请成果,而是临时受命。突然接到上级派发的需要外语志愿者的任务后,他们便立刻组建"外语特工队",奔往亚运现场。

不得不说,在这个活动中,他们抢到了一个极好的先机。中山大学在社会上的好声誉会让人们对中大的学生、中大的志愿者有着不一般的看法,愿意给他们这个机会、愿意相信他们。"中山大学是一个不会让有梦想的人失望的地方。"其次,外语学院又享有专业优势,正在发展势头上的翻译学院志愿队就顺理成章地成为举办方的首选。

如果说社会对中大学生的认同是帮助志愿队站上亚运会舞台的梯子,那么要在梯子上站稳,靠的还是志愿者们本身。

他们在赛事志愿服务中表现极其突出,而且从 2010 年 11 月 12 日开幕到 27 日闭幕的这 15 天里,志愿者一直是从珠海赶到赛场的,也体现了值得敬佩的毅力。当来自翻译学院志愿队的 140 多名志愿者获得嘉奖后,队伍的旗号也被打响了。说到这里,翻译学院志愿队的负责人张文静再次表达了对学校的万分感激,以及对高素质队员的认可。志愿者们的脚步却未停下,他们不会因此而自满、沉浸于学校的光环里,而是继续前行,打造自己的品牌。

虽然队里的很多活动是翻译性质的,翻译学院志愿队也隶属于学院团委,但是学院出产不等于学院专场。除了国际性赛事的翻译志愿者以外,志愿队还有日常的志愿活动,这些活动的志愿者就不一定需要翻译技能。"我们要做国际大型活动的志愿者,同时也要做小朋友心中无所不能的大哥哥大姐姐。"他们如是说。

"但是我们不会骄傲,会继续前行。"这是张文静代表这支队伍做出的最好的承诺。

有的人活得像一支队伍,风风火火,气势恢宏;有的队伍则运行得像一个人,团结一致，心手相连。有人说，人生最幸福的境界莫过于"有事做，有人爱，有所期待"。翻译学院志愿队正年轻，他们正在路上。

携笔从戎,以青春报国

张爽,旅游学院旅游管理专业本科 2011 级学生。清爽的面容,爽朗的笑声,豪爽的性格,"人如其名"一词用在张爽身上再合适不过。不走寻常路的她在 2012 年的冬天毅然选择携笔从戎,成为一名光荣的海军女战士。

2013 年 12 月荣获营嘉奖,2014 年 10 月执行重大任务期间荣获嘉奖,2014 年 11 月被评为"优秀士兵"……无数荣耀的背后是她异于常人的付出和坚持不懈的努力。

拒绝平庸,义无反顾报国防

父母的耳濡目染以及言传身教,使得爱国主义情怀的种子在张爽心中生根发芽。进入大学后,"趁着青春要做一些有意义的事"的想法越发强烈,同时她也希望在艰苦的环境中锻炼自己的品格和精神,再加上对大海的无限向往……所有的一切促使她做出常人难以理解的决定:暂停学业,参军入伍。

逐梦之路并非一帆风顺。耽误两年的学业,自身的不舍,亲朋好友的言语,出于多方考虑,父母坚决反对女儿的选择。倔强而坚定的张爽并没有因此打消入伍的念头,她锲而不舍,每晚和父母通话交流。

"我的父母亲是非常正直的人,因此我也十分正直、有担当。"倘若只是女儿的能说会道,父母绝对不可能改变心意。那份代代传承的正直秉性才是消除矛盾的纽带,连接着父母子女,做出一致的决定。

魔鬼训练,直面考验不畏惧

还记得刚从暑假模式切换到军训模式之时各种叫苦叫累,新兵连的训练比军训严格百倍。清晨 4 点半起床,在刺骨寒风中练体能,夜晚 12 点才能入睡,这对张爽来说是严重透支的。

然而,生理上的磨炼远不及心理上的煎熬。当初的雄心壮志,眼前的单调训练,两相对比,内心难免波动迷失。此时,她告诫自己,心无旁骛,勿忘初心。在她看来,支撑她坚持下去的是那份倔强坚定的性格。"如果没有新兵连训练,我可能真的会挨不下来。"在回顾过往时张爽如是说。

"自己选的路,跪着也要走完。"这似乎是许多人的座右铭。但张爽对它有着不一样的理解："自己选的路，就应该站着走完。"漫漫人生路，沟坎无数。摔倒了，跪下了，重新站起来，也要毫不退缩地继续走下去。即使是拍发电码拍到指缝出血，她也丝毫不会减轻敲击的力度。松懈一次也许可以得到一时的满足，但对自身是极度不负责的。正是这样的高标准，在半年后的结业考核中，她以专业第二、业务第一的成绩第一批出班，成为了一名真正的报务兵。

搜救马航，是使命更是责任

2014年3月8日，马航客机失联！此时已光荣调入中国海军第十七批护航编队的张爽临危受命，随同搜救。由于情况紧急，必须争分夺秒，整个搜救过程着实艰苦。

其间部门曾搜到和马航黑匣子一样频率的信号，当时的她，心情非常复杂。首先是不敢相信，经过这么多时日的努力突然有所收获；其次是不愿相信，倘若真是马航的信号，那就证明飞机坠毁，无辜的生命葬身大海，这又是难以面对和承受的。经过进一步搜索发现，该信号是某直升机发出，这让极其担心的张爽松了一口气，她默默祷告着，只要还有一线希望，乘客就仍有生还的可能。

除此以外，第十七批亚丁湾护航、搜救韩国海军失踪船员、营救意大利失火商船、中欧联合军演等十余项任务，她无不兢兢业业，勤勤恳恳。在她心中，这是使命所在。国家需要你的时候，你就应当站出来为国奋斗。这不仅仅是在世界舞台上展示中国国防力量的强大，也是给远在海外的华侨一些鼓励，一丝依靠。

走访中东，扶贫救弱爱国情

连续作战的7个月间，她曾出访中东地区，进行了友好访问。令她印象最深的是一个名叫吉布提的非洲小国。那里的人，身上裹的是袍子，白天当衣服，晚上当被子；住的是用木板搭建、无法称之为房子的无顶陋室；没有经济来源，只能靠国家补助的水和面包度日。在这些补助中，90%以上来自外债，其中大部分来自中国。

很多人会说，自己国家都顾不过来，还去帮助穷国？

"这种想法是非常肤浅的。"张爽如是说。当亲眼所见他们的贫苦，亲身感受他们的穷困，没有人会不动恻隐之心。国家是出于人道主义救援给予友国支持，身为中国人应当为之自豪。"付出并不是为了回报"，国家是在尽自己一份力，以一个大国的身份为世界的和平与发展做一些事。如此深刻的见解，如此广博的胸怀，不是每一个声称爱国的人都能做到的。

最初是眷恋大海，初生牛犊不怕虎，毅然选择携笔从戎；后来是历经磨炼，在艰苦的训练中破茧成蝶，完成从一名大学生到海军女兵的华丽蜕变；再后来是使命所在，日夜搜救，报效祖国；最后是走访他国，面对满目贫穷，产生对爱国更深层次的思考。一路走来，改变的是沿途的风景与人生的阅历，贯穿始终的是对梦想的笃定和不断加深的爱国热情。

张靖珂

中山大学2013大学生年度人物

最美公益女孩：快乐是生活不幸的解药

张靖珂，中山大学岭南学院金融系2011级本科生。张靖珂是个富有爱心、热爱公益的女孩，她曾经担任大学爱心同盟会长，组织过针对脆骨病患儿的"瓷娃娃关爱行动"、针对留守儿童的"萤火虫支教计划"等许多爱心救助活动，努力为那些需要帮助的孩子奉献自己的一份爱心。令人惋惜的是，2013年8月，张靖珂被查出患有重型再生障碍性贫血。面对病痛，她依然充满朝气，她认为"快乐是生活不幸的解药"。富有爱心，乐观、坚强、自信是她闪耀的标签。

热心公益，奋斗进取

张靖珂一直认为，如果把学生也看作一种职业，那么学习便是学生工作的全部，成绩就是学生的业绩，只有业绩突出的学生才能算是一名优秀的员工。所以在大学期间，张靖珂充分利用每一秒学习，勤学好问，不局限于课本知识，课上主动与老师进行交流，课下与同学深入探讨，养成了良好的学习习惯。通过不懈的努力，张靖珂各科成绩均非常突出。2012—2013年度综合绩点4.23，获得了学校三等奖学金和学院董事会一等奖学金。

学习之余，张靖珂的绝大部分时间都放在了做公益上。公益对张靖珂而言，已然成为日常生活中不可缺少的一部分。她曾担任爱心同盟会长，用心诠释着"爱心心连心，服务社会人与人"的爱盟宗旨。张靖珂曾举办过许多公益活动，例如，在贵州的贫困小学进行暑期支教；在学校内举办形形色色的微公益活动；在珠海市唐家地区开展爱心义教活动，给成绩较差的孩子补习功课；等等。随着活动的深入，张靖珂对公益的理解也逐渐加深。有时整个周末和假期都全心全意地投入公益活动中，每次做公益时都全身心投入。在做公益的过程中，张靖珂也对公益进行深入的思考，在帮助别人的同时寻找自己的人生坐标。

张靖珂积极参加各类活动及比赛并屡获佳绩，例如，在中山大学团工委举办的"创先争优"公益比赛中获得一等奖，在"Google Brilliant Tallent 猎星计划"创意设计大赛中获得一等奖，在第九届职协英才节"可口可乐实践营"取得第四名的好成绩，在中山大学团工委公益创新大赛中以"微公益项目"斩获第一名，在中山大学爱心同盟协会公益策划大赛中获得一等奖等。此外，她还曾获《中大青年》报社媒体月四校区"微情书"大赛第五名,第十九届康腾全国高校学生商业案例分析大赛全国总决赛优胜奖、中山大学校园公益策划大赛三等奖等。

为了进一步锻炼自己,在 2013 年 3 月,张靖珂前往中国农业银行河南省商丘市农行担任客户经理助理一职,虽然只有短短 20 天,但在这期间,张靖珂对理财基金的分析和营销、信用卡的资格审核和办理有了自己独到的见解,并学习了个人理财顾问的相关知识,懂得了怎样才能做到最优管理优质客户信息,如何更好地建立和维系客户关系。同年 7 月,张靖珂又到中信证券上海市东方路营业部实习,从中学习和收获了很多。

病魔突起,乐观抗争

天有不测风云,2013 年 8 月,张靖珂被查出患有重型再生障碍性贫血。在这个噩耗降临之前,作为学校爱心同盟会长的张靖珂正作为负责人组织"瓷娃娃关爱行动"——一个对患有成骨不全症的罕见病群体开展关怀和救助服务,促进社会和公众对于罕见病群体的了解和尊重,减少对他们的歧视的全国性公益活动。

在张靖珂住院期间,她每天只能吃一些最清淡的食物,但因为药物反应,她有时连面包都吃不进去。学院了解到张靖珂的情况后,在学校网站公布了一个捐款倡议书,希望能为张靖珂筹到一些善款来减少巨额医疗费给她家庭带来的重担。同学了解到张靖珂的事情后,更是在网上转发评论张靖珂的事迹,给予张靖珂很多的鼓励和勇气。

自《南方日报》报道张靖珂患重型再生障碍性贫血的消息以来,无论是在网络还是现实世界,爱心的暖流都在汇聚、涌动。许多慈善公益组织和个人纷纷发来信息,为她加油、打气。之后央视新闻及《人民日报》《南方日报》《大河晚报》等多家媒体又陆续报道张靖珂的事迹,社会各方力量集结起来帮助饱受病痛折磨的阳光女孩。

中央电视台财经频道和中国网络电视台举办了"为网络正能量点赞"活动,挑选 36 个传递正能量的事迹进行报道。财经频道的雪峰记者专程从北京赶到商丘对张靖珂进行了长达两天的采访。记者的提问让张靖珂很有感触,他问张靖珂生病以来,感觉自己最大的变化是什么。张靖珂回答道:"以前我做公益活动,只是从一个帮助者的角度去思考公益,有时候会扪心自问,那些零碎的帮助到底能给受助者带来多大的改变;但生病之后,当自己变成一个受助者时,才明白帮助我的人,哪怕只是一句言语的鼓励也会让我温暖很久,所以,我们在任何时候都不要去怀疑公益的力量,更不能因为怀疑,而吝惜自己的力量。"

张靖珂曾写道:"听见回声,来自山谷和心间。以寂寞的镰刀收割空旷的灵魂,不断地重复决绝,又重复幸福。终有绿洲摇曳在沙漠,我相信自己,生来如同璀璨的夏日之花,不凋不败,妖冶如火,承受心跳的负荷和呼吸的累赘,乐此不疲。"将勇气寓于生活,以顽强精神弘扬真善美、传播正能量,她是当之无愧的"最美公益女孩"。

借得雄风成亿兆，何惧万里一征程

竞赛与团队篇：见万卷书　征万里路

Justice 团队由来自中山大学法学院的学子组成。2013 年，该团队代表中山大学参与由国际刑事法院主办的"国际刑事法院审判竞赛"，在国内预选赛中荣获全国优胜一等奖、最佳书状奖、最佳检察官奖（郑志凡同学），并获得赴国际法之都荷兰海牙参加决赛的资格，在决赛中勇夺国际冠军，并荣获最佳辩手奖。

国际刑事法院是国际社会建立的第一个常设性国际刑事司法机关，成立于 2002 年 7 月 1 日。2013 年已有 117 个成员国，旨在杜绝人类社会最严重罪行的国际刑事法院，被认为是国际社会实现和平与正义的新尝试。

而"国际刑事法院审判竞赛"（International Criminal Court Trial Competition）由国际刑事法院发起，并与世界各地的法律组织或大学合作，希望能够推动国际刑法在青年学子中的传播，是国际法学界重要的学术活动。在法院 6 种官方语言赛区（阿拉伯语、汉语、英语、法语、俄语和西班牙语）中，中文赛区的竞赛历史未久，却影响深远。

2013 年 4 月 13—14 日，中文赛区预选赛于北京举行，共有北京大学、澳门大学、复旦大学、中国政法大学、外交学院等 15 所境内外高校代表队参加，并邀请到来自前南斯拉夫问题国际刑事法庭、红十字国际委员会、中华人民共和国外交部、中国人民解放军军事科学院等以及各大学的国际法教授担任法官。

中文赛的国际决赛于荷兰当地时间 2013 年 5 月 31 日 14：00～16：30（北京时间 20：00～22：30）在海牙国际刑事法院第一法庭进行，由国际刑事法院法官 Bruno Zehnder（主席）、Cynthia Chamberlain 和 Doreen Scholz 作为评委，同声传译进行翻译，并由法院官方网站进行全球直播。中山大学代表队在激烈角逐中脱颖而出，勇夺国际冠军，王巍同学还荣获决赛中唯一的最佳辩手奖。

中山大学法学院陈毅坚老师（刑法方向）、巢志雄老师（诉讼法方向）作为指导老师，为比赛组建了分工明确、实力不凡的参赛团队。参赛队员为 2011 级研究生朱奕锋，2012 级研究生王巍，2009 级本科生王志明、郑丹妮、郑志凡，研究助理为 2009 级本科生李超、张燕苗，2010 级本科生张思航。其中，队长朱奕锋同学是 2011 级国际公法方向法学硕士研究生，曾在联合国前南斯拉夫问题国际刑事法庭实习，本科时曾担任院学生会主席，具有突出的学术潜质和领导才能；王巍同学是2012级法律硕士研究生，曾获第八届"理律杯"全国高校模拟法庭竞赛最佳辩手等多项荣誉；王志明、郑丹妮、郑志凡、李超、张燕苗等均为获得免试推荐攻读硕士学位的大四学生，连年荣获奖学金，本科期间比赛经验丰富；张思航同学是法学院辩论队队员，学业成绩尤其是英文成绩优异。

国内赛篇：南天有歌　北地回响

此次竞赛的案例由国际刑事法院的法官亲自编写而成。案例取自联合国塞拉利昂特别法庭的布里马（Brima）案和国际刑事法院的卢班加（Lubanga）案，整合了国际刑事法院在国际审判实践中遇见的最前沿的争议难点，包括实体、程序多方面。案例以对国际刑事法院第六预审分庭的裁决提出上诉为背景，上诉分庭提出三个争议焦点，要求参赛队伍分别从辩护律师、检察官和被害人律师代表等三个角色提交书状并进行三次不同角色的庭辩。

中文赛区的预选赛包括书状和庭辩两个独立的环节。从中大法学院正式招募队员开始，到递交书面文书的截止时间，不过3个月，此间除去队员的正常课程时间，传统节日（春节）的影响，在这3个月里需要完成合计近6万字的书面文书，加之研究素材与论据基本上都要依赖外文资料，更加大了难度。从1月份完成初稿到2月24日最终定稿，粗略估计，往来修改的书状版本竟有120多份。

庭辩部分的比赛是在4月中旬。3场比赛分别扮演诉求、依据、定位完全不同的3个角色，单场长达两个半小时的竞赛和连续一天半的"作战"，是体力与智力的双重考验。与中国政法大学、外交学院等传统强队相比，中大代表队的参赛经验相对薄弱，因此他们将自己定位为挑战者。这样的定位让中大代表队减轻了压力、摆正了心态，同时还不断向对手乃至评委、法官学习。看到对手的书状，中大代表队修改了自己的部分观点和论述思路；看到对手的庭辩表现，中大代表队改变了应对法官提问的方式、改善了自己的"台风"；每一场比赛后的法官点评都是中大代表队的"佳肴"，它们总是不断地推动着中大代表队变得更好。

正是这种不断学习的能力和敢于改变的勇气，使中大代表队不断"进化"。包揽团队一等奖、最佳书状奖和最佳检察官奖（郑志凡同学）的背后，是3场比赛不同主审法官的共同称赞，是岭南学子"此地多才俊"的证明，更是中大法学院作为南方国际法重镇，矗立南天、风采飞扬的自信。

国际赛篇：吾校矗立　蔚为国光

国际决赛在国际刑事法院第一审判庭进行，并进行了全球直播。尽管国际决赛仍采用中文，但评委、法官的不一样使两者具有本质的不同。国内赛的评委一般是熟悉大陆法系传统的国内学者和政府官员，评委、法官会倾向对选手对法律知识的理解以及法律思维的考查；而国际赛的评委、法官本身是国际刑事法院的法官或官员，深受英美法系的影响，很少会直接参与庭审中，法官评价时会倾向于考查各方对法庭论述说服力的高低。因此，与国内赛相比，国际赛场更像是一场真实的国际刑事案件庭审。

正是抓住了这一点,在比赛筹备伊始,对案例材料的重视是中大代表队整个团队的共识,也是中大代表队所有准备工作的起点。在书状写作开始,中大代表队的队员们研读了大量案例,不论是与本案密切相关的、作为案件原型的布里马案和卢班加案,还是大量的与本案仅有部分相关的案件,中大代表队都一一挖出,作为案例摘要。通常的情况是,一份几百页的案件判决里,仅有两到三段能够作为论据应用于案件之中。

从两米高的英文材料到几厘米厚的书状再到仅有几页的发言稿,从国内到国际,中大代表队最终摘得桂冠。在赛后的点评中,法官高度评价了中大代表队的表现,认为无论是案例的全面搜索和准确引用,还是现场精准的表现力,都十分值得赞赏。中山大学代表队这次在海牙决赛的表现,说是首屈一指,似不为过。

另外,此次大赛受到设在荷兰海牙的国际机构的广泛关注。在决赛开始前,中俄参赛队伍还应邀参观了联合国国际法院、联合国前南斯拉夫问题国际刑事法庭、黎巴嫩问题特别法庭、塞拉利昂特别法庭等国际司法机构,与各大国际机构和俄罗斯语参赛队伍进行了深入的交流。中国驻荷兰外交机构人员、海外留学工作人员和旅居海外的校友等各界人士也为中山大学代表队获得冠军感到自豪骄傲并表示衷心祝贺。

此次比赛获得成绩提高了学院对模拟法庭论辩的重视,也让学院和学生越来越愿意投入模拟法庭论辩之中。或许是受益于此次比赛的鼓励,学校代表队在其后的广东省大学生模拟法庭竞赛中获得亚军,并在第十一届"理律杯"全国高校模拟法庭竞赛获得季军。

回顾整个比赛,当"The final winner is Sun Yat-sen University"响起在国际法院第一审判庭时,这段始于白云山下、珠江水旁的征程,绕过北中国之后,最后止于国际法之都。笔下风采,口中道义,最终为中山大学,这座高高矗立在南天的学术山峰,添上一抹亮丽的色彩。

王燊成

中山大学2013大学生年度人物

宝剑锋从磨砺出，梅花香自苦寒来

王燊成，政治与公共事务管理学院行政管理专业2011级本科生。

他双亲均故，却依然顽强地面对生活；贫寒的出身，并没有阻挡他积极进取的内心。5岁时，母亲病逝，他的童年里缺少了其他孩子最依赖的母爱；高考前，父亲病逝，家中只剩下年迈的爷爷，上苍似乎在故意跟他开着一个大大的玩笑。

然而，这一切，对他来说，不是苦难，而是财富，是意志的磨砺，也是自我的超越。

他来自皖南山区，虽出身寒微，但他凭着自己的意志，拿奖学金，担任学生会主席等学生干部，通过勤工助学实现经济独立，热心公益资助藏族孩子，是"中国大学生自强之星"提名奖的获得者……他用自己的行动证明着"坚强"二字的分量。

苦难，上帝爱与他开的玩笑

出生于1992年的王燊成，来自偏僻的皖南山区。当他来到世界的那一刻，就饱受艰辛。33岁的母亲在家里忍着剧痛分娩了他，由于营养不良，他体重不到5斤。母亲没有奶水，又买不起奶粉，只好靠喂米汤给他过活。2岁时他又得了怪病，身体瘦弱，头发全无，肚子胀气，找了很多医生，都没有办法。村里的人都说他活不了，劝父母放弃。而母亲始终不愿放弃自己怀胎十月的孩子，一直寻求治疗办法，终于找到了用猪肝熬草药的土办法，把他从鬼门关拉了回来。但上天似乎还在跟他开玩笑，在他5岁时，母亲因旧病复发以及农药中毒永远地离开了他，那时他对"死"完全没有概念，他只知道母亲闭上眼睛后，就再也没有醒过。

母亲去世后，本为家中支柱的父亲又患有脑力残疾，无法正常工作，一直以来他们都靠低保和亲戚帮扶过日子。那时消瘦的爷爷为了填补家用，前往外地操起了旧业。成绩优异的姐姐为让他继续完成学业，初中毕业后便辍学打工。从小学四年级起，他开始去镇上上学，每天他不仅要跑去离家3千米的学校上学，中午要跑回家做饭吃，晚上回家后还要做各种家务。身体还没烟灶高时，他已会做饭炒菜；猪饿了，他得弄猪食；水稻干了，他得去上水；水稻收割了，他得晒水稻。凡是大人要干的话，他都要干。有时中午为了赶时间，他总是第一个跑出教室，采摘野葱，伴着前晚剩下的饭掺和着吃，有时候饭馊了，还得饿肚子去上课。当他初三毕业时，在往返学校和家的路上，他已经跑

了19000多千米的路程。然而这一切在他看来，却是他自强不息、奋发图强的动力。

一直以来他靠着政府帮扶、家人帮助和自己假期做临时工坚持着自己的学业。从初一开始，他每个假期都会去打临时工来为自己积攒生活费。但由于年龄太小，初一假期打临工时，左手中指不慎被切割机夺走了上半截，造成十级伤残。

虽然命运多舛，但是王燊成依旧乐观顽强地学习，成绩一直名列前茅。他以优异成绩考上了省示范性高中，那时他内心只有一个目标：考上重点大学，改变自己的生活。从此，他的生活开始了"三点一线"的节奏。每天早上5点半准时起床，除了吃饭外，他基本都在看书和做题。晚上他还挑灯夜战，平均睡眠时间不足6小时。为了增加学习的时间，每次吃饭他总是挑人最少的时候去，有时直接买些面包等干粮直接充饥。皇天不负有心人，他从高一时的全级第400多名一跃成为前10名。

然而高三开学的第一天，当他正踌躇满志、备战高考时，却接到了爷爷的电话，爷爷哽咽地说："成啊，快回来吧，你爸不行了。"消息如同晴天霹雳，让他彻底崩溃，前天父亲为了给他送落在家里的笔记本骑了1个多小时的电动车来看他，只一个晚上父亲就不在了。他冒着大雨，急忙赶回家中，然而苍天薄情，没有给他机会见上父亲最后一面，父亲还是因心肌梗死而永远地离开……

父亲逝世后的一个月，他难以从悲恸中解脱开来，一度颓废、旷课，想过放弃自己。但当他看到年迈的爷爷佝偻的身影时，看到本应芳华正茂的姐姐满手老茧时，逐渐感受到自己的责任，他必须振作，要对得起已故的父母，对得起为他付出的爷爷和姐姐。除了努力学习，用知识改写命运外，他别无选择！他愈发努力，因为他知道，一切只能靠自己！每晚为了不让楼管知道，他把被子裹在头上，拿着小电筒复习功课。为了不让自己睡着，他买来生辣椒，困了，就吃一口来提神。老师、同学都劝他不要太过疲劳，但是他自己知道，必须抓紧一分一秒来学习，不能给自己落下遗憾。最终，他以全省第300多名的成绩考入中山大学。

当拿到中山大学录取通知书时，他喜忧参半。他为自己考入名牌大学而欣喜，也为高额的学费而忧愁。那些天，爷爷佝偻的身影穿梭于左邻右舍中，东拼西凑的，终于凑够了学费。临近开学，爷爷拿着厚厚一叠、皱皱巴巴的5000元对他说："成，一定要读大学，我们老王家一定要出一个大学生，这样才可以对得起你逝去的父母。"

自强，总有路需要自己走

进入校园后，爷爷的话就像洪钟，时刻在他耳边回响。大学里，他对自己提出了近乎严苛的要求，不允许自己放松懈怠一分一秒，在勤工助学、学生工作、学术竞赛、志愿服务各方面不断尝试、不断突破、不断收获累累硕果。

他刻苦学习，成绩优秀，连续两年获得校优秀学生一等奖学金和国家励志奖学金，还获得了第五期中山大学李学柔基金奖学金、新东方自强学生奖学金。两项课题也分别获得广东省大学生创业训练项目和创新训练项目。他还考取了助理人力资源管理师资格证，大二暑假他还成为周大福珠宝金行（深圳）有限公司实习生，不断提高自己综合素质和能力。

在保持良好学习成绩的基础上，他还积极参加各种学生活动，曾任广东省学联学生干部、广州市学联志愿者部部长、学院学生会主席、助理辅导员、校团委干部等职。任职期间他也获得了"优秀团干""优秀团支书""优秀团员""勤工助学先进个人"等荣誉，还曾被学校、省推荐参评，获得了"中国大学生自强之星"提名奖。

进入大学尽管受到了各方帮助，但他希望能够自食其力。他参加勤工助学，派过传单、做过家教、摆过地摊等，能够赚钱的方式他都一一尝试过，初步估算，两年时间，共挣得15000余元。从大二开始，他的学费和生活费完全自理，没有依靠家里和国家的资助。

学好文化课程，做好学生工作的他还积极参加学生竞赛。他曾获得第十二届"挑战杯"大学生课外学术作品竞赛广东省一等奖、周大福校园营销挑战赛全国冠军、康师傅—早稻田公益创意大赛全国六强、宝洁精英挑战赛华南赛三等奖、广东省福彩公益优秀团队、广州市大调研比赛二等奖等国家、省、市、校各种奖励40余次。他常说，"我很享受每场比赛，不但让我的思维变得活跃，开阔了视野，而且将学到的知识用于实践，更重要的是每场比赛都让我结交了很多朋友。"

公益，用自己的光温暖他人

进入校园，王燊成在社团招新宣讲会时了解到SIFE（国际大学生企业家联盟）这个全球大学生组织在中山大学的团队，"授之以鱼，不如授人以渔"的理念深深地吸引了他。通过选拔，他成为项目成员，致力于帮助坚持纯艺术创作的青年艺术家——他们可能用10元钱熬过一个星期，却无人知晓；用画笔传达着社会和时代的声音，却备受忽视。他和伙伴们希望通过商业力量，搭建一个将青年艺术家与大众和文化艺术机构对接的互动平台——艺术小洲，帮他们坚持自己的艺术梦想。

王燊成对这些艺术家也不是很了解，直到他看到一个艺术家的家里一贫如洗，除了画板外已无其他像样的家具，唯有一张破旧的沙发作为自己的床。这深深地触动了他的内心，从此他和伙伴们奔走于基金会等组织以筹集运营资金，尽管遭到无数次拒绝与不理解，但他们却一直坚持着。之后他还代表项目去北京参加康师傅—早稻田公益创意大赛决赛，并获得了全国第六的成绩，项目也获得了10000元的项目经费，生产了3款总共500个笔记本内胆包；他牺牲暑假回家的机会，穿梭于沙面等各种创意集市，创造了约5000元的经济收入。项目的开展也受到《中国日报》《南方都市报》《南方日报》等不少知名媒体的广泛报道。

2012年9月，他通过中山大学研究生支教团"一帮一"活动，了解到一名西藏高中生与自己一样，不幸陆续失去双亲时，他毅然决定资助这名藏族高中生完成学业。为了更好地解决每年的学费和生活费的难题，他还找了2名同学一起来参与这个项目。他还跟这名学生进行通话交流，不断激励他、鼓励他。他希望这名藏族孩子也能如自己一样，感受到社会的温情且为之拼搏奋斗。

2012年的暑假，他有幸成为联合国青年大会举办的"宜农贷"活动志愿者，在琶洲会馆为项目筹集资金，3天下来，累计达约4000元。除此以外，他连续两年参加了学校、学院和"三下乡"社会志愿服务活动，深入农村开展帮扶；他连续3年作为学校寒假招生宣讲活动的志愿者，前往母校分享自己的学习方法和在中大的生活；他连续

一学期深入黄埔区为外来务工人员子女辅导课程,他作为负责人之一的"明灯课堂"项目还获得第三届志愿服务广州交流会金奖项目。他还加入了北辰青年发展中心、广州市志愿者、长洲心园社区义工团等志愿服务团体。为了更好地回馈家乡,他还联系同学、团市委成立黄山市大学生促进会。

两年光阴,一逝而过。在前行的路上,他虽出身贫寒,但却一直自强不息,勤工自助,不断鞭策自己努力进步,在担任学生干部的过程中不断提高自己的办事能力和综合素质,并在心中种下了公益的种子,撒播爱心,传递公益。

艰难困苦,玉汝于成。这就是他,一个不因寒微出身而自卑的坚强男孩,一个愿意心怀感恩积极走上公益道路的中大学子!

刘俊周

中山大学2013大学生年度人物

脚踏实地守初衷，仰望星空赴征途

刘俊周，管理学院工商管理专业2011级本科生。

大学之于刘俊周就如同一次冒险，每一步都踏向梦想与远方的未知，即使路上苦涩坎坷，更有无数诱惑，但刘俊周相信只要坚持不懈，就一定能收获属于自己的成长和快乐。

坚持梦想，勤能补拙

刘俊周回想入学时，从小县城的高中生跃然成长为繁华都市里的大学生，面对色彩斑斓的生活，自己一下子变得有些茫然无措。但他在积极探索体验的同时，依然牢记着自己学生的身份，深知只有坚持学习才能不断地改善自己，所以他全力抓住每一个学习的机会。在平时的学习生活中，刘俊周认真学习，博采众长，碰到不懂的问题虚心向老师和同学请教。但他又力求做到独立思考，多角度考虑问题，不人云亦云。在2012—2013学年中，除了担任管理学院楼委会层长、参加众多校内外比赛外，刘俊周力求做到合理安排时间，平衡好学习、比赛和学生工作之间的关系，最终取得91.6分的平均成绩，居全系第一，并获得了国家奖学金、中山大学管理学院李学柔基金奖学金、中山大学一等优秀奖学金、优秀团员等荣誉。成绩不能代表什么，但学习让刘俊周养成了脚踏实地、自觉自律的习惯，这才是让他受益无穷的。与此同时，刘俊周认为，每个人都有自己的优点，发现别人的闪光点能更清楚地看到自己身上的缺点与不足，弥补缺点与不足有利于更好地进步，因此他也常与同学交流分享学习方法，相互帮助，共同进步。

刘俊周十分感谢学校提供这样优越的学习机会，感谢老师授予了他宝贵的知识，但他最为感谢的还是他的朋友们，他们让他理解并学到了勤奋、分享、不轻言放弃。在参加IMA（美国管理会计协会）校园管理会计案例分析大赛时，虽然刘俊周所在的队伍是全国参赛选手中唯一的大二年级队，也是参赛经历最少的队伍，但是这并未让他感到畏惧：在知识方面，他就案例内容努力查看相关专业书籍，并积极虚心向相关老师请教，老师也不厌其烦地给予他宝贵意见；在文案方面，他精益求精，每页排版都锱铢必较，甚至做好后因为内容改动又推倒重来，不怕辛苦、不断尝试；在展示方面，虽然他的英语不一定是最好的，但是他会在学校、酒店、比赛大堂外的走廊里一遍一遍重复准备着，甚至充分利用午餐时间到比赛讲台上预演。也正是因为周密准备他才有了临场时

的从容不迫,并最终取得中国区冠军的好成绩。无论是角度新颖的观点、精美易读的报告,还是生动有趣的演讲,都让评委对刘俊周刮目相看。6月份刘俊周所在的队伍受邀赴美国新奥尔良参加 IMA 第 94 届年会,在主会议厅里他们作为唯一的中国学生代表进行分析展示,广受好评。在之后的交流环节,很多美国会计师也热情地和他们交流,提出的意见也让他们受益无穷。

热诚分享,心系公益

"一个人对社会的价值不在于你得到了什么,而在于你贡献了什么",这是刘俊周的价值观。也许作为一名大学生他尚不能给社会带来什么巨大的贡献,但是如果付出能给这个社会带来一点点的温暖,或者唤醒更多的爱,就是一件意义重大的事情。积水成渊、积善成德,这些一点一滴平凡而琐碎的事情让刘俊周内心充满快乐和力量。

在大学期间,刘俊周积极承担各项志愿服务。除了勤工俭学外,刘俊周积极加入学工部和党委宣传部的公益岗位,帮助老师处理一些力所能及的事务。另外,他还担当管理学院和美国战略管理协会举办的 SMS 会议的志愿者,负责会议期间的节目英文主持。同时他还和同学一起发起组织了宿舍园区的"明三基金"公益活动,包括关爱宿管、节水节电、垃圾分类、漂流阅读等公益活动,激发同学们的爱心和环保意识,不但互帮互助、绿色节能,而且让更多爱在校园里传递。而作为管理学院"Buddy Program"的成员,志愿帮助国外交换生熟悉、适应中大生活是刘俊周的职责,同时也因为和德国留学生一起找租房、布置新家,他们结下了深厚的友谊。

而在校外,刘俊周经常关注青年志愿者协会的动向,参加了由广州团委组织的第二届志愿服务"广交会"活动,帮助团委的工作人员协调各大公益组织的参展。在每年的寒假期间,刘俊周一直担任中大寒假招生宣传志愿者,为高中母校的师弟师妹分享交流经验并宣传中山大学。能给他们紧张压抑的高三生活带去一些正能量,让刘俊周觉得自己有价值。而曾参与的由香港智行基金组织的关爱艾滋遗孤的活动更让刘俊周感触颇深,他带领失去家人的孩子们一起参观、一起游戏、一起唱歌,在交流过程中帮助他们增加对外面世界的向往并希望他们能乐观努力地生活。他们的微笑是刘俊周最大的满足。

在管理学院师兄的带领下,刘俊周参与成立米公益团队,通过整合公益组织、个人与企业这三方面的公益需求,更多企业和个人参与公益。这一计划也申请了国家立项,希望得到更多的机会和资源推广,让更多社会资源投入公益,也让更多公益组织得到帮助。

"博学、审问、慎思、明辨、笃行"是中山大学的校训,刘俊周常常以此为准则审视自己。在大三时受国家留学基金委资助赴意大利博科尼大学交换学习的过程里,通过更多更广地接触异国文化,刘俊周对自己的内心进行审视,他发现自己多了一些喧嚣和浮躁,少了一份沉稳和淡定,发现自己更应该关注的是内心的快乐和充盈,更应该去守护的是很普通却独特的梦想。

这就是刘俊周品德修行的过程,怀有一颗求知的心,坚持拓宽视野、钻研知识;建立多元的视角,学会换位思考;考虑每种做法可能带来的后果,进行比较和甄选;选择

脚踏实地守初衷，仰望星空赴征途

正确的价值，并思考能给社会带来的正面意义；最后坚定不移地走下去。不忘初心，方得始终。虽然漫漫道路依旧无尽，但他依然坚持自己的初衷，一步一个脚印，去追寻自己的梦想和荣光。相信在未来，刘俊周也会继续为梦想而努力！

身残志坚勇于拼搏，自强不息成就自我

李乃琦，电子与信息工程学院（原信息科学与技术学院）2009 级本科生。命运之神并不眷顾李乃琦，由于基因存在先天性缺陷，他自幼罹患残疾，但身残志坚的他凭着自己不懈的努力最终来到中山大学这座学术殿堂，并在这里取得了优异的成绩。

本科期间，李乃琦分别在人工智能顶级国际会议上以第三作者和第一作者发表两篇学术论文，并受邀于 2013 年 IJCAI 人工智能会议上进行海报展示。本科毕业论文被评为中山大学 2013 届校优秀本科生毕业论文。2013 年 10 月被中国计算机学会（CCF）评为百名优秀大学生一员，受邀参加 2013 年中国计算机学会及颁奖仪式，由 IEEE CS 主席 David Alan 颁发荣誉证书，并在仪式上得到图灵奖得主 Vint Cerf 的肯定和鼓励。

勤勉好学，持之以恒

李乃琦具有很强的求知欲，对他而言，大多数科目的学习都是一种乐趣。也正是因为对自己专业的喜爱，才让他取得了斐然的成绩。本科期间他的平均绩点 4.48，在系中名列前茅，并于 2013 年在学院校内推荐免试生时以总成绩第一获得推免资格。他曾获得中山大学优秀学生一等奖学金一次，二等奖学金两次，国家励志奖学金一次以及 IBM 自强奖学金一次。在取得优异成绩的背后，是李乃琦持之以恒的努力，他认为，"无论是学习还是人生，最重要的是平时一点一滴的积累，而那一点一滴的汗水与付出，总会有回报与收获的那一天。"

学科竞赛，拓展技能

学有余力之时，李乃琦也积极参加各种与学科相关的竞赛。在团队竞赛中，他往往会担任队长的角色，在比赛中锻炼自己的团队合作精神和组织领导能力。初进 ACM 竞赛，面对许多初高中阶段就熟悉编程的优秀同学，零基础的他压力颇大，但在和队友的相互鼓励和鞭策下，李乃琦奋起直追，荣获中山大学程序设计竞赛二等奖及三等奖（非同年次）、广东省大学生程序设计竞赛三等奖、广东省大学生数字图像创作大赛三等奖。在李乃琦看来，参与这类竞赛的过程都带给了他无与伦比的收获。

当命运的绳索无情地缚住了他的四肢，当别人投以同情的目光叹息生命的悲凉，他依然固执地为梦想插上翅膀，坚强并自信，果敢而刚毅。学业和学术上的优异成绩，正是他努力飞翔的痕迹。他是"轮椅上的学霸"，更是生活中的强者。

曾琳

中山大学2013大学生年度人物

志愿服务社会，勇担时代重任

曾琳，环境科学与工程学院2013级硕士生。她曾任中山大学南校区团工委兼职副书记、环境科学与工程学院研究生会主席、中山大学第十四届研究生支教团团长、中山大学学生会常务委员及公益社团爱心同盟主席等职。

性格开朗、活泼乐观的她经常这样勉励自己："我是一个幸福的孩子，因为生命中充满了爱与关怀。我希望这种幸福可以传播，因为每个人都拥有享有幸福的权利。"她以积极的态度面对各项工作，勤奋好学，为人坦诚。经过4年大学的学习与提升和一年西藏支教的锻炼，曾琳的个人综合素质得到了全面的提高，得到了老师和同学们的肯定并获评"中山大学2013大学生年度人物"。

支 教 西 藏

大学毕业后，曾琳通过选拔加入中山大学第十四届研究生支教团，响应祖国号召，到祖国西部，到基层去，到祖国最需要的地方去。她选择用行动奉献西藏，用一年的时间，做一件终身难忘的事情。2012年7月23日，作为中山大学第十四届研究生支教团团长的她与19位队友，怀揣着志愿服务的美好梦想踏上了西藏林芝和云南澄江两片热土，展开为期一年的支教服务工作。曾琳服务于西藏林芝地区第一中学，担任高中一年级五个班级（4个藏文班，1个汉文班）的历史教学工作，同时还在学校办公室负责学校行政协助工作。这一年，她到得最多的地方就是教室前面的三尺讲台，接触得最多的人是正处于花季的天真可爱的学生，感动最多的是西藏人民留给她的淳朴而美好的回忆。她深知，在这里她存在的最重要的意义就是教书育人。为了完成好教学任务，提高学生的课程水平，曾琳几乎每天中午都会请学生来办公室进行知识抽查和单独辅导，自习课时间也会尽量为同学们答疑解惑。面对学生简单而反复的问题她一直保持自己的耐心反复解说，她坚信，多讲一遍，学生就会理解多一点，那她的付出就是值得的。一分耕耘一分收获。在学年的期末考试中，曾琳所教授的班级成绩在年级均名列前茅，因此她也被评为"年度优秀教师"。除了教书外，曾琳不忘育人，她希望她的到来不只是给学生们带来知识，更重要的是，她告诉学生们要快乐，要坚强，要努力，因此她的学生都非常喜欢她。在那里，孩子们都亲切地称呼她"曾曾老师"。离开林芝之后，也曾有队员返回林芝看望学生。有很多学生都还会问："我们的曾曾老师什么时候回来看我

们？"这时已经远离西藏的她默默地思念和祝福着自己的每一个学生。

除了第一课堂，她还在学校展开英语角、英语演讲比赛、英语单词拼写大赛、学生干部培训、学生科技类活动、环保活动、高考考前心理辅导等第二课堂活动，以此丰富同学们的在校生活，也让同学们有轻松愉快的机会学习更多的课外知识，提升自己的综合能力。

在完成既定的教学任务之余，她与团队合作开展了许多助学项目。"一帮一"和"一对一"是通过校友、学校、学院以及社会人士为西藏、云南地区贫困生募捐助学的项目。这一年他们募集助学款资助的学生超过 300 人。此外，他们更展开了"圆孩子一个心愿"系列活动，在广东、云南、西藏多所学校进行了衣物、文具、鞋子、电脑等物资的捐赠。在林芝一中展开了"林芝艺术文化节"系列活动，她为林芝一中的学生请到专业的英语、舞蹈老师对其进行指导，更捐赠民族服饰、乐器等物资一批。此外，她还在波密县倾多镇中心小学开展了"情暖冬至，爱在倾多"活动，为小学的孩子们捐赠了许多棉被，让孩子们有一个温暖的冬天。

曾琳对志愿服务的定位就是：做好事，做实事。虽然她一个人的力量实在有限，但是她坚持着自己的理想，因为她相信，积以跬步至以千里。

通过在林芝短暂一年的服务时间，她获得了林芝团地委、林芝一中、林芝地区教育局的肯定，因此共青团林芝地区委员会授予其"2012—2013 年度'大学生志愿者服务西部计划'优秀志愿者"称号。

保 护 环 境

在志愿服务的过程中，曾琳不断思考，希望能提高公益事业的层次。她认为，公益不在多，而在用心。已经进入研究生阶段的她希望能够继续开展公益服务工作，但更希望在志愿服务的道路上自己能够做得更多，做得更好，因此她选择将自己的专业知识与公益相结合。环境保护始终是人类面临的重大问题，环保需要从小事做起，从自己做起，从身边的点点滴滴做起。作为负责人的她组建起专业团队，在学校开展"环保校园行"的活动，用专业检测和分析方法对学校内部人流量大的区域进行"体检"，以此提出更好的校园环境方案。在专业学习之外，她参与各种讲座、活动，了解更多环保知识，被国家环保部授予"巾帼环境友好使者"称号。

助 残 服 务

在团省委志愿者部和共青团中山大学委员会的共同指导下，曾琳及其他负责人共同在校创建了"竹蜻蜓"棠下工疗站助残服务队，曾琳担任团队负责人，负责团队建设、联络、服务开展等工作。该团队以"竹蜻蜓，一路相伴，你我同行"的理念，结合医学、心理学、社会学专业知识，用专业手段从物理康复、心理康复、关爱陪伴三方面主题定期服务于棠下工疗站。该团队已成为共青团广东省委员会志愿者部重点推广的团队之一。

志愿世博

2010年8月，曾琳作为上海世博会广东省队代表志愿者，前往上海世博会展开为期半个月的志愿服务工作。其间，她曾服务于中国馆、广东馆、宝钢大舞台等多个世博场馆。除了做好场馆岗位常规志愿服务外，她在服务期间还担任场馆讲解员为广东前来参观场馆的领导、老师进行场馆解说。她大方的表现和得体的讲解获得了参观者的一致好评。

志愿亚运

2010年11月至12月，曾琳作为中山大学一名骨干志愿者参与广州亚运会、亚残运会的志愿服务工作。在亚运会期间，她担任省队代表志愿者接待负责志愿者，并作为中山大学场馆体育展示组组长负责本场馆的相关组织协调工作；在亚残运会期间，她担任中山大学场馆礼仪服务组组长，负责期间礼仪协调、颁奖、展示等一系列志愿服务工作。

在志愿服务期间，曾琳一直坚守自己的岗位，做好每一项工作，获得了带队老师的高度评价，也为场馆各场比赛的顺利进行做出了自己的贡献。她被评为"广州亚运会、亚残运会志愿者先进个人"，获得了"广州2010年亚洲残疾人运动会志愿服务（个人）银奖""广州2010年亚洲运动会志愿服务（个人）铜奖"等荣誉。

爱心同盟

进入大学后，曾琳选择了加入公益组织爱心同盟社团，参与残疾人康复中心、敬老院、志愿广交会等系列志愿服务。因为来自外省的她还不懂如何听和讲粤语，所以每一次活动，她都拿着相机，穿梭于活动的每一个角落，为公益服务记录每一个感动瞬间。之后，她选择继续坚持做公益，并留在社团，担任中山大学东校区爱心同盟主席，在一年时间里主持开展了服务残疾人康复中心、敬老院、电白暑期支教等各项校外公益服务活动，在校内开展各类捐助活动、辅助性公益类活动，赢得了学校老师、同学的好评，更获得了社会许多公益组织的认可。通过努力，爱心同盟被评为"广东省优秀志愿服务组织""中山大学优秀学生团体"。曾琳也因此而获得"爱心同盟优秀义工""2009年度中山大学优秀学生团体干部"称号及"2009年度中山大学志愿者先进个人"称号。

一路走来，她奉献、感恩、收获、成长。热心公益，助人为乐，她的点滴善意化作涓涓细流，滋润你我，感动他人。

钟佳胜
中山大学2013大学生年度人物

潜心医学，承科研创新之风；志愿服务，担回馈社会之责

钟佳胜，中山大学药学院药物分析学2012级硕士研究生，中国共产党党员。2008年他进入中山大学药学院，并于2012年免试攻读硕士研究生，师从中国首份芦荟专利发明人万金志副教授，专注于芦荟活性成分及其创新应用研究。

他积极参加党团工作，2012—2013学年担任药学院研究会副主席一职，并获"中山大学优秀研究生会干部"称号；他勤奋学习，刻苦钻研，参与多项"十二五"国家科技支撑计划课题，发表论文共12篇，其中以第一作者发表的论文4篇（3篇为SCI收录），累计影响因子大于6.5。2013年他获研究生国家奖学金。他长期坚持参与各类公益活动，志愿服务时数累计1500小时以上。

科研创新，传承中药文化

书山有路，学海无涯。他认真学习，刻苦钻研，学业成绩一直名列前茅，2012—2013学年度必修课平均分为92分。本科期间连续三年获得中山大学优秀学生奖学金，并获得"中山大学2012届优秀本科毕业生"称号。研究生期间，他更加注重科研创新，参与多项"十二五"国家科技支撑计划课题，系统地阐明了库拉索芦荟化学成分及其组效关系，揭示了传统医药将其用作美白剂及抗炎药的物质基础和作用机理，创新性地建立了简单、快捷、低成本、全面的多组分质量控制方法，弥补了《中国药典》只以芦荟苷作为质量控制指标的不足，促进了库拉索芦荟的现代化发展。

钟佳胜在导师退休的情况下，以第一作者发表论文4篇（3篇SCI，累计影响因子大于6.5，1篇中文核心），以第二或第三作者发表论文8篇。他仅用了一年的时间，便完成了学位论文的大部分内容（药学院研究生为三年制）。他参与中国民营科技促进会芦荟产业专业委员会关于芦荟产品认证的调研工作，并参与编写中国农村技术开发中心编著的《中国芦荟产业认证战略研究》一书，为早日实现芦荟产品认证、促进我国芦荟产业的发展奉献一份力量。

志愿服务，承担社会责任

予人玫瑰，手留余香。钟佳胜长期坚持参与各类志愿服务活动，曾担任中山大学青年志愿者协会项目部部长，策划组织、参与包括暑期支教、广州亚运会等在内的20多

潜心医学，承科研创新之风；志愿服务，担回馈社会之责

项志愿服务项目，服务时数累计1500小时以上。曾获广东省大学生百名"福彩公益"之星、广州亚运会志愿服务金奖等荣誉。

　　随手公益，怀着大爱做小事。拾起地上的纸屑丢入垃圾桶，在公共交通工具上给有需要的人让座，身边的朋友心情不佳时给他/她一个微笑或拥抱，这些看似微小的举动，都能给他人及社会带去温暖。

　　在担任药学院研究生会副主席及班长期间，钟佳胜从小事做起，尽心尽力为同学服务，努力为同学提供生活和科研上的帮助。

　　怀抱着中药现代化的理想和热心公益的决心，他洒下的辛勤的种子，终将长成参天大树。

放眼世界踏时代浪潮，学习进取谱青春乐章

乔亦星，中山大学国际金融学院 2010 级本科生。在校期间，她曾获得"新东方杯"英语口语大赛全国亚军和长江商学院 20 万元奖学金；入选 2013 年 G8 伦敦青年峰会中国代表团；并参加了 2013 亚太青年模拟 APEC 大会全国总决赛。她曾在山西省河曲县进行短期支教；在台湾科技大学交换期间，她热心公益，被选为英国著名动物学家珍古德博士的随身翻译之一。乔亦星担任过学院学生会干事，外语协会英语辩论队队员。她学习成绩优异，本科毕业后保送到清华大学经济管理学院，攻读金融硕士。

热衷演讲，展现自信靓丽青春

英语口语一直是乔亦星同学的强项。从初中开始她就在学校担任校广播站的英文播音员。进入大学后，从一次英语课上的演讲练习开始，她便爱上了英语演讲。她积极寻找各种机会以提高自己的演讲水平。大一时，她加入了中山大学外语协会的英语辩论队。与此同时，她还参加了中山大学英语口语大赛。虽然只获得了优胜奖，但是通过参加比赛，她看到了自己的不足，决定更加努力练习。大二上学期，她参加了"外研社杯"全国英语演讲大赛，获得了广东赛区一等奖。大二下学期，她参加了"新东方杯"英语口语大赛，获得了全国亚军的好成绩。"新东方杯"英语口语大赛不同于传统的英语演讲比赛。它的决赛采取案例分析的形式，参赛选手被分成小组，就某一商务案例进行分析，提出解决方案，重点考察选手在职场的英语实际应用能力。乔亦星同学在这次比赛中，以优秀的团队合作能力、出色的英语表达能力以及对商业策划的独到见解，赢得了在现场做评委的长江商学院招生经理的青睐。招生经理专门对她进行了面试，并决定颁给她"长江商学院奖学金 20 万元"，即 3 年内被长江商学院的 MBA 项目录取便可以减免 20 万元学费。此外，她还代表中山大学参加过马来西亚辩论公开赛等比赛。她说，她在用英语演讲时常常将自己所学的经济学理念和商业案例融入演讲中，这使得她的演讲更生动，更有感染力。英语演讲让她变得更自信，更爱独立思考，更善于表达自己。对于在演讲中取得的成绩，她最大的体会就是"Practice makes perfect"和"Never give up"。一是要坚持练习；二是要相信自己，永不放弃。

放眼世界，彰显中国青年风采

乔亦星小学时随父母在国外生活过一段时间，就读于瑞典哥德堡国际学校，这让她有机会认识来自世界各地的同学。国际化、多元文化的成长环境使得她具有国际视野，并且对国际政治和青年外交活动非常感兴趣。平时，她喜欢关注政治新闻和国际形势。2013年3月，她经过层层选拔，入选2013年G8伦敦青年峰会中国代表团，成为全国8名青年代表中的一员。G8青年峰会是G8国家未来领袖的高端对话机制，旨在聚集各国优秀青年，对当前世界面临的最紧迫的问题进行对话和协商。在峰会中，她扮演的角色是"中国外交部长"。青年峰会外交小组讨论的两大主题是政治稳定性和人权问题。为了这次峰会，她积极准备了3个月，阅读了大量的相关资料，积极与其他国家的"外交部长"通过邮件沟通，提前了解各国代表的态度并努力寻求机会和各代表求同存异。2013年6月，她前往英国伦敦参加G8青年峰会。在峰会期间，她自信、沉着、敏锐，坚决捍卫中国的立场，发出了中国青年的声音，她的出色表现得到了各国代表们的肯定。

G8伦敦青年峰会结束后，她又积极准备MODEL APEC（亚太青年模拟APEC大会），进入了全国总决赛。MODEL APEC通过高度模拟APEC会议形式，旨在为亚太地区的青年构建一个同政府官员、商界领袖和著名学者之间相互交流的平台。2013年7月，她在北京会议中心参加了为期一周的模拟APEC全国总决赛。决赛期间，她模拟的角色是"菲律宾高官"，她是中山大学唯一进入2013年全国总决赛的选手。

热心公益，实现非凡人生价值

她很欣赏一句话："成功不是你有什么标签，而是你用这些标签做了什么。"她努力提升自己的能力，力求回馈社会。她说："能力只有真正帮助了别人才有意义。"她是这样说的，也是这样做的。大一暑假，她回到了姥姥家——山西省河曲县。该县地处山区，地理位置偏远，教育相对落后，而且当地的学生对于知识非常渴求。了解了这些情况后，她主动与当地两所学校的校领导联系，介绍了自己的情况，表示愿意为学校义务授课，希望分享她的英语学习方法。在取得校领导的支持后，她为该县的河曲中学和巡镇中学的高一至高三的学生进行了英语学习的分享和答疑。她还结合自己的经历，以讲座的形式做了关于中西文化差异的演讲，开阔了学生们的视野，调动了学生们的学习积极性，学生们的学习热情更加高涨。授课结束后，她给学生们留下了自己的联系方式。离开学校后，她常常通过邮件为学生答疑、解惑。一些学生听了她的演讲，内心深受鼓舞，变得自信，有了奋斗目标。一些学生采用了她的英语学习方法，感觉效果很好。她曾因为一天内长时间讲课而嗓子哑到发不出声音，但她依然坚持上课，她说："只要我讲的内容能给学生们带来一点点帮助，我也会不遗余力。"

大三上学期，她前往台湾科技大学交换学习一学期。在学习期间，她积极寻找机会参加学校的志愿者活动。她参加了一期关于环境和动物保护的志愿者活动。这个活动是台湾科技大学和国际珍古德教育及保育协会共同举办的。英国著名动物学家珍古德博士亲赴台湾科技大学参观并进行一系列活动。凭借在志愿者活动中的积极表现和优秀的英

语口语表达能力,她被选为珍古德莅临台湾科技大学当天的随身翻译之一。她出色地完成了这一任务。珍古德博士即将 80 岁,还到处奔波演讲,她期盼能唤起人们对环境和动物的保护意识。乔亦星深受珍古德博士的精神鼓舞,更加坚定了未来参与公益活动的决心。

大学 4 年,她一直很清楚自己奋斗的目标,并在梦想的道路上一步一个脚印地踏实前行。有人问她这是如何做到的,她说:"当我们面对丰富多样的选择感到犹豫不决、难以取舍时,这归根结底是不清楚自己想要什么。也许我们一开始并不清楚,需要慢慢发现,但我们不应该放弃对这个问题的思考。路没有对错,我坚持自己的选择,不怀疑,不后悔。这个信念,一直在支撑着我不断前进。"

她就是这样一颗星,独立而自信、执着而又理性、外向而不张扬,把握住自己人生的每次机会,照亮了自己的路,亦给了他人光明的启示。

陈靖文

中山大学2013大学生年度人物

驰骋学海甘奉献,全面发展勇担当

陈靖文,国际翻译学院2010级本科生。她曾任中山大学珠海校区学生会主席、珠海校区团工委兼职副书记。大学期间,她的综合绩点连续三年名列全年级第一,先后获得国家级、校级奖学金7次,同时还被世界著名学府牛津大学预录为研究生、剑桥大学预录为副博士。陈靖文在校期间表现突出,既是学习达人,也是工作狂人,在专业学习、社会工作、志愿服务、文体活动等方面均取得了优异的成绩。她曾获得广东省"南粤杯"朗诵比赛优秀奖、"特区校园党旗红"珠海市演讲比赛一等奖、第五届珠海大学生文化艺术节"中华诵"优秀奖、第五届经典中国全国书画大赛青年组铜奖、中山大学优秀党员、中山大学"创先争优"优秀志愿者、亚德客社会实践公益活动二等奖、中山大学笃行优秀学生干部奖励金、"中山大学优秀学生干部"荣誉称号。

勤学好思,做专业学习的精英

进入翻译学院以来,陈靖文以出类拔萃的成绩完成了英语和西班牙语的双专业学习,综合绩点连续三年名列全级第一,连续三年获得国家奖学金、校优秀学生一等奖学金。这在翻译学院是前所未有的,即使在中山大学也极为罕见。

"为一桩事业呕心沥血,为一种梦想至死不渝。"这是她的座右铭。她是一个钟情于语言学习、执着于梦想的女孩儿。用语言搭建文化交流的桥梁,是一名外语学生的责任与使命。对于语言的兴趣孕育了她对自身专业强烈的热爱,那些在外人看来枯燥无味的听说读写,在她的眼里却是追寻梦想的道路。

认识陈靖文的同学都说,"她是一个肯为梦想卖命的人"。尽管晚上会熬夜学习、写策划,但她仍然喜欢选择去上早课,因为这样她就能挤出更多的时间学习。她坚信,"年轻人抓紧时间多学习,才是真正的王道"。大学期间有计划、有目标的紧张学习,成为她铺就远方道路的基石。

因为学业出类拔萃,她被选拔为学院口语"一帮一"的老师和英语语音课程的助教。虽然助教工作占据了陈靖文不少的时间,但她依然在剩余的有限时间内紧抓专业学习,坚持每天课后到图书馆学习,一直到夜里11点钟才回宿舍,狂风暴雨都阻止不了她的步伐。在科研的道路上,她展现出惊人的学习能力。她埋头苦读世界前沿的语言学理论,特别是二语习得的相关理论。因为复杂困难,她便强迫自己在一周内高强度地把十几本语言学的书看了一遍。这也使得她在面对牛津大学 Victoria Murphy 教授的面试时能够更加从容和自信,成功地成为全世界被录取的 18 名幸运儿中的一员,展现了一名优秀中大人应有的"博学、审问、慎思、明辨、笃行"。与此同时,剑桥大学对她的专业知识和治学水平给了极大的肯定,也向她伸出了录取为副博士的橄榄枝。这位好学的中大学子,始终坚持不懈,展示了当代青年奋勇拼搏的精神风貌。

陈靖文致力于成为学术传播的使者。她曾远赴西班牙莱昂大学进行学习,取得该校颁发的语言 B2 级别证书;曾参加在台湾辅仁大学举办的 2013 年第五届两岸三校跨文化专题研究论文发表会,发表名为《多元文化教育视角下综合性高校学生培养研究——以中山大学为例》的论文;参加由国际伙伴推展中心举办的第七届跨文化学生论文研讨会,在柬埔寨发表名为《应用于小学的英文教学方法》的论文,均获得好评。由于专业知识扎实,表现出色,她曾被选拔为美国交响乐团联盟高级顾问、罗斯福大学芝加哥表演艺术学院院长 Henry Fogel 先生"艺术管理概况"讲座的翻译;曾为美国太平洋石油集团翻译法律文书;曾担任第十四届国际义工协会(IAVE)亚太区义工会议翻译。

<h3 style="text-align:center">攻坚克难,做志愿奉献的典范</h3>

2013 年夏天,在柬埔寨的诗疏风边境村庄,陈靖文不顾亲朋好友的担心,毅然地开始了她的支教生涯。刚到柬埔寨的那段时间最为艰难。战后重建的柬埔寨,生活环境和教学条件都十分艰苦,医疗条件也十分匮乏,是艾滋病、疟疾、流感等疾病高发区。她所在的 prohout 村子,是连中国保险都无法担保的国际危险地区。贫乏的物质条件和恶劣的生存环境并没有击退陈靖文的热情,反而成为她超越困苦、乐教奉献的精神源泉。任教期间,她每天 5 点半起床,上完 4 节课往往已经体力耗尽。尽管每天与蝇同餐、与虫同眠,尽管每天都要准备教具,她的内心仍无比满足。汇报演出那天,当她的学生用整齐的动作摆动身姿,用标准的英文唱出对于小学六年级学生来说具有很高难度的"Take me to your heart"时,所有的老师和家长都为之动容。当收到一封封学生们给她写的"情书"的时候,她泪如雨下。她学习柬文,攻坚克难,开展生动有趣的课堂活动。她积极宣传和弘扬中华文化,开设的书法课深受同学们欢迎。她用微笑和关爱与当地民众结下深厚友谊,她用乐教奉献向友邦传达着中国大学生志愿者的高尚情怀。

陈靖文始终坚信,不忘初心,方得始终。2011 年 7 月起,作为珠海特区"对话青年"宣讲团主讲专家团成员中唯一的一名大学生,她在珠海市多所中学参与组织开展了多场讲座,传递了当代中国大学生的正能量并勉励中学生更多地关心弱势群体。由于出色的翻译服务,她被国际义工协会主席李康元博士破例列为会员。国际义工协会是世界最大的义工协会组织,它的会员遍及世界,破例成为会员的情况也很少。3 年来,陈靖文志愿时间共计 1032 小时,协助开展了支教助教、文娱活动、入户调研、学生培训等一系列活动。此外,她连续两年参加中山大学招生志愿者活动,成功带领团队获得"团队合作奖"。她还积极参加珠海市青少年服务中心举办的关爱社区系列活动,参加了"传递爱,感恩心——爱的教育"活动,社区植树的活动,"放飞梦想,拥抱春天"的放风筝等志愿活动,得到广大社区居民的好评。作为"茂名晴空"社会实践活动的志愿者,她为遭受洪水灾害的高州马贵镇中学献上捐款,并且将部分善款存入高州

"同根同源"助学促进基金,给遭受飓风"凡比亚"的孩子们物质和精神上的长期支持。她参加情系珠海志愿活动,担任茂名市七迳中学支教老师,带领班级参与"创先争优"社会实践活动……这样的志愿服务,还有很多。她曾连续获中山大学亚德客社会实践公益活动奖项。"优秀志愿者"的称号,对她是一种肯定,也是一份责任。在她看来,这些已经成为她生活的一部分,她始终坚信:这是当代大学生应有的担当!

全面发展,做服务学生的领袖

陈靖文在学校、年级里有较高的威信,曾任珠海校区团工委兼职副书记、中山大学学生会副主席、珠海校区学生会主席、珠海市学生联合会主席、中山大学助理主席、年级党支部副书记、中山大学求进报社党建部部长、翻译学院辩论队教练。15年学生干部的经验,让她始终坚持以踏实负责、开拓创新的作风投身于学生工作。

作为校区主席,她承受了一般同学所没有体会过的压力,也诠释了一名学生领袖应有的风貌。雅安地震当天,她连夜制订募捐方案,号召珠海校区各大爱心社团,发起"心系雅安"募捐活动,校区共筹集46751元人民币捐往灾区。在校区内,陈靖文提倡服务同学,甘做孺子牛。她曾完善中珠校会服务组日常工作条例,共接受师生投诉300余条,投诉处理率100%,反馈率100%;曾在粤港澳高校主席论坛上提出"正负激励"的方法来化解饭堂和学生之间的矛盾,被《新快报》、搜狐新闻、金羊网等媒体报道。

陈靖文曾代表中山大学参加对外交流活动,其中包括团中央和团省委举办的全国少数民族大学生社会实践与社会观察活动暨第十一期广东大学生骨干培训班。陈靖文作为广东大学生骨干代表,进行开班仪式发言。她还曾参加澳门中联办等部门主办的粤港澳台纪念五四运动94周年系列活动,并作为嘉宾在高峰论坛上发表了主题演讲。她曾获中山大学"笃行"优秀学生干部奖励金、中山大学优秀学生干部、中山大学翻译学院优秀学生干部、中山大学优秀党员、珠海市优秀共青团干部等荣誉。

汇集最大力量 释放最美青春

陈靖文并不是人们刻板印象中的"学霸"和"工作狂",她有着广泛的兴趣爱好。比如,她苦练钢琴10余年,通过广东省钢琴九级认证考试;曾获第五届经典中国全国书画大赛青年组铜奖,广东省"南粤杯"读经典、树新风、强素质、展形象朗诵比赛优秀奖,珠海市演讲比赛一等奖,珠海大学生文化艺术节"中华诵"优秀奖,中山大学珠海校区"文明修身"原创艺术作品大赛二等奖,中山大学书画比赛软笔组三等奖,中山大学模拟联合国比赛二等奖、最佳风采奖……这样的荣誉还有很多,不过在她看来,"坚强的内心是由无数经历的敲打才锻造成的,过程比结果更重要"。

理想还在翱翔,而她正在路上。陈靖文如铿锵玫瑰一样在校园绽放,她像展翅雄鹰一样在梦想的天空翱翔。勤奋学习、自强不息、坚忍不拔、志愿奉献在她身上有着突出而融合的体现。陈靖文在坚持中汇集最大的力量,在大学生涯中释放最美的青春,深刻践行了"立志做大事"的孙中山先生训言。她,一直争取全方位的进步,一直行走在路上……

中山大学2013大学生年度人物

凭才智创新公益，用歌唱点缀生活

侯宗宇，中山大学旅游学院2010级本科生。在校期间，他争分夺秒，勤勉于学，曾获得2012—2013年度中山大学一等奖学金、南湖国旅一等奖学金。2013年他出任中山大学Enactus（原SIFE）团队副主席，不断挑战自我，热心公益，回馈社会，曾率领团队在"创行世界杯中国站"的比赛中斩获全国二等奖，在国家会议中心彰显中大学子风采。他才华横溢，歌声绕梁，曾获第25届中山大学"维纳斯歌手大赛"珠海校区亚军，连续两年获最佳人气奖。

心系社会，为商业与公益牵红线

在加入中山大学Enactus（原SIFE）团队的两年时间里，侯宗宇加深了对公益和社会企业的认识，并通过实践和努力一步步实现着他的公益理想。

作为原"冲锋陷阵"项目组成员，侯宗宇与队友们一同帮扶广东省珠海市的退伍军人解决了创业和就业难题，并让他们获得了稳定收入。退伍军人中的多数是刚满18周岁就进入了部队的，退役后，没有高学识高文凭，没有一定的社会阅历，更没有工作经验的他们从保家卫国的战士成为人才竞争的淘汰者。针对这一难题，侯宗宇和队员们经过深思熟虑，充分利用退伍军人的军事才能，帮助他们建立起一家真人CS镭战基地，并辅导他们会计、营销等商业运行重要技能。位于珠海三大高校和众多企业包围的黄金地段的真人CS镭战基地获得了成功。侯宗宇作为智囊团代表带领项目组采取网络团购、校园代理和真人CS联赛齐头并进的营销手段，为基地吸引了源源不断的客源，每周约有200名的大学生、企业白领员工前来游玩。经过5个月的建设和经营，营业额已过4万元，消费市场不断拓展。以陈先生为首的退伍军人找回了曾经的朝气与热血。他们开始向战友们讲述自己的故事，鼓励更多的退伍军人积极地生活、工作和融入社会。

2013年是侯宗宇在Enactus的第二年，他纳言敏行，其出色的领导才能和出众的创意才思受到众人的肯定，他作为团队副主席继续带领着团队创造社会价值。侯宗宇与他的团队多次前往"珠海最贫困村"獭山村考察，并与村扶贫干部莫姐深入交流，全面了解獭山村情况，为獭山村开启了以"油菜花"为主打的生态旅游之路。同时，侯宗宇与他的团队咨询相关花木、规划专家为獭山村建设献言献策，与村干部一同完成的策划为獭山村争取到了政府数十万元的拨款，泥泞的机耕路、堵塞的河道、断水断电的面貌得到了很大改善。在另一个项目"柑之如饴"中，侯宗宇和他的团队深入"陈皮之乡"新会，联合果农与酒厂，致力于解决每年千吨的柑肉过剩问题。

整个2013年，侯宗宇与他的团队所做的公益创业项目涵盖了手工布艺、CSA、土特产、酒厂、生态旅游几个领域，帮扶下岗女工、贫农等弱势群体。侯宗宇认为，相较于直接捐助资金和衣物、粮食，传授受众一技之长则是更为持久有效的帮扶方式，只有做到"授人以渔"，公益才能根深枝茂。作为大学生，在实践帮助他人的同时学习承担社会责任，在做公益的同时学习更多的社会技能，这样就能实现"双赢"。

锐意进取，尽显中大学子风采

侯宗宇带领中大Enactus团队，努力在不同的舞台上展现中大学子的风采。

通过积极的联系和宣传，团队项目的优秀成果吸引了珠海电视台、珠海新闻网及《南方都市报》《珠江晚报》等9家主流媒体的17次报道，将热心公益的中大学子形象传播给更多的人，也为项目带来了更多的社会关注。

除此以外，侯宗宇还带领团队前往宝洁大中华区总部、KPMG（毕马威）广州分公司、环球市场、Ecolab（艺康）广州办事处等企业进行项目展示，获取项目发展建议。他整齐的着装、创新的思维、清晰有力的谈吐、礼貌睿智的问答都给公司人员留下了深刻的印象。他们中的许多人都为团队的使命所打动，成为团队的长期商业顾问。

2013年3月，"2013创新公益大赛世界杯"中国站华南区域赛在香港隆重举行，侯宗宇率领中山大学代表队以小组第一的成绩成功挺进全国赛。2013年5月，在校团委赵静老师的带领下，侯宗宇和备赛组一行人前往北京国家会议中心，与全国36所优秀大学的600多名学生组成团队同台角逐。作为团队备赛总监，侯宗宇充分协调演讲者、技术支持、后勤3个组，力争做出最精彩的演讲和最夺目的多媒体支持。经过一个月争分夺秒的商榷、练习、修改，团队最终凭借优秀的项目、流利的项目陈述和出色的现场表现斩获全国二等奖。在与Enactus中国总裁Norwell Coquillard的交谈中，Coquillard评价侯宗宇团队"You are always great"，半决赛后其他参赛队伍也纷纷对中山大学代表队寄予了高度评价。在侯宗宇的带领下，中山大学代表队又一次证明了"华南第一学府"的实力。自信、睿智、沉稳的中大学子风采给各个媒体和企业高层留下了深刻印象。

才华横溢，让梦想始终闪亮在前方

学业、Enactus、实习……忙碌的大学生活把侯宗宇的时间表塞得满满当当，但他却一丝不觉疲惫，反而用乐观、积极的态度享受这种充实的生活。而他参加维纳斯歌手大赛的理由只有两个字——"热爱"，对唱歌，对音乐，对生活的热爱。侯宗宇的人生信条中，没有"单一"二字，无论前路多艰难，生活多忙碌，都应当给自己的兴趣爱好腾出一点时间，这样才不会在前进的路上迷失和疲惫。同时，侯宗宇相信对音乐浓厚的兴趣，加上自身的努力，也能使音乐歌唱成为自己的特长，成为闪光的价值。

在2011—2012年的两届维纳斯歌手大赛中，侯宗宇凭借认真的态度和出色的表现，

学在中大

赢得了大家的青睐和支持,同学们自发组织后援团给了侯宗宇不断奋斗的勇气。他连续两年获得珠海校区"最佳人气奖",其中一年获得比赛亚军。

　　这就是侯宗宇,学习一丝不苟的他,公益装满胸怀的他,塑造全新自我的他,挑战无所畏惧的他,正用自己的才智、热情、行动努力发光发热。他在中大这个大磁场中充满能量展翅欲飞,用自己的成长回报世界。

中山大学2012大学生年度人物

不负韶华，一路花开

张程娟，历史学系2009级本科生。她于2012年获得国家奖学金，荣获"曾宪梓教育基金第四期优秀大学生奖励计划优秀学生标兵"称号，并作为全国学生代表，在人民大会堂进行汇报发言。2012年，她成功保送为中山大学"优生优培"资助计划的直博生。

一个约定·一种坚持

那个夏天，高考失利，梦想与她擦肩而过，命运像是跟她开了个玩笑，她不甘心，于是用一年青春做砝码，伴晨星而始，望月落而终。当拿到录取通知书的那一刻，她知道，中大，是她梦想起航的地方。

程娟依然记得，离家的时候，姐姐跟她说的话："每个人的出生境遇很不一样，但只要努力，一切都会改变的。""努力生活"，简单四字，约定四年。她想要去改变境遇，尽管困难很多，但她相信，读书，会让人变得更加坚强。于是图书馆、自习室里总能看到她学习的身影，四年如一日，因为她知道，贵在坚持。

努力没有白费，学习成绩是看得见的肯定。四年来，张程娟的成绩保持年级第一，连续两年获得国家奖学金和一等奖学金。此外，她还获得第三届中山大学管理学院李学柔基金奖学金和曾宪梓教育基金会优秀大学生奖学金。

她知道，家庭条件是现在的她无法改变的，父母供姐弟三人读书不易，她想通过自己的努力为家里做些什么。唯有刻苦学习，充实自己，才不会辜负父母的期望，她希望，自己的努力，能给父母一份欣慰。

张程娟喜欢自己的专业，在慢慢积累知识的同时，也逐渐发现了一些研究兴趣点。2012年她成功申请到"国家大学生创新训练项目"，并在此项目的支持下，开始了自主研究。2012年9月，她参加了中山大学历史人类学研究中心与香港中文大学合作的卓越学科国际项目"中国社会的历史人类学研究"华北小组的调查和研究计划，跟随该研究领域的学者前往山东进行田野考察，锻炼了她收集与解读民间文献的能力。

2012年10月，她受邀参加由香港中文大学—中山大学历史人类学研究中心主办的"明清时期江南运河与市镇"学术研讨会并作主题发言。其间，她跟随历史学领域的专家学者前往苏州市及周边的市镇，进行为期近一周的田野考察，这提高了她的科研能力

和实践能力。之后，她写的一篇书评发表在教育部人文社会科学重点研究基地中山大学历史人类学研究中心基地刊物《历史人类学学刊》上。

现在的张程娟，少了些迷茫，多了份坚定。继续读书，致力于学术研究，是她做出的选择。2012年，她成功保送为中山大学2013年"优生优培"资助计划的直博生，这对她来说既是新的挑战，也是新的开始。

2012年，她被评为"曾宪梓教育基金第四期优秀大学生奖励计划优秀学生标兵"，并作为全国各高校获此奖项的学生代表前往北京，在人民大会堂进行汇报发言。

曾先生每一次讲完话都要站起来，深深鞠躬，尽管他身体不便，这一细节让张程娟印象颇深。曾先生说："我很乐观，有一天，干一天，干到生命终止为止。"她为之深深感动，并告诉自己要怀揣这份感恩，努力拼搏，自强不息，成为一个对他人有益的人。

用心生活·热心公益

"美好之人生，无外乎各人顺其本性，做好分内之事。"话虽简单，但只有付诸实践，才会成长。生活上，张程娟努力做到自力更生，积极参加学校的诸多勤工俭学岗位、做家教等兼职，三年来，生活费基本能够自理，减轻了父母负担，同时也磨炼了自己的意志。作为党员的她，努力在各方面做到优秀。

2012年，张程娟当选为2009级历史学系班委的一员，在服务同学的同时，也学到了很多。她还担任了南校区团工委的秘书部副部长，其间获得了"优秀团员干部"的称号。她参加了粤台青年文化周——"天下为公"两岸行·岭南修学活动，活动中与台湾同学互相交流学习与共同生活，因此了解到台湾大学学生的生活与学习状况，并与他们建立了友谊。

带着感恩的心，热心于公益事业，积极参加各类志愿活动。因为张程娟相信，"赠人玫瑰，手有余香"。寒假的时候，她组织并参加了实践活动"爱心温暖弘德家园"，为那些孤儿送去真心的温暖与关爱；在珠海，她参加"创先争优"的活动，利用课余的时间去给农民工小学的孩子们上课。

2011年的暑假，张程娟参加了由中山大学青年志愿者协会举办的"启航支教"活动，在广东省揭阳市靖海镇慈峰小学进行支教，很多画面对她来说都无法忘却：忘不了，顶着烈日走在去学校的路上，孩子们那灿烂的笑脸；忘不了，每日清晨那朗朗的读书声；忘不了，那个小女孩跟她说过的悄悄话；也忘不了，小不点说要周游世界的梦想；更忘不了，那永远一尘不染的三尺讲台。

在这个过程中，虽然条件很艰苦，物质匮乏，短期的相处，或许不能改变什么，但张程娟希望能够点亮一个、两个甚至一群孩子的希望。"优秀志愿者"的称号，对她来说是一种肯定，更是一份责任。

参加比赛·感受过程

除了勤奋学习，张程娟还积极参加各项比赛活动，锻炼协调应对问题的能力。印象很深的一次是，她与所在队伍参加了"永远跟党走——寻访先进党员人物足迹"的活动,其间,她担任队长,联系人物、展开采访、撰写报告、成果汇总……这一系列的环节出现问题都需要她亲自解决。

她们采访的是张磊先生(广东省社科院原院长)。张磊先生给她们留下的深刻印象是,采访结束后,老人家站起来说:"这里的书随时为你们开放。"这句话,让队员们所有的疲惫烟消云散。得知成果获得"特等奖"之后,她第一时间打电话给张先生,分享这份喜悦。"于是,结果变得不再重要,去经历,去感受,去分享,磕磕绊绊,才敲打出坚强内心。"程娟如此总结到。

此外,张程娟连续两年参加"立白杯"寻访校友足迹活动,所撰文章获得一等奖;获得第九届"雁行路,携手情,共舞青春"勤工助学征文比赛优秀奖,锻炼了自己的文笔;参加"辛亥革命一百周年暨共产党建党九十周年纪念活动之珠海革命历史名人寻访活动"并获得优胜奖;获得中山大学寒假社会实践公益活动优胜奖。

她坚持锻炼,多次参加人文学院运动会,取得了人文学院运动会女子 800 米第一名,4×400 米接力第一名等好成绩,为班级争得荣誉。她热爱集体,脚踏实地,获得老师和同学们的高度认可,并在 2011 年获得"中山大学优秀团员"称号。

在这些活动中,张程娟相信自己,靠着毅力去克服一个个困难,这就如她参加越野跑的经历,最难受的时刻,也是要抵达终点的时刻。守住坚持,便是胜者。

有人问她,这么生活不累吗?

"累,但充实而安心。"

她知道,自己虽然只是一名平凡的大学生,但是她相信,"不忘初心,方得始终"。一路走来,有太多人给予她帮助与支持,她希望能通过自己的力量,多做一些有意义的事,坚守住这份信念,心怀感恩,无论走到哪里,都不忘根本,脚踏实地,尽力而为。

"不忘初心,方得始终",这是她对自己的激励!相信,接下来的青春路上,属于她的青春之花,将绽放出更美的光芒,更多彩的姿态!

慈琪
中山大学2012大学生年度人物

纯真女孩的童话漂流

慈琪,博雅学院2009级本科生,浙江省作家协会会员。

她平和、灵秀、耐心、坦诚,她爱生活、爱小动物、爱画画、爱想象、爱童话、爱写作。她是慈琪,童话诗作者,曾先后荣获冰心儿童文学新作奖、陈伯吹儿童文学奖、浙江省优秀文学作品奖等奖项和"感动南粤校园广东省年度大学生博学人物"称号。

她曾在《儿童文学》《少年文艺》《故事大王》《诗刊》《东方少年》《美文》《诗选刊》等杂志发表作品,她的作品被《儿童文学选刊》多次转载,并入选《百年百篇优秀儿童诗》等数十家选本。此外,她还出版了诗集《梦游的孩子》。

厚积薄发,梦想启程

慈琪3岁时便学会了简单的拼音规则,开始独立阅读画册故事。她喜欢看书,随时随地都可以投入进去,而且只要一开始看书别人就很难跟她搭上话。她看的书,五花八门,以童话、奇幻、故事类为主,长期的阅读让慈琪有了厚实的文学积淀。2006年年初,慈琪正式开始写作,最早从童话开始起笔,因此,她的写作从一开始就是孤独的——爱好文学的同龄人对童话不屑一顾,甚至一些获奖作品选也拒绝童话。

慈琪对儿童文学的钟爱是天然的。她认为,中小学生阅历还很浅,无法写出成人作品,只适合写童话、诗歌和身边的故事,否则就是无病呻吟。更重要的是,儿童文学的使命在于为人类的成长提供良好的人性基础,一个爱看童话的孩子不太可能变坏。在西方,《安徒生童话》是仅次于《圣经》的读物。而且,好的儿童文学作品没有年龄、国界之分,《格林童话》《哈利·波特》的读者年龄跨度非常大。慈琪曾说过:"想通过儿童文学创作为孩子们营造一个没有血腥和暴力的童话世界。"

在慈琪笔下的童话世界中,没有血腥和暴力,但不是没有危险和阴谋。她认为:"其实童话从另一个方面折射着现实世界,那些可怕的现实在童话中一一埋伏着,一个都没有缺少。儿童文学的意义就在于,将这些可怕的现实以不会惊吓到孩子的方式呈现出来,告知孩子们世界既不是天堂也不是地狱,想要生活得美好一些,就要避开那些巫婆和鬼怪,一直向开阔阳光的地方走。"

难寻童话，忧心童话

在"80后"广大创作群体中，从事童话写作的屈指可数。他们偏向理性成熟，热爱探索人格、思想之类的深奥话题或描绘青春激情，他们认为童话是幼稚的。"90后"更是如此，许多年龄很小的爱好写作的小作家都言出必称韩寒、郭敬明。

高中时，慈琪担任温州中学文学社社长，曾和同学们探讨过关于文学的问题，但没有人对儿童文学感兴趣。他们是抱着或深沉或玩味的态度来对待文学的——《读者》《青年文摘》及周国平的散文和史铁生的自传有人爱看，《花雨》《最小说》这种青春文学的书迷更是大有人在，连《漫友》的人气都居高不下……《儿童文学》《少年文艺》之类的儿童文学杂志相比之下就冷清了许多！

在"80后"风头最盛的时候，慈琪曾忧虑过，以后会不会难以在书店找到新生的童话书——那些光看看题目，看看封面就能让小孩手舞足蹈、眼睛闪闪发光的可爱书本，那是多么甜蜜的小梦境啊。而且各大文学网站，以及新浪读书、人民网等，都没有儿童文学板块，似乎中国不需要童话了。

8年心血，载誉而归

在8年的写作中，慈琪发表了数百篇作品，尝试了儿童文学领域内的各类体裁，取得了卓越的成绩。

诗歌方面，她的童话组诗被江苏《少年文艺》、上海《少年文艺》、《中国儿童文学》头条刊发，破了这儿童文学三大名刊的创刊史纪录；《儿童文学》也破例刊发了长组诗，《诗刊》亦是头条；童话诗《命名》获2011年第24届陈伯吹儿童文学奖；2010年，童话诗集《梦游的孩子》由浙江省作协报送参评全国优秀儿童文学奖，并于2012年获2009—2011年度浙江省优秀文学作品奖。

童话方面，除出版了一本长篇童话外，慈琪还获得了2007年第2届冰心作文奖一等奖和2008年第2届浙江省"少年文学之星"称号。另外，2012年江苏少年文艺开辟专栏刊发《我讲的故事都是真的》系列；慈琪的两部中篇在《故事大王》连载，已完成的系列短童话《精灵事件簿》和系列中篇由浙江少年儿童出版社出版。

散文方面，慈琪先后获得2008年首届浙江省青春文学新势力金奖和2010年冰心儿童文学新作奖。

小说方面，慈琪出版了一部长篇小说《三界史诗：黄昏之境》，文学评论作品则由《文艺报》刊发。作品入选《中国年度儿童文学》《21世纪中国文学大系》《新诗年鉴》及《开学第一课》丛书等数十家选本。另外，慈琪的诸多作品被《中国儿童文学》《意林》《中国盲童文学》《格言》等杂志转发。

慈琪的文学水平获得了专家学者的高度认同和赞扬。2008年她被破格吸收进浙江省作家协会，2011年被授予"广东大学生年度人物"，2012年被新蕾出版社《作文通讯·锦瑟》杂志聘为主笔，2013年被《儿童文学》杂志聘为第十届擂台赛评委等。

自主招生考试时中大专家组评价她，"在文学尤其是儿童文学、儿童诗歌等方面的确有一定天赋和突出专长"。作家周锐点评，"慈琪的诗有可能改变人们对诗的阅

读……像小说那样扣人心弦,像童话那样飞舞着幻想……"作家邱易东在看到她的作品时,直称"天才的作品"。作家朱效文点评:"慈琪诗作的特别之处在于,她透明的孩子气般的想象,在经过诗艺的升华和美化后,依然透明如初,依然荡漾着纯真的孩子气,依然飞扬着只属于孩子的自由奔放的情怀。"

高于创作,关注发展

慈琪在创作的同时,还时刻关注儿童文学的发展。在 2011 年首届中国小作家写作节、2012 年中国童诗年会暨小诗人夏令营、2010 年冰心 110 周年诞辰·国际华文儿童文学研讨会等活动中以及不同的采访场合,慈琪热心分享写作经验,阐述自己对儿童文学的理解。她说:"我的童话组诗里一个核心的词汇是游戏精神,即这些创作过程,就是我和小孩子玩游戏的过程,小孩子怎么想的,我就怎么写;他们想得有多神奇,我就写得有多神奇。"

在 2010 年主编《青少年文学殿堂·小作家系列》(童话卷)时,慈琪花了很长时间寻找符合年龄的童话小写手,并在序言中对他们的写作进行了认真的评价。经常有孩子联系慈琪,把自己的习作或者文学社的稿子给她看,慈琪对作品要求特别苛刻,有时候会很直接地指出他们文章中的缺点。许多的孩子和读者从不同的渠道读到慈琪的作品,从而燃起对儿童文学的兴趣。有读者说:"我先前也不知道自己还可以偶尔写写小童话,受你的影响还是挺大的。"

正如慈琪在《青少年文学殿堂·小作家系列》(童话卷)的序中所言:"令人欣慰的是,至少还是出现了那么一些热爱并坚持着书写这些精灵般文字的孩子。他们在汹涌的文学狂潮之中,安静地护住了一株金色的三叶草。几乎所有的小孩子都听过童话故事,几乎每个成年人的心中都有一个童话的影子。那不是幻觉,不是幼稚,不是可笑的虚构,而是尚未被生活硬化的人们,在落日幽谷,在琉璃湖畔,在野玫瑰城堡,在所有能够想象出来的地方,以心灵代替双脚进行的一次最美的长途跋涉。"

一切飞的、梦的、美的、爱着的,关于幸福和幻想的语言,都是童话。童话是我们年幼时睡前甜蜜的韵律,是我们长大后在城市的车水马龙、灯红酒绿中觅得的一方净土。安徒生说过:"人生就是一个童话。充满了流浪的艰辛和执着追求的曲折,我的一生居无定所,我的心灵漂泊无依,童话是我流浪一生的阿拉丁神灯。"

慈琪,保持着一颗童心,在儿童文学的道路上将心中的美好洒向世界更多的地方。

王子
中山大学2012大学生年度人物

草根的外在，王子的内心

王子，中山大学管理学院2009级本科生。他勤奋好学，4年裸绩点第一，收获国家奖学金、李学柔基金奖学金等多项荣誉，保送至清华大学经济管理学院深造。他潜心学术，在核心期刊发表论文，并合作撰写出版发行过两本书籍；他立志创业，曾为马丁网络创始团队成员，带领团队收获中大首个国际青年创新大赛及"挑战杯"金奖。

尽管名字是梦幻的，但荣誉却是他依靠自身普普通通的条件用意志和勤奋争取而来的。中大4年，给予他追求知识的养分、志愿公益的氛围和立志创业的土壤，也给予他努力奋斗的机会。

勤奋好学，不断追求卓越

在他的记忆中，高考是不堪回首的，因为临考前他撞破了头，是流着血急忙考完试后才去缝针的。他以为上不了中大了，所幸，还是以本地生源最后一名的身份进入了管理学院市场营销班。刚进学院，他的成绩是广东考生中全系的倒数第一，然而，之后的4年，他却一直保持着全系第一的好成绩。

说到这一点，王子笑呵呵地说，刚进中山大学的时候想过拿奖学金，但是却没有想过要考第一名。说到成绩的保持，他觉得自己跟其他人的心态是一样的："没考第一之前你不觉得考第一怎么样，但是考第一了你就不想往下掉了。"就是这样的心态与斗志，让他在大学本科的学习生涯中，无论如何繁忙他都能做到以学业为主，不让其他的事情影响学习。

作为一个已经毕业的"老人"，谈到自己过去4年所获得的荣誉以及自己所进行的创业工作，王子认为这些与课本的理论知识是分不开的。理论知识帮助他建立了逻辑思考的架构，同时，如果只有理论没有实践，知识将是非常空虚的，所有他所参加的比赛和所进行着的事业，都是对所学理论的实践，也是学习的一种方法和过程。

一直坚持实践，化虚为实，是王子时刻坚持着的学习方法，参与实践的过程就是很好的案例，考试的时候所应用的案例来源于生活会比直接从课本摘取来得更生动且更有可谈性。转眼间4年已经过去，其间每一年，他都努力做到第一。

他一直认为，学识和智慧是不断积累的人生财富，而只有更加勤奋、更加细致，才能积少成多。也正是因为这份求知的渴望和热情，让他将课堂所学转化为科研成果，在

《中山大学学报（社会科学版）》发表了自己的第一篇较为正式的学术论文，通过对全球 400 多个知名品牌的梳理和分析，提出了欧洲品牌演进的五阶段论，后被《新华文摘》转载。

他又在导师的带领下，参与撰写了《2012 中国自主品牌全球竞争力白皮书》，为中国品牌研究中心与 21 世纪报系合办的"首届全球品牌峰会"提供观点和数据来源；随后受到"中国最具投资价值媒体"的《理财周报》的委托，与导师合作撰写了《2012 中国金融品牌营销创新》一书；后又将"中国式"区域营销作为自己的毕业论文方向，协助导师一同开垦这块学术理论界的空白。

志愿服务，热心帮助他人

在他的脑海中，一直回荡着父亲的一句话：不计回报地去帮助需要帮助的人，你会获得心灵上的安定与平静。就这样于冥冥中，服务社会与热心助人也就成为他做人做事的重要准则。作为李学柔基金奖学金的获得者，关注并参与身边公益在他看来是自己义不容辞的责任。

作为广州市青年义工队的一名普通义工，他深入城中村学校和社区辅导外来农民工子弟，走进特殊学校陪护残智障儿童，也会在节假日抽出时间，装扮成圣诞老人和患病的孩子们一起过圣诞节。作为组织并举办中山大学首届非物质文化遗产进校园活动的志愿者，他也用自己的热情和意志实践着自己对自己的承诺：勿以恶小而为之，勿以善小而不为。

也正是因为满怀对公益活动的热情，王子和他的团队走上了公益创业的道路。在参加广州义工队的活动时，王子发现他们所帮助的小孩子没有足够的蜡笔，于是想自己掏钱给孩子们买，但是被队长拒绝了。原因很简单，每年都会有给小孩买蜡笔的志愿者，但是这些人往往做了几次以后就不做了，当小孩子看到蜡笔的时候，就会想念那些已经不来参与活动的志愿者，而这些其实是对小孩的一种伤害。

于是，如何让人们持续参与公益活动，如何让公益组织得到更多的资源，成为王子一直在思考这些问题。最终，受到国外公益企业化的启发，他和团队决定走公益创业之路。

"没有绝对的利他主义。"带着这样的想法，王子和他的团队探寻着如何能让人们在参与公益活动的过程中获得对自己有益的东西，并且最终有他们自己的想法。凭借将公益与手机应用相结合的运作设想，这个团队获得了几十万元的孵化赞助。王子自信地预测，公益创业是大趋势，在未来肯定是个好方向。独到的眼光，自信的见解，大量资料的查阅，推动了团队的小小成就。在公益的道路上，他仍会坚持不懈，仍相信好人好报。

自主创业，创造社会效益

在他的梦想中，创业是美丽而羞涩的，他很想创业，却不知投身何处，于是兜兜转转，蹉跎中练就了一身求生本领，所幸，他也慢慢找到了自己想去做的事业。大一下学期开始，他成为"马丁网络"初创团队中的一员，从第一份融资计划书到第一个营销

App，从公司成立到见证公司完成二轮融资，团队创始人马朔，把两三个人带到二三十个人，而作为商业策划人的他也把这支团队从校园草根带到国际青年创新创业的巅峰。

近三年的陪伴与坚守，一同经历着草创公司的多次转型与挣扎，让王己深切地体会到创业的魅力与艰辛。从对公司使命、愿景、价值观的思考开始，到构建咨询模型与方法论，再到实战中与客户接触，他在见多识广中不断成长、成熟。

在创业的道路上跌爬滚打，他也正如李开复所言，经历的就是一次"先参与创业，再主导创业"的过程，因为在看过太多的成功与失败之后，他选择了"用科技和创意"来实现自己"让天下没有难做的公益"这个梦想，创立了社会企业"米公益"。

那个"业"他找到了，而今就要努力地去创一创、闯一闯。也许他并不是最有才华的学生创业者，也不是最有技术的科技创业者，但他永远有着一颗年轻、执着、创业的心。

他常说："人不可能准确地预见自己的未来，只有在回过头看的时候，你才会发现过去点滴之间的联系。因此，你要坚信，过去所经历的，都将会是你现在或者未来生活的必然铺垫。无论是喜怒哀乐还是百转千回，都将在潜移默化中塑造着自己，也将决定你会以怎样的心态和心量去看待事业、观感人生。所以，认真并愉快地对待正在发生的事情，始终保持这种心态和信仰，你最终会变得与众不同。"

悉心耕耘，丰收在科研的田野上

卢锡洪，化学学院 2008 级博士生。在读期间，他共发表学术论文 50 篇，累计影响因子 130，引用次数超过 470 次。多次在学术界 *Advanced Materials*、*Nano Letters*、*Nanoscale* 等顶尖期刊发表论文，其中有 4 篇入选 ESI-Highly Cited Papers。他设立了电化学组奖学金，以此鼓励组内同学。他曾获得研究生国家奖学金、"中聚电池奖学金"（全国 24 名研究生/年）、金发科技奖学金等诸多奖项。

汗水执着，科研之路

在不少人眼中，卢锡洪是一位低调而勤奋的学生，总是早出晚归，甚至连节假日都很少休息，常年与实验室"做伴"；于他而言，做实验就是他的生活方式。正是这种"技术宅"的状态，让他一步一步地积淀出厚重的学术成果：硕士期间累计发表论文 50 篇，累计影响因子达到 130。不足 28 岁他就担任学术界顶尖杂志美国化学会杂志（*JACS*）的审稿人。"单从学术论文这个指标来衡量的话，他现在评个教授是没有问题的。"卢锡洪的导师童叶翔难掩对学生的欣赏。

但卢锡洪的科研之路并非一路顺风，在博一的时候，卢锡洪遇到了科研的瓶颈，科研思路面临枯竭，课题方向难以延续，研究水平提高有限。在这个时候，卢锡洪并没有放弃，他常常安慰自己："也许再坚持一下就是胜利。"

课题方向有问题，他就大胆开拓课题组没有做过的方向；研究水平难以提高，就主动与国际领先的科学家线上联系请教；科研思路面临枯竭，就多与课题组一起合作交流科研思路。正是因为这种坚定与执着的精神，卢锡洪在一个新的方向——超级电容器，获得了突破，发表于纳米科学领域的顶级期刊 *Nano Letter*。

随后，卢锡洪不断地自我突破，连续发表了在该领域具有高影响因子的文章。"在超级电容器这个领域当中，卢锡洪的工作是领先的，在业内有着一定的知名度。"中山大学教授李高仁称。

早起的鸟儿有虫吃。卢锡洪现在的成绩离不开学校对科研人才培养的重视。早在大学二年级，卢锡洪就进入化学院的实验室开放性实验项目，开始科研培训。在大三的时候，卢锡洪通过创新实验项目，接触到后来研究的纳米科学领域并通过自己的努力申请了国家大学生创新计划，最终成为典型案例。

谈到现在取得的成绩时，卢锡洪显得十分谦虚，"我只是比别人幸运一点，勤奋一些。"也正是这种平和的心态，让卢锡洪在成绩面前不骄傲，在挫折面对不气馁，让他成功地走到了今天。

爱心热情，助长团队

在实验室学生的眼里，卢锡洪是名副其实的老大哥：积极帮助师弟师妹解决实验上的问题，开展学术研讨，技术攻关，参与课题设计与思路讨论；定期与学生举行例会，交流最近实验进度，在师弟师妹论文选题、课题研究、学术论文修改等工作上提供帮助。甚至到了美国，这些工作都依然坚持着。

一位师弟刚进入实验室时，希望做一个新的科研方向，但碍于进入在实验室之前这位师弟未曾有相关的经验，且知识累积相对较为薄弱，技术方法不甚了解，因此常常陷入迷茫、沮丧的情绪。作为师兄，卢锡洪从他的兴趣、已掌握的知识以及未来的发展方向上，多次与他进行了深入的探讨，提供了详细的学习资料，并为他拟定了硕士期间的研究选题。在课题的研究过程中，卢锡洪与师弟共同奋斗，共同研究，有问题问百度，有不懂一起查文献。最终，这位师弟在硕士答辩前已经发表了4篇高质量文章，累计影响因子高达50。

据统计，卢锡洪所负责的学生当中，每人每年发表高质量论文一篇，2012年度就有两人获得研究生国家奖学金。这些成绩都离不开卢锡洪的悉心指导。他指导的学生说，卢锡洪是一位良师益友，无论在学术还是在生活当中，他都是他们的榜样。

面对这些成绩，卢锡洪反而认为他要感谢师弟师妹。"我特别感谢我的师弟师妹，现在的科研不是单兵游勇，而是协同作战，他们给予我很多科研的思路。"而卢锡洪的这份感恩不止在言语中，更落实到行动当中。2012年，卢锡洪利用自己奖学金的结余，成立了电化学奖学金，设立突出奉献奖、优秀研究生奖、最佳新生奖，用于奖励全课题组的同学。卢锡洪的这种"正能量"，使得他在科技创新实践中率先垂范，冲在最前线，带动团队中的其他人共同进步。

真诚感恩，回馈社会

赠人玫瑰，手有余香。除了专注于自己的研究领域，卢锡洪还希望让更多的人了解到科学的乐趣。作为一名在读研究生，他坚信科学工作者也应该有社会责任感。在研究生期间，卢锡洪曾参与本科生学术心得交流会，也曾回到母校三沙小学，在社会责任意识的讲座上担任主讲嘉宾。对于这些工作，卢锡洪乐在其中。他说，在实验室很容易变成"书呆子"，出来与大家分享心得会让自己时刻保持活力。

2012年，卢锡洪参加广州市"千名博士携手万名学生"科学使者校园行项目，通过该项目带领广州市第四中学2010届郑惠民同学在中山大学化学与化学工程学院电化学组学习课外知识和培养兴趣，在此过程中进行二氧化钛/碳复合纳米材料的合成及其在柔性储能器件的研究工作，并取得了重要的研究成果。

卢锡洪出生于中山市横栏镇的一个小村庄，自小家庭贫困。但是，他并没有安于天命，反而更加明白了平凡老百姓的疾苦，坚定了其服务社会，回馈社会的决心。宝剑锋

从磨砺出，梅花香自苦寒来。亲历寒窗疾苦，倍感珍惜当下，卢锡洪正在用他的行动，证明新时代科研达人的价值观和行动力！

"骐骥一跃，不能十步；驽马十驾，功在不舍。"他虽然没有惊人的天赋，但有的是一颗执着的心与坚持不懈的努力。卢锡洪一路用心耕耘，最终不仅在科学研究的田野上获得巨大丰收，还用自己的社会责任感影响更多的人。

陈保瑜

中山大学2012大学生年度人物

笃行公益画同心，聚力支教担使命

陈保瑜，中山大学生命科学学院2010级硕士研究生。他曾任中山大学团委兼职副书记、校团委团体部常务副部长，他热爱并勇于承担学生工作，力求全面发展的同时服务母校莘莘学子。他曾加入中山大学第十一届研究生支教团，赴云南省澄江县开展为期一年的志愿服务，在当地唯一的县高中教授5个班级300余名学生，筹集助学款6万多元，资助百余名家庭贫困学生。

爱心助学，托起孩子的希望

2009年，云南澄江。

初次踏上这片土地的陈保瑜，不知道自己会在这里经历怎样的困难，不知道会结识怎样的孩子，不知道自己会在这里书写怎样的故事，他还不知道，澄江这一片清明、安静的土地，将给他带来一生感动。

刚到支教地的那段时间是最艰难的。当地学校只安排了房间和木板床给支教教师，而学院补助标准只有每月600元，添置了一些锅碗瓢盆、床上用品之后，除去日常开销，补助几乎所剩无几。陈保瑜靠着自己的一点积蓄度过了这段"困难期"。

适应了澄江的生活，陈保瑜全心全意将注意力集中到自己的学生身上。陈保瑜走访各家各户：村里古旧的平房破败、杂乱、简陋，门口贴着好几年不曾更换的早已褪色的春联，狭小的院子里堆积着废弃的柴火与砖头，屋顶上挂着遮雨的塑料布。孩子们贫困的现实深深刺痛着他的心，拨动着他内心敏锐而善良的心弦。

在陈保瑜众多学生中，有一个叫石雅娟的孩子。她的父亲出外打工有了外遇，将她和没有工作的母亲赶出家门。母女俩辗转亲朋之间，寄人篱下，孤苦无依。她的母亲在工地上做饭的微薄收入甚至不能让她们填饱肚子。陈保瑜听说之后，决定从自己每月仅有的600元补助里拿出150元给这对母女。

但一个人微小的力量怎能担负起整个澄江的贫穷？于是陈保瑜号召他的队友们一起行动起来。他们通过家访、调研，建立了贫困学生数据库，筹集了助学款6万多元，资助了百余名家庭贫困学生；他们募集社会资金，购买了3万元的爱心图书，建起澄江一中"中山大学爱心图书角"；不仅如此，他们还与上海真爱梦想基金会合作，筹备建设澄江一中多媒体素质拓展中心，开展了素质教育"第二课堂"。这些成果让陈保瑜感到莫大的欣慰。

所谓"师者,传道授业解惑也"。陈保瑜虽然只是一名非专业的"临时老师",但也同样时刻践行着作为一名教师的使命。

他在上课前会用日常生活中常见的物理现象来引入当天的学习内容,引起学生们的兴趣,不仅仅是"填鸭式"灌输知识。每一天,他都向学生们介绍"历史上的今天",让学生们认识到每一天都有其独特的意义。

回到广州后,这位热心的青年没有忘却大山中贫困的孩子,他有时会产生一种无力感——这些孩子的困境似乎难以被他只有一年的支教和外界的一点帮助而真正改变。他决心要通过言传身教,改变孩子们对未来的想法。

在这种念头的驱使下,他在2011年与2012年连续两年争取带队的机会,与学校领导和老师前往云南澄江看望正在支教服务的支教队员,为贫困学生送衣添物,协助中山大学"一帮一"助学金的成立和落实。

"作为新时代青年人,我们是否有理想,是否有担当,关系着国家和民族的前途和希望。"所以当这样一个很有意义的机会摆在他的面前时,陈保瑜毅然选择了承担。"作为我们这一代年轻人,应该要有这样的勇气和担当,去承担起这样的义务和责任。如果我错过这样的一个机会,可能以后的人生漫漫数十年,都没有这样的一个机会,有这么长的一段时间,能让我去静下心来做一件这么纯粹的事情。"他这样说道。

"我的收获远远比付出多得多,"他反复强调,"一年,我收获了属于自己一生的感动,我还要将这种感动延续下去。"

奉献亚运,完美协调零失误

2010年,广州,亚运会。

回归广州,陈保瑜又马不停蹄地投入广州亚运会、亚残运会的志愿者工作中。他努力着,希望将在澄江的赤诚的志愿服务之心带到广州。

亚运会前,他以中山大学第十一届研究生支教团的队员身份参加了"激情亚运·志愿同行——广州亚运志愿大学堂文艺汇演"的筹备工作,他们将研究生支教团的志愿服务精神融入节目当中,以鼓励亚运会志愿者们弘扬志愿服务精神,奉献广州亚运会。

亚运会时,他们在海心沙,为广大中外媒体摄影记者提供帮助。作为调配人员、信息传送和后勤保障的生力军,他们向世界展示了广州的热情。

其间,陈保瑜还独自负责组织调度全校6000余名志愿者每日往返场馆与学校间所需的车辆,每日至少调动40辆车,令人惊叹的是,他做到了100%准点无误。

这是一份极其细致的工作,他需要的不仅仅是统计,还有调度、沟通、协调与总结。慢慢地,他甚至总结出了一套方法。烦琐的车辆调度任务,每天他都需要和这些团队的负责人保持沟通联系,确认第二天几点钟、多少人在哪里上车、需要多少辆车,以及几点钟返回的信息,接下来,他再将表格反馈给公司,附上具体信息和团队负责人联系方式。

然而,车辆信息每天都不一样,团队的信息也时常有变化。有时候,一些团队会在深夜 12 点时突然打来电话，变更需求信息，这时候已经睡下的陈保瑜必须再打电话和包车公司沟通，哪怕公司已经下了单，哪怕已经是凌晨。其实他的生活状态常常是边吃饭边打电话。他说："可能在沟通工作的时候，还要上课，还有一篇论文要写。但是我非常享受这个经历，能为大家出一份力，在背后默默地服务，做好包车工。"

他觉得，虽然这个工作十分烦琐，他却得到了很好的锻炼，他愿意为此付出。

感召他人，用志愿改变世界

志愿者千千万万，陈保瑜是其中的一位。

2011 年，他组织学生义工，服务"广东狮子会手牵手服务队换届暨慈善拍卖晚宴"。这次拍卖晚宴拍卖所得全部用于慈善公益活动，资助西部家庭贫困、品学兼优的学生。

2012 年暑期，他与同学们共赴广东河源、紫金、梅州等地，开展"科技、卫生、文化'三下乡'服务活动"，为当地百姓组织义诊和维修家电，开展科学种植养殖讲座、文艺演出并进行学生心理辅导。"三下乡"服务真真切切地帮助了当地老百姓。科学种植讲座、医疗卫生服务，都为当地百姓带来了实实在在的东西。

在澄江、广州、河源、梅州，不管是在繁华都市，还是在偏远山区，陈保瑜都让我们看到了志愿精神和他一起在闪耀。他让志愿精神在更多人之间流动，为志愿精神添上一抹更绚烂的光辉。

组织活动，身体力行促发展

任职北校区团工委兼职副书记、中山大学团委兼职副书记期间，陈保瑜组织了广东省红歌会、纪念辛亥革命系列活动、纪念建党九十周年系列活动、"青春共话十八大"——十八大代表与学生圆桌交流会等大型活动。另外，他还曾在 2012 年中山大学五四表彰大会上，作为省优秀团员领誓，引领全场师生重温入团誓言。

任职学生团体部常务副部长、东校区学生活动中心主任期间，陈保瑜组织开展了如学生团体招新之"百团大战"、社团风采展示系列活动等，制定了社团管理与活动审批等相关制度。他还曾组织学生活动中心助理招聘、场地建设与维护等活动，他成功向学校申请 80 万元专项经费用于活动中心建设，将学生活动中心当成自己的家，服务中大莘莘学子。

再多的活动也填不满热衷于公益的心，再多的荣誉也挡不了陈保瑜前行的脚步。一路上他不忘初心，砥砺前行。

寸草之心报春晖

聂怡初，中山大学生命科学学院 2008 级直博生，师从苏薇薇教授，主要从事药理学研究。

他在学业上成果卓著，发表多篇学术论文于著名期刊，获得多项奖学金。他在生活上他孝老爱亲，将父亲和患有中风的母亲接到身边，照料父母的生活起居，只为父母有一个健康与幸福的晚年。

走向成功，贫困难挡

聂怡初出生在湖南邵阳一个偏远山村的农村家庭，三姐弟中排行老三，父母都是淳朴敦厚的农民。他们住的是祖辈留下来的破旧的小木屋，年复一年，他们都在那里学习，在那里生活。

从初中开始，每逢开学就是聂怡初最着急的时候——姐弟三人的学费远远超出了这个贫困家庭的承受能力。初中时学费是采用"分期付款"的方式，开学时先交一部分，之后再慢慢补完。到了高中，学校会尽量减免学费，甚至有时候班主任会替他垫付学费。

他的周围大都是一些家庭条件比较好的学生，"当我去到别人家里的时候，我可以感受到他们优越的生活，我心中难免也有些落差。"面对生活上的压力，他只当作一种感受，是一种让自己成长的动力。

能够坐在教室里对他来说已经是一件很难得的事，他唯有勤奋学习才能对得起父母、老师以及那些帮助过自己的人。每次看到父母脸上因为自己的优异成绩而露出的笑容，他都会觉得很欣慰。他告诉自己："我一定要考上大学，让父母过上好日子。"

拿到中山大学录取通知书的那一刻，家人和他都很开心，他是这个家庭的骄傲，唯有更加努力才不负所有人的期许。进入大学之后，为了缓解家庭负担，聂怡初选择了勤工俭学，通过勤工俭学薪酬支付大部分生活支出，让父母不必太辛苦。

科研之路，坎坷感恩

从高中开始，聂怡初就梦想着成为一名医生，以至于在高考的报考志愿中全部都填写了医学专业。由于分数不够，他只能服从专业调配，进入护理学院学习。那时候，由于理想与现实的差距,他曾想过重新参加高考。在学院领导的开导下,他最终选择了转专业到生命科学学院。

"我即便做不了医生也要做与医学领域有关的事情。"正因为这一份对梦想的执着,聂怡初一路上从不松懈,克服所有困难,并取得了今天的成绩。

在大学毕业选择继续深造以后,他的道路也并不平坦,他的第一篇论文便用了两年半的时间。在发表第一篇论文的时候,由于自己的英语水平有限,他的论文多次被退回修改。就在这时,他发现有一篇研究主题和研究结论几乎一样的论文已经发表了,这意味着他这两年的心血很可能白费了。但是他并没有放弃,凭借自己对这个领域有一定的了解,他在这个基础上又做了半年的研究,把这个论文继续深化。在这半年里,他还通过不断背别人的论文来提高英语水平,最后皇天不负有心人,他的论文成功发表了。

他认为,正是这次发表论文的艰辛,使他有了更好的基础,让他以后的研究更加顺利。此后,他发表了学术论文7篇,其中第一作者SCI论文5篇,第三、第四作者SCI论文各1篇,第一作者核心期刊论文2篇,在这一领域中取得了巨大的学术成就。

在深造期间,聂怡初还担任了课题组的组长。对于组员,一方面,他用自己成功的经验去引导他们,发展他们的兴趣,告诉他们怎么查资料,从哪方面去了解。另一方面,他细心地观察他们,有的人对动物比较感兴趣就让他去做动物实验;有的人觉得他本身对这个领域并没有什么兴趣爱好,以后也不想做研究,只是来这里读个文凭,就会给他一个相对简单点的工作。最终,大家在一种比较和谐的氛围里共同学习与工作。

除此以外,他一直对课题组的组员心怀感激。他觉得他们也帮了自己很多,虽然他们没有像自己一样的基础,但一篇论文的发表需要很多辅助工作,这些工作都由组员们在完成。这使得他只需要做最核心的工作,减轻了他很多负担。

乌鸟反哺,挚爱相随

"我不会让'子欲养而亲不待'这种悲剧发生在我身上。"

人们常说,儿行千里母担忧,对于聂怡初来说,千里之外的父母也一直是他的牵挂。

由于一直生活在农村,他的父母的视野并没有城市人开阔。在他们心中,能让儿女到学校念书,以后过上更好的生活便是最值得开心的事情。因此,他们每天都辛苦地工作,这一直是聂怡初心中最担心的事,他担心这样工作下去,会对父母的身体健康状况造成影响。

5年前,他面临着挣钱照顾家庭与继续深造之间的矛盾。一方面,父母当时正住在祖父的木房子里,一直梦想着能盖一套新的房子;另一方面,他也渴望能追逐自己的梦想,在大学中继续进行研究。

这时候,为了圆他的梦,他的姐姐选择了先出来工作。姐姐的"牺牲",使得他能放下重担,做出尊重自己本心的选择。

最后,在父母与姐姐的支持下,他选择了继续深造,追逐梦想。在他心中,他希望能在最大可能满足自己梦想的同时实现父母的理想,他相信,只要让父母多等几年,一定能让他们过上更美好的生活。

国庆期间,聂怡初的母亲被查出患有高血压,并出现早期中风症状。接到这个消息以后,他立刻把父母从湖南老家接到广州,并在中大附近租了个小房间让他们暂时住下。一方面对母亲进行药物治疗,另一方面精心照顾,缓解她的焦虑情绪,并尝试着让她找到自己生活的乐趣。渐渐地,母亲病情大为好转,并已基本恢复生活自理能力。

当问到他把父母接到身边来会不会感觉到压力很大,难以平衡学业与照顾父母之间的关系时,他的回答是:"我什么都没想,我一定要把我爸妈带在身边,否则他们出了什么事情我根本不知道,我最担心的就是那种'子欲养而亲不待'的悲剧。所以不管怎么样我都要把他们带在身边,至少我可以看到他们,我可以尽我最大的能力去帮助他们。"在他眼中,父母的健康与幸福比一切都更重要。在学校奖学金的支持下,他有了更好的经济基础,能维持母亲在医院里看病的费用,把父母照顾得更好。

即便经历了这么多的困难,聂怡初仍然认为自己是一个幸运的人。他庆幸,在每次人生遇到转折的时候,他总是有意或无意地做出了让自己不会后悔的选择。

他说:"人生就好比打牌,有的人在抓到一手烂牌之后可能就会随便打了,希望在下一把抓一手好牌,赢回来。但是我不是这样的性格,不管抓到烂牌还是好牌都要打到自己认为没有缺憾,打到最好。"

面对家庭的贫困,他感激老师的关心;面对经济的压力,他感激父母的支持;面对研究的艰难,他感激导师的信任;面对团队的发展,他感激组员的帮助。怀着永不放弃的精神与对机会的把握的重视,他一步一步地迈向成功,不抱怨,不放弃,成为一个敢于担当的人。在他的梦想之路上,没有停歇。

林惠燕
中山大学2012大学生年度人物

既然选择了远方，便只顾风雨兼程

林惠燕，数学学院数学与应用数学专业2009级本科生。她学业优秀，以学术见长。大学期间，她的综合绩点为4.54（满绩点为5），曾担任广东省本科生创新科研项目的负责人。她曾获2012年国家励志奖学金、2012年美国数学建模竞赛二等奖。本科课程完成后她被保送到北京大学汇丰商学院经济学与金融学双硕士项目，并获特等奖学金和国际交流特别奖学金。

学业优秀，学术见长

林惠燕是一名来自农村的学生，弟弟妹妹也都在上大学，父母的收入不高，家里经济负担比较沉重。但是从小，父母就很注重对她的教育，知识上，或许他们能教的不多，但在做人、做事上，他们绝对是她人生最好的老师。从小，她就严格要求自己，养成了自立自强、坚忍不拔、刻苦努力的秉性。

对于数学，林惠燕既爱又"恨"。爱，是因为通过数学专业课的学习，她打下了扎实的专业基础，极大地锻炼了逻辑思考能力，使得她在后续金融、经济、统计方面的学习中事半功倍。"恨"，是因为多少次为了一个定理、一道证明，她必须把书来来回回看上十几遍；为了解出一道题，她常常花好几个晚上。林惠燕深知，当别人在学习的时候，你也在学习；当别人在放松的时候，你还在学习，这才能拉开差距。大学期间，她在图书馆呆的时间比在其他任何地方呆的时间都要长。数学的每一门专业课的每一道课后习题，基本上都被她咀嚼了一遍。

大一，她的学业绩点为4.16，她不满足，更加努力；大二，绩点4.55；大三，绩点4.81。大学期间，她的成绩在本专业中排名第三，获得过多次奖学金。

此外，林惠燕积极参加大学生数学建模比赛，分别获得了2012年美国大学生数学建模竞赛honorable mention（二等奖）、2011年全国大学生数学建模竞赛广东省一等奖。作为中山大学唯一的一支队伍应邀参加2011年"深圳杯"全国大学生数学建模夏令营，她在会上对数模论文《基于聚类分析和OD时空分布的深圳道路交通情况分析》进行展示答辩，获得了"深圳杯"全国大学生数学建模夏令营优秀论文第三名。

林惠燕参加本科生科研项目，以锻炼科研和探究能力，是2011年广东省大学生创新实验项目"高校课室及图书馆照明系统的评估及优化方案"的负责人。在该项目中，

她和小组成员分别从灯具均匀排布、非均匀排布、灯管组合数等不同角度对高校课室和图书馆的照明系统进行探究、评估并提出优化方案，研究成果对高校照明系统的节能设计具有一定的指导意义。

不断进取，敢于突破

大三，为了参加北京大学汇丰商学院的夏令营，林惠燕结合自己的兴趣，对金融市场，特别是股票市场进行了相关的深入了解和研究。本科阶段打下的扎实的数学基础和良好的英语基础发挥了莫大的作用。准备论文的过程中，她展现了惊人的学习能力。短短一个月的时间内，她自学了《计量经济学》和《金融经济学》，并结合自己对SAS的理解和掌握，把计量经济学中的程序和实例都用SAS进行实现；为了更好地撰写英文论文和准备展示的PPT，林惠燕自学了Latex。这段"闭关苦读"的时光，让她深切了解到，只有想不到，没有做不到。

大三暑假，她如愿参加了北大汇丰商学院经济学和金融学论坛，在会上用流利的英文展示了自己的研究论文"Long-term Memory Effect of SSE Composite Index"。这篇论文以上证综合指数为例，从时间序列平稳性检验、R/S分析、股价收益率的尖峰胖尾现象三方面验证了股票市场长期记忆性的存在，并对股票价格服从几何布朗运动进行推导证明。作为数学专业的本科生，她独立地研究金融领域的课题，并用英文写作和展示，水平已经可以与金融经济专业的研究生相提并论。这一次经历，也成为她后来更加投入学习、取得更具指导意义的研究成果的起点。

专业知识方面的储备、较强的英语表达能力和会上出色的全英论文展示答辩，使她获得了教授们的一致好评，并获得了北京大学汇丰商学院2013年推免生录取资格。她同时还获得该项目特等奖学金和国际交流特别奖学金，将近100名来自全国一流高校的学生仅有不到5%的学生能同时获得这两个奖项。

服务社会，全面发展

林惠燕一直积极参加各种有意义的社团活动和社会实践活动，以锻炼自己除学习外的综合能力。从大二开始，她担任班级宣传委员，负责的工作态度和较强的办事能力获得了同学们的一致好评，在班级同学中威望很高。

此外，林惠燕参加中山大学第十七期马克思主义研修班，与来自不同院系、不同专业但有着同样社会责任感的同学一起讨论学习、参加社会实践和考察。作为2011年中山大学南校区入党积极分子培训班班长，她负责的工作态度和良好的协调能力更获得了老师和学员们的好评。

她是2010年广州亚运会、亚残会志愿者。志愿服务期间，她所在的小组作为运动员服务志愿者，一直在开幕式场馆外坚守岗位；亚残会开幕式当天，因服务需要，更将工作地点转移至开幕式场馆外运动员集结区的洗手间里，以更好地维护秩序及为有需要的运动员提供帮助。由于态度认真、表现突出，她被评为"志愿之星""微笑之星"，分别获得中山大学亚运会、亚残会志愿者"志愿服务先进个人"称号。

生活中林惠燕获得了很多人的支持和鼓励，她很感激学校、社会提供的一切便利和帮助，也力所能及地参加社会公益活动以回报社会。她参加过迎接新生、暑期爱心支教、敬老院探望老人、义务献血等志愿活动，获得了队友和服务对象的一致好评。

心怀感恩，自强不息

大学期间，林惠燕一直是黄秉熙助学金的受助者，她很感谢黄秉熙先生。在成长路上，总是有像黄秉熙先生及其家人的精神偶像。2011年9月中旬，林惠燕作为学生代表跟随学校领导赴香港参加黄秉熙老先生的追思会。在她心里，最遗憾的是没来得及向黄老先生证明自己回报社会的决心，而告慰他老人家最好的方式，莫过于不断努力，突破自己，争取做一个有益于社会的人。

家庭经济条件一般，更激励她为改变未来做出更大的努力。一直以来，她努力朝着理想前进。大学期间获得的各种奖励和资助，是对她坚持奋斗的肯定和激励。她还利用课余时间及寒暑假时间当家教、助教、勤工俭学、当广交会英语翻译，挣取自己的生活费并分担弟妹在校的生活费，以减轻父母的负担。

林惠燕喜爱跑步，在她看来，那是紧张的学习或工作后的放松、是对疲劳身心的放空，跑步磨炼出来的坚忍不拔的性格，更让她在面对困境的时候学会了永不放弃、努力拼搏。无论是在学习、工作还是在对未来的选择上，正是因为这份坚持和拼搏，她总有意想不到的收获。

每条道路都可以走得很好，做什么不重要，重要的是怎么做。林惠燕不是天生的强者，但她努力向强者看齐。天道酬勤，坚持下来了，这就是她的资本。

医者仁心，梦在脚下

殷子，中山医学院临床医学8年制2005级博士研究生。他在导师指导下，积极做好一线临床学习工作的同时，大胆提出问题并积极进行探索研究，发表各类SCI论文10余篇，累积影响因子近60，参与国家自然科学基金课题，荣获博士研究生国家奖学金。研究成果曾在 *Hepatology*、*Gut*、*Annals of Surgery* 等期刊发表过，数次获得各类国家级、省级、校级、院级奖项。

创新研究方法，临床科研两不误

从小殷子就对自然科学十分痴迷，中学时代就曾获得过全国物理、数学竞赛一等奖。成为一名救死扶伤的医务工作者是他从小就有的梦想。出于父母的支持加上自己的兴趣，殷子选择了中山医临床医学8年制专业。殷子从踏进医学院的第一天起就认真学习医学知识，刻苦钻研医学难题，但他并不死啃书本，盲从权威，而是摸索出了一套自己的研究方法。"不断去创新，不断去挑战，不断去深入，永远去坚持"是他的座右铭。

在医学界，传统的观点认为，医生就应该好好干临床，如果想要临床与科研两者兼顾是不可能的。但殷子却始终坚信，临床上出现的新问题最终还得靠医生自己通过科研去解决，通过查阅大量的文献，并综合各家观点和结论，很多临床问题同样也可以像物理、数学那样严谨化、细致化、科学化。

在殷子所在的科室，他最经常接触的，是那些结直肠癌晚期肝转移的患者，每次教授们纠结最多的，是考虑给患者做一期手术还是二期手术的问题。

殷子对此产生了浓厚的兴趣。这时的殷子才刚刚踏入医学生二级学科的行列，经验肯定是远远比不上教授们的。可是在殷子的眼中，书本和文献也是老师，而且是经过前人规范总结的结论，只要肯主动阅读文献，分析总结文献中的数据，并将这些数据合并，也一样可以得出相对正确可靠的结论。

于是，在导师王捷教授的指引下，凭借良好的英文功底和扎实的统计学知识，通过阅读大量的外文相关文献和对世界各大临床医学中心数据库的搜索，他将全球有正式临床手术记录的结直肠癌肝转移患者的资料进行大宗对比，发现一期手术和二期手术各有优劣。殷子不仅找到了这两种术式效果的短期安全性和长期生存率的比较结果，还第一次提出了针对每种术式的适合人群。

最终,作为第一作者,他的研究结果在肝脏病学最顶尖杂志 *Hepatology*(肝脏病学,影响因子:11.7)上发表,并得到了主编和审稿人的高度评价。

这次的经历使他更加坚信临床和科研是可以兼顾的。他这样说道:"想要将两者兼顾起来,除了心态上不要有不情愿的想法外,更重要的是要有一颗坚忍不拔的强大的内心,因为这会很辛苦,当然做出的成果也会很让人兴奋,得到发自内心的快乐。"

潜心医学研究,互助合作共成长

回忆起第一次发表文章的经历,殷子至今仍觉得很戏剧化。他的第一篇论文研究的是胆道术后胆道重建方式中 T 管的运用价值。当时很多人都觉得这是一个很小的问题,不值得探讨。但他的导师对他说:"不管是什么话题,你可以先试着从高分往低分杂志投,这样就算没有被接收,也可以学到很多与世界顶尖学者之间的交流,积累投稿经验。"导师的鼓励,让他受益匪浅,他开始寻找自己与顶尖学者的差距,并一步一个脚印不断努力,向他们靠近。

终于,他陆续以第一作者身份在普通外科学最顶尖杂志 *Annals of Surgery*,著名四大临床医学杂志 JAMA 旗下的 *Archives of Surgery*、*Digestion* 和 *Hepato-Gastroenterology* 等杂志上发表了自己对临床上遇见问题的解决办法和各种观点,成果论文受到国内外大学教授的高度赞赏。

对于取得这样的成绩,殷子说,他并没有什么特别的秘诀,除了对课题的把握和良好的外文功底外,最重要的是精神力量的支撑,是坚持和使自己保持不断上进的心态。

对于每一篇文章,他在分析撰写的过程中基本是不会考虑最终能发几份,而是将其作为一件艺术品去欣赏。"当你感觉你在做的不是论文,而是在画一幅优美的油画时,你就会离成功不远了。所以我的心情一直都是很平稳的,当中夹杂些兴奋,如此而已。"

殷子相信乐于助人和奉献精神也是成为好医生的必备品质。他分享自己的研究方法,影响了周围的同学,殷子也毫不吝啬给予他们很多的帮助和指导。他经常利用业余时间与大家讨论问题,通宵达旦地帮助同学修改论文,带着问题向王捷教授、尹东教授请教,再与同学分析讨论,并先后与同学共同在顶尖杂志上发表了多篇论文。

注重全面发展,构筑起沟通桥梁

成为一名好的医生,在殷子看来也并不仅仅需要扎实的专业知识和良好的科研素养,更要注重与病人的沟通交流,关爱病人,感受患者所想。

为了更好地与病人及其家属交流,殷子还积极参加各类社会实践和学生工作,提高自己的沟通能力。他先后担任过中山大学北校区共青团工作委员会记者站站长,中山大学党委宣传部汶川抗震救灾记者等多项职务。

做汶川抗震救灾记者对他来说是一段非常难忘的经历。当时的他作为一名记者,要将灾区的真实现状展示出来。在这个过程中,他发现很多的灾区儿童幼小的心灵受到了极大的打击和创伤,很多变得沉默寡言,目光呆滞。医生的职业本能驱使他想要去为这

些精神上受到创伤的孩子做些什么。回到学校后,在他的倡导下,他和他的同学们发起了灾区儿童心理干预活动,将对灾区儿童的祝福和捐赠送到他们手里。他们还与疾病预防控制中心合作,通过到现场去对灾区儿童进行专业的心理辅导,鼓励和帮助他们重建家园,重新生活。

在殷子的眼中,这些活动不但可以使他在忙碌的专业学习研究之余得到休息,而且培养了自己与各种不同人交流沟通的能力。作为一名肝胆外科的医务工作者,他所在科室的患者病情都比较严重,经常会发生医患纠纷和矛盾,而这些学生活动经历使他在与患者以及患者家属进行沟通时能做出及时而正确的反应。

"在我眼中,病人既是我的患者,也是我的老师。"这是殷子对医生和病人关系新的解读。"说是老师,是因为只有你细心去了解每一位患者,体验他们的痛苦,他们才会把自己病情的很多真实的感受告诉你。"所以他很注重与患者的沟通和互动,并试图与他们建立朋友关系,这样既使得患者的依从性得到提高,也使自己的临床经验丰富起来。

医者仁心,殷子和他的同伴们一起,怀着不断去创新、不断去挑战、不断去深入、永远去坚持的信念,在为了一个美好的医学梦想而奋斗。他们希望,每一个医生都能心存仁爱,每一个患者都能得到最好的尊重,每一个生命都能得到最大的珍视。梦不遥远,因为奋斗未止,脚步未停。

"三思方举步,百折不回头"一直是殷子临床和科研的座右铭。他认为,一个好的临床医学工作者需要学会自己去寻找临床问题,这就需要"三思",而不是见惯不怪,习以为常;在确定了值得去探究的问题后,就得"百折"也"不回头",永不言弃,坚持到底。他用勤奋努力,践行着他从踏入医生行业的那一刻起,对自己、对病人许下的无悔誓言。

创业之路，不忘初心

朱鸣华，旅游学院2010级本科生。她是创业项目的负责人，带队获得"挑战杯"全国大学生创业计划竞赛金奖等多个创业奖项，并获得中国大学生创业实践项目立项资助。她曾先后担任中山大学青年科技协会会长、校团工委兼职副书记等职，被推荐参加广东省大学生"青年马克思主义培养工程"。她热衷公益，在广东省"关爱留守儿童"及中山大学"创先争优"等活动中均获得表彰，在社区开展环保公益系列活动，受《南方都市报》跟踪报道。

偶遇梦想，风雨兼程

说到创业，好像离一名大一学生是那么遥远的。很难想象一个文科生竟然将自己的创业方向定在医学领域，可朱鸣华却做到了。

大一时的她，与现在公司的核心产品——静脉留置通路冲管封管器——的主创者一同参加了被誉为"中国大学生的课外学术奥林匹克竞赛"的"挑战杯"大学生课外学术作品竞赛。在比赛中，她们获得了省赛的特等奖和国赛的三等奖。与此同时，她们的项目也受到护理学会和诸多专家的肯定与赞扬。创业的念头就这样开始萌发。

现实中总是做梦的人很多，做事的人寥寥无几。她不仅是梦想家，也是一位实践家。2011年3月，她创立了南粤博济创业团队，联合护理学院、医学院等多个学院的学生开始了她的创业之旅。

既然选择了远方，便只顾风雨兼程。

还是"小朋友"的她壮着胆子在"昆山杯"冠军团队交流会上为自己做"广告"，她的发明专利和过往经历吸引了不少同学主动联系她。就这样，她跨过了创业的第一道坎，拥有了自己的团队。

"从资金，到团队，到市场，再到产品资质，困难几乎是层出不穷，有时压得我们连气都喘不过来，但我们最终还是挺了过来。"在此期间，她们不断尝试，以寻求解决方法。资金链断了，她们想尽办法去争取风险投资，或是小额贷款，最终化险为夷。

雨霁彩虹卧，风光分外明。所有的付出都得到了回报。

中山大学"赢在中大"创业技能与策划大赛总冠军、全球创业周中国站亚军、全国大学生创业实践项目立项资助……这一项项的奖励，代表的不止是荣誉，更是对朱鸣

华以及她的团队辛苦耕耘的肯定。2012年11月，她的项目更是在第八届"挑战杯"全国大学生创业计划竞赛中摘得金奖，并一举获得生物医疗组全国第一名。

而如今她所带领的南粤博济医疗器械有限公司已完成项目初期融资，并正式落户于中山大学国家大学生科技园进行创业孵化。

即便如此，风雨并不会就此停歇。但正如她所说，只要信念不改，动力未减，自主创业的选择就不会动摇。

代表中大，荣誉之战

参加第八届"挑战杯"全国大学生创业计划竞赛的前夕，为比赛忙碌了太久的朱鸣华病倒了。赛前那一晚她烧到40℃，一直发抖，中山医的玉婷师姐跑到她床前，抱着她心疼地说："实在不行就别撑了。"但她依旧坚持着。

在她看来，这场夺金之旅，是为中大而战，为梦想而行。"自这项比赛开办十几年来，中山大学还从来没拿过金牌，这是从'70后'到'80后'的中大创业人一直的遗憾。从团队创立开始，学校和老师们为我们解决难题、想方法发展，真的是付出了很多，而我们却没有什么机会报答，所以我很想为学校拿下这块金牌，圆大家的梦。"所以，一年来无论是数十次的培训，还是数不清次数的策划书修改和展演准备，她们都从来没有过缺席或是糊弄。

功夫不负有心人。即便拖着病体上阵，即使再难熬，她们还是做到了。"中山大学"这四个字终于牢牢刻在了"挑战杯"创业赛的历史上，她们为中大拿下了这块金牌，也证明了自己的实力，圆了这个梦。

创业精神，薪火相传

作为一个大学生创业的实践者，朱鸣华对学校其他有志于创业或正在创业路上的团队和同学付出了诸多热忱，提供了许多帮助。无论是帮忙选项目、组建团队，还是遇到其他难以解决的问题，她都会想办法尽最大努力帮大家渡过难关。许多创业讲座和交流会上也会经常看到她的身影。"把自己的经验和教训都告诉给大家，这样大家就能少走些弯路，我就是想能帮上大家就多帮一点。"

"无论你是不是一个创业者，你都该让自己学会去具备一种'创业精神'。这意味着，你有敏锐的嗅觉，能预测将来的趋势；你有充分的自信，敢于面对任何人任何事的挑战；你有旺盛的想象力与好奇心，不拘泥于已有的形式，懂得创造机会；你有足够的勇气和毅力，不会因挫折和一时的困境停下前行的脚步。"

习惯了因循守旧，很多人渐渐丧失了打开一个新的篇章的勇气。或许这就是"创业精神"的价值所在。不管会不会选择创业，这种精神总是需要的。

不断尝试，收获成长

创业的同时，朱鸣华还致力于团学工作和科研方向，热心公益。"从上大学以来，除了寒暑假，我还从来没休息过一个完整的'天'，一个月有两个半天休息就不错了。"

朱鸣华曾担任青年科技协会会长，在她的带领下该社团也曾被评为"中山大学十佳社团"。2012年,在参与"服务珠海,奉献爱心"创先争优活动时,她带领青年科技协会的同学去各个中小学和社区开展科普知识宣传等与科技有关的公益活动。其中,康宁社区的活动还吸引了该区老年党员服务队的参加,在他们和爷爷奶奶们的共同努力下,活动反响热烈,《南方都市报》进行了跟踪报道。

"没有人能随随便便成功,不然成功的道路上早就人满为患了。"在成功的背后是朱鸣华的努力和付出,是对自己热爱的事业的坚持。她说,在她眼中最宝贵的财富不是奖项与荣誉的光环,不是知识的丰富,而是那些与她一起并肩作战的"战友",是在创业路上不断给予帮助和鼓励的老师、同学。他们的信任和支持,是她坚持走下去的不竭动力。

能力的培养是多方面的也是相通的,这也是朱鸣华参加多种活动的原因。做学生干部也是在培养组织和协调能力,做科研可以培养自己严谨认真的态度,提高对理论的实际应用能力,而做志愿活动则是对意志品质的一种磨炼,使人在奉献和付出中收获灵魂的升华,而这些素质也都是一个现代的从商者所应该具备的。在一串串脚印背后,我们看到了一个人的成长。

3年的行走间,她不断成长。"我不仅丰富了自己的见识,提高了自己的能力,更重要的是树立起了大局为重的价值观,这一点上,我受益匪浅。其次是心态。从最开始的迷茫,对行业和很多事情了解不够,经常焦虑和沮丧,到渐渐领悟。"

晨曦中、斜阳下,都印下了她四下奔走的脚印;方几学案,都留下了她忙碌的身影。这就是朱鸣华,在大学生自主创业的路上,她不仅成就了自己,更激励着一个时代的青年人——冲破困境,锐意进取,开拓创新!

"曾经年少爱追梦,一心只想往前飞。"或许,正是出于对梦最纯粹的追求,在前进的旅途中她无惧无畏,从未后悔。

中山大学2012大学生年度人物

志愿之桥，用心奠基

李智斌，原国际汉语学院（现属中国语言文学系）2009级硕士生。他赴西班牙科尔多瓦（I. E. S. Luis de Góngora）中学担任汉语教师，为该校首次开设汉语课。他参加西班牙本土教师汉语教材培训，获得优秀课件评选大赛前三名，是获得该奖的唯一志愿者，被评为2011—2012年西班牙优秀汉语教师志愿者。

马不停蹄，"不安分"的追梦少年

就像许巍唱的"曾梦想仗剑走天涯，看一看世界的繁华"，每个人小时候或多或少都会有走出去看看世界的想法。而对于一个大山里长大的孩子，这种愿望无疑要更强烈些。

李智斌高考的第一志愿便是中山大学国际翻译学院对外汉语专业。2009年，他又以优异的成绩保送本校原国际汉语学院汉语国际教育硕士专业。研究生刚入学他便参加国家汉办小语种人才储备项目。学习期间，他想，为什么不让别人也学习我们的语言，感受我们的文化呢？这才是真正的文化交流啊！于是，一个梦想在他本就"不安分"的心里扎根了——到西班牙去做汉语教师志愿者。

回国后，这个原本腼腆害羞并不适合做老师的男生，开始积极参加校内外各种学术活动，珍惜每一次进行教学实习的机会。机会总是留给有准备的人，在国家汉办选拔2011—2012年西班牙汉语教师志愿者的面试中，他成功过关斩将，如愿获得了这个实现自己梦想的机会，成为一名外派到西班牙的汉语教师志愿者。

不畏风雨，志愿梦架起"彩虹桥"

科尔多瓦——西班牙的历史文化古都，在这里李智斌开始了他的汉语志愿教师生活。

李智斌所在的中学叫I. E. S. Luis de Góngora。在任期间，他为该校首设了汉语课，面向社会招生，有6个班共75名学生。每周，他要上16个小时的课，还要每天到校坐班、备课，总工作量达到685课时。他的学生数量、课时量在同一项目里是最多的。

作为国家选派的志愿者，看似十分光鲜，背后的困难却鲜为人知。

首先是饮食。欧洲物价高，随便下个馆子就10多欧元，一个面包加几片火腿就得四五欧元,既贵又吃不惯。白天他往往忙着备课、上课,没有时间买菜做饭,只能用面包和水打发。等到晚上八九点再饥肠辘辘地回去做饭,还因此落下了胃病。他坦言:"吃顿饭,不安乐,不容易。"

比起生活上的不适,学生对他的汉语课程的不重视、不理解更加令他烦恼。因为是兴趣班,学生报名、上课都是自愿的,有不少学生因为不喜欢他的课,不愿意去上课甚至退课。西班牙人不喜欢埋头苦读、拼命学习,而是想自然而然地习得一种技能。尤其是在夏天,有时气温高达四五十摄氏度的时候,学生干脆都不去上课了。

然而,他并没有气馁,而是更认真地寻求解决的办法。传统的教学方式不行,他就从学生的角度出发,用心去替他们着想。比如说学生们好动,就多设计一些汉语教学游戏,既玩得开心又学到东西。

其中,有个叫Antonio的11岁男孩,原本十分调皮,上课常常违反纪律,后来在他的安排下去管纪律、负责活动,Antonio慢慢进步了,学会了自律,而且把汉语活动办得有声有色。他还常常天真地说:"我不喜欢外语,不喜欢英语,不喜欢法语。但是汉语,我喜欢!"短短的一句话,肯定了李智斌的付出,也让他愈发努力地上好每一节课。

对于他的卖力,同项目的志愿者中有不少人表示不理解,为什么要揽这么多任务?还不如减少一两个班、少上课,抓紧机会好好游游欧洲。他却不以为然。什么是志愿者?——志在此,有自觉担当的责任,努力把工作做到最好的意愿。梦想是一种方式,他用它来解读"志愿者"三个字。

正是凭着这份用梦想勾画志愿生活的认真执着,这个身在远方的文化的交流使者,用自己的点滴付出让汉语之桥如彩虹般在风雨中悄然架起了一道绚烂的弧线。

收获满载,"坚持用心"才是基础

在任期间,李智斌参加西班牙本土教师汉语教材培训,并获得了优秀课件评选大赛前三名。他代表本校与哈恩民众大学合作,协办中国文化周,在当地引起热烈反响和获得多家媒体的竞相报道;在安达卢西亚自治区日,他代表学校参加了颁奖典礼,并在典礼上播放汉语课的录像片段,受到在场的各行业知名人士的关注,当地橄榄油大王甚至当场表示要报名参加他的汉语课。

在PROCOR电台的全西语电视直播采访节目上,主持人问李智斌:"西方人都觉得汉语是天书,很难学,你有什么看法?"他笑言:"西班牙人是怎样一个民族呢?你们踢足球、打篮球,都获得过世界冠军。当你们学汉语时,你们会觉得学汉语比成为世界冠军更难吗?有志者事竟成,如果用心去学,肯定是可以学好的。我对我的学生很有信心。"这番话,给西班牙的汉语学习者们带去了信心,也让汉语课、汉语教育得到了当地更多的关注和支持。

然而谈及自己的优点,李智斌却这样简单地概括:"除了用心,还是用心吧。就像'志愿者'三个字,是用心为基础的。"

"作为一个文化交流的使者和桥梁,学生和当地的朋友能因为我而学习汉语、喜欢汉语和中国文化,我的到来能够给他们展示一个正面的中国人的形象,就是我最骄傲的

地方。"

始终如一，心心相印的一家人

"用心"的道理，说起来不难，但坚持做下去却很难。所幸的是，李智斌做到了，而且始终如一。

平时的教学中，除了像其他志愿者一样教授基础汉语课程以外，他会精心加入中国历史、中国饮食、汉语水平考试（HSK）和中小学生汉语考试（YCT）真题，以及"汉语桥"比赛等相关的专题介绍。新年时，他在班上进行了"中国新年"的专题文化课，同时还联系当地中餐馆到学校来举办"中国美食文化沙龙"。4月的世界图书日，他又在学校的图书馆进行小型的汉语图书展，并成立汉语角，让汉语图书成为图书馆一个重要的新成员。

即使是到了6月末，李智斌即将离开的时候，他仍在为汉语教育事业做着努力，决定组织全体汉语课学生进行一次汇演。

汇演步入尾声时，李智斌开始带着大家唱歌。当他用西班牙语念出张震岳《再见》的歌词时，不由触景生情，声音也哽咽了起来，很多学生也跟着哭了，校长也哭了，有些素未谋面的家长也在抹眼泪。汇演的最后，全体师生们一起合唱了《北京欢迎你》，"相约在一起，一起在中国见面，说着流利的汉语……"

这怀着惜别与憧憬的阵阵歌声，发自内心的声声赞许，还有饱含着感动与不舍的滴滴泪水，都是对他的"用心"最好的证明。一年的时光里，他所做的透着浓浓的爱与关怀的点点滴滴，让他与学校的师生成了真正的一家人。

在李智斌看来，志愿工作是长期的、持久性的，甚至是终身的。他会尽自己所能，给学生一个真正连贯合理的汉语学习过程，让这座联系着中西文化交流的"汉语桥"愈发坚固，愈发大气。

用不标准的汉语说着的"老师好"、优美动听的"新年好"的旋律飘荡在那间熟悉的教室，还有孩子们一张张笑脸、阵阵欢笑……想到这些，他就仿佛回到了那段时光。

相信，未来的路上，这些美好的回忆也将是他不断前行的动力。

陈世明

中山大学2011大学生年度人物

向着太阳，顽强生长

陈世明，社会学与人类学学院2009级本科生。命运给予他挑战，他却还人生以温馨灿烂。由于父母早亡，陈世明小小年纪就帮忙挑起了整个家庭的重担，多年来一直尽心尽力照顾奶奶和兄弟姐妹。大学期间，学费、生活费几乎都是他自己打工挣来的，并且还拿出部分维持家用。家庭经济的困难并没有影响他的求学热情，在2010—2011年度，他以全班第一名的成绩拿到了国家奖学金，还获得广东省学联征文一等奖、北京远洋之帆社会调研比赛全国三等奖等奖项。

他怀着一颗感恩的心，积极投身于志愿活动，经常探访智障儿童以及孤寡老人，资助贫困地区的孩子。2010年，他还获得"亚运会优秀志愿者"称号。他，扛起一片天，并洒下一片阳光，温暖着自己和他人。他，热情开朗，健康向上，有他在的地方，便总有一片温暖的阳光。他就像是一朵正在盛开的向日葵，向着太阳，顽强生长！

陈世明从小失去了父母的爱，一直以来孝敬奶奶，用幼小的肩膀挑起了整个家的重担；他乐观向上，笑对困难，做生活的强者；他热心公益，感恩社会，3年来从未间断做公益活动……

不幸童年，顽强毅力

陈世明在6岁时，父亲因病去世；8岁时，母亲也离他而去，只剩下爷爷奶奶以及四姐弟。10岁时，爷爷也突发重病离去，热闹幸福的家庭变得冷清贫困。他们姐弟四人与65岁的奶奶相依为命，度过了艰难的童年岁月。四姐弟从小就很懂事，他们一边读书一边帮助奶奶做农活，减轻奶奶的负担。

从三年级开始，陈世明便开始扛着30多斤重的铁犁去田里犁田，还跟别人学耙田。犁田、插秧、打谷等，一切农活都要去做。每年，陈世明为了挤出时间学习，还没有过完年就开始赶着牛到田里犁田。从春耕，到夏收，再从夏耕，最后到秋收，他都会出现在田里。有时遇到响雷大雨，一个10来岁的孩子，即使再怕，也要继续留在田里，跟在牛的背后，扶着铁犁，一步一步地犁田。十几年来，这种画面一直留在他脑海里。有时候，牛不听话，拉得他到处走，手都拉红了，甚至想丢下不犁了。可是，想到家庭，想到奶奶这么老了还为了他们姐弟四人辛苦劳作着，陈世明忍住泪水，继续犁田。从一个不会犁田的新手，到犁田很在行的老手，这种转变见证了陈世明这十几年是怎么一步

一个脚印走过来的。

每年的农忙时期，无论是小学、初中还是高中，陈世明都要向老师请假回家。老师了解他的情况后，也同意了他的请假。

孩提时代，本该享受童年的种种欢乐。陈世明却遭遇着种种不幸，但坚强乐观如他，坦然接受着这一切，更用他瘦小的肩膀分担着家里的一切。"一路就这么走过来了，也没有太多的感觉。"坦坦荡荡的一句话，却不禁让人恻然。在他身上，这乐观坚强仿若天生般，陪伴他一路走了过来。

尽管上大学了，陈世明一回到家仍然要下田做农活，耕田种菜样样都要做。有不少朋友常问，为什么他可以一直坚持下来，他的回答是，因为最苦的日子都过来了，还有什么过不去的坎呢？

刻苦学习，自强不息

尽管家庭困难，但是他的学习却没有落后于别人，反而常常拿第一。因为他知道，自己并没有比别人聪明，家里条件也远不如同学，甚至学习的时间都不充足，那么只能挤出时间，认真刻苦地去学。当别人在做其他娱乐活动时，他在认真看书学习；当别人在讨论饭堂饭菜不好吃时，他咬着学校的馒头在背书；当别人还在被窝里享受温暖时，他却早早爬下床到课室里背书读书。

功夫不负有心人，陈世明的学业不断取得进步。在2006年的中考中，他摘取全县状元，并且获得了高中三年学费全免的奖学金，解决了高中学习的费用问题。通过高中三年的刻苦努力，陈世明在2009年高考中，以全县第四的优异成绩考上了中山大学，并获得了"广东省三好学生"的荣誉称号。

天行健，君子以自强不息。而上大学后，当别人对学业松懈时，他选择了抓紧时间钻研学问。除了花时间勤工俭学、做公益活动外，他把主要时间都花在了学习上，阅读了大量各类书籍。在大学学习中，他没有让自己浪费宝贵的学习机会。而正因为自己辛勤的付出，成绩从十几名进步到前几名，并且在2010—2011年度以全班第一名的成绩拿到了国家奖学金。

他还积极参加科研项目，所负责的团队曾参加本科生科研项目，获得了广东省大学生创新性科研项目奖，而他所组织的调研小组在北京远洋之帆大学生社会调研比赛中获得了全国三等奖。

此外，在大学三年里，他通过自己的不懈努力，得到老师与同学的认可的同时，也获得了多项荣誉，其中包括马丁堂田野奖学金（2009年）、中山大学二等奖学金（2009—2010学年度）、国家励志奖学金（2009—2010学年度）、中山大学一等奖学金（2010—2011学年度）和国家奖学金（2010—2011学年度）、广东省征文比赛一等奖（2011年）、亚运会优秀志愿者（2010年）、亚残会优秀志愿者（2010年）、中山大学优秀志愿者（2010年）、中山大学优秀团干部（2011年）、中山大学优秀团员（2010年）等。

初看陈世明的人物资料，很多人便被其如此艰辛的生活所深深震撼觉得他一定是一个沉闷而又敏感的人。

但相反的是，他，恰如一朵盛开的向日葵，明媚而温暖，有着与生俱来的乐观与顽强。热情开朗，健康向上，有他在的地方，便总有一片温暖的阳光。

陈世明从小生活在有着浓厚客家文化的广东韶关。然而，在阳光的背后，却有着他那不为人知的辛酸过往。

乐观生活，笑对困难

大学以来，学费、生活费几乎都是他自己打工挣来的，并且他还要拿出部分来维持家用。那时，奶奶已是将近 80 岁的老人，年老多病。他不仅要照顾家里的农活，教育好弟弟，还要搞好学习。生活很苦，也很累，但他从没有自暴自弃，而是乐观生活，勇于承担责任，挑战自我。在他的教导下，弟弟以全县理科状元的优异成绩考上了华南理工大学。至此，家里四姐弟都上了大学，这是一个奇迹，也是一个包含着辛勤汗水的果实。

有一段时间，奶奶因为生重病，住院十几天，花费了不少钱，家里没有钱，他不得不到处向朋友和亲戚借钱。看着把自己拉扯大的奶奶慢慢变老，他心里有点酸涩。时间在流逝，生活的担子也越来越重，而生活还得继续。

鲁迅说过，真正的勇士敢于直面淋漓的鲜血，敢于直面惨淡的人生。而他，不论生活有多艰难，仍需继续做生活的强者——乐观生活，笑对困难。

孝顺奶奶，感恩亲情

奶奶在陈世明的生活中扮演着重要的角色。是奶奶，激励着他不断进步，给他坚持的动力；更是奶奶，一手抚养着他成长到今天。

一路走来，奶奶为他的成长付出了极多心血。如果没有奶奶的养育，就没有今天的他。当别人在 65 岁后开始享受天伦之乐时，她却还在为他们的生活和学习劳碌着。奶奶 66 岁开始便独自抚养他们四个，15 年后，老人已经 80 多岁，有段时间因为风湿病在市里住院了。幸运的是之后很快就已回家，由二姐就近照顾。同时奶奶也还患有肠胃病，然而老人现在只要能动还是不能停止地操劳。

奶奶为他们所做的一切，一幕幕都停留在了陈世明的脑海中。从小到大，有好吃的奶奶从来都是舍不得自己吃，在家里吃不完就让他们带走。上小学的时候为了每个人 20 元的学费减免，奶奶去求乡政府的人，后来有一位小学老师同意了他们延迟交学费。奶奶的付出，老师的无私帮助，都深深地刻在了他年幼的心中，并成为他努力的动力。于是，从那时候起，他就下定决心要努力学习，他明白只有取得优异的成绩才是对奶奶、对那位老师最好的回报。

深知这学上得不容易，所以才更加珍惜这机会，小小的他已经如此地懂事。

在学校的日子除了要搞好学习，还要找时间做兼职。每周他都会打电话回家，只有得知奶奶身体没有什么大问题才安心下来。每次回去，他都会用自己打工挣到的钱买些奶奶喜欢吃的东西回去。尽管生活很苦，可是想到奶奶，他都会继续向前，因为他知道，只有他不断取得进步才是对奶奶最好的回报与感恩。

对于他人，我们尚且说"滴水之恩，定将涌泉相报"，何况是抚养他、为他操劳了一辈子的奶奶。陈世明就是怀着这样一颗无法言说的感恩之心催促着自己不断努力，不断进步，以成长中的每一个成绩、每一份喜悦回报奶奶的一片苦心。

风雨求学，自挣学费

有一个时期陈世明家中4个姐弟同时在上学，3个读大学，1个读高中。家里除了通过种田、养猪养牛等获得收入外，基本没有其他的额外收入。在这样的家庭情况下，不靠自己打工以及社会、国家的帮助，缴纳大学学费以及维持每天的生活会是很困难的一件事。但就是在面对着这样的困难时，陈世明仍没有放弃求学之路。

大学以来，他靠自己打工挣得学费和生活费。与此同时，他也并没有忘记学习，靠着自己的用心和以前良好的基础，学习成绩不断在进步。然而几乎自给大学学费、生活费，还要拿出部分去补贴家用，这是异常艰难的。

但在陈世明自己眼里，这些并没有想象中那么困难。

学费在新鸿基基金会的帮助下大部分可解决，剩余部分便主要靠他寒暑假做兼职挣得。陈世明在大一时通过发布在学生处的家教信息找到了一份家教，然后一做便是3年。"因为那个孩子比较喜欢我，我们关系也很好，所以便一直辅导他，"他说道，"我弟弟到华南理工大学读书后也一同辅导他，由他负责理科，我负责文科。"

这份家教给了陈世明很大的帮助。平时基本每个周末他都会过去辅导，寒暑假也会留校十几天做这份家教。每小时50元以上的报酬让他在缴纳学费生活费上减少了很多压力。在辅导的同时，他也学到了如何才能更快更好地让一个孩子接受自己所传授的知识，同时在授课过程中也让他反复复习以前所学的知识，不断充实着自己。

对于日常的生活费，陈世明则主要是靠在学校的勤工助学挣得。陈世明是学校保卫处治安队的一员，每天中午及傍晚的半小时是他的工作时间。而每月450元的工资便基本满足了他每月的生活费。除了这两项比较固定的兼职外，他偶尔会做留学机构的代理，在寒暑假期间也会帮老师做项目，比如做访谈、问卷整理、数据录入等。

而就是靠着自己上课期间以及寒暑假的打工，在解决自身学费和生活费后他还能资助在韶关学院上学的二姐以及之前上高中的弟弟。陈世明用自身的努力向我们证明了"世上无难事，只怕有心人"。

"既然选择了远方，便只顾风雨兼程。"面对生活的不幸，陈世明选择了乐观生活、笑对困难，于是只顾风雨兼程。

热爱公益，感恩社会

除了照顾好家里、搞好学习、自己挣钱，陈世明还积极参与公益活动。他在大学4年的生活里参加的公益活动已经难以数清了。2010年亚运会、亚残运会，爱心助学活动，智障儿童与孤寡老人的探访活动中都有他的身影。

大一时，陈世明进入的社团都是公益社团，后来已经大三的他还留任在团工委志愿者部——新鸿基自强社。当回忆起曾经待过的社团时，陈世明认为自己对爱心助学社的归属感最强。

他连续3年参加了爱心助学活动，担任爱心助学协会的秘书长。他曾参与"爱助·书香传爱"的活动、爱助·慈善书店的建设,并拿出自己微薄的收入支持贫困山区的孩子。他知道,尽管自己也需要钱,可是山里那头的孩子比他更需要,因为他们还不能自己挣钱。

他还特别提到,在2011年,他参加了爱助广西百色的考察活动,去回访受资助者,寻访新的资助者。在看到那些小孩的情况时,他觉得很亲切。之前一直因为寒暑假太忙没能出去考察,所以这次考察便显得尤为独特和珍贵。

他还曾参加各种义工活动,参与到与智障儿童以及孤寡老人的探访活动中;连续3年担任南校区团工委志愿者部的干事、干部,为南校区志愿者事业贡献自己的力量;每次献血车来到校园,他都会主动跑去献血,不到3年,已经献血5次,献血量超过1000毫升,已经换了第二本献血证……正是基于感恩之心,他一直坚持在公益活动的前线。他深知,自己能有今天的学习机会,很大程度上是因为有了社会热心人士的帮助,如果没有他们的帮助,他是不可能有今天的。

"没有为什么,我也不知道,就是喜欢吧,所以去做了。"当谈到为什么那么热心公益的时候,陈世明笑着答道。因为喜欢,所以就一直投身到其中。这份坦荡,这份认真,让我们深深为之动容。

路过爱助·慈善书屋时,许多人都不禁驻足。不大的一间屋子,干净整洁,各类书整齐地摆放着,里面工作的同学亲切和蔼地微笑着迎接每一个到来的人,温馨而美好。

眼前的树木花草在阳光下轻轻摇曳着,渐渐地变成一朵朵盛开的向日葵,向着太阳,顽强地生长着,温暖自己,也明媚着他人……

用梦想说故事，用行动写青春

李真，中山大学岭南学院2008级本科生。她勤工俭学，实现经济独立；刻苦钻研，完成省级、校级3项科研项目；追求挑战，荣获40多项国家级、省级、校级荣誉；热衷实践，组织或参与志愿服务类活动30余项，创办了有爱（U&I）慈善商店，带领团队探索社会企业的高校发展模式。她用自己的真诚，影响身边的同学；用自己的行动，带动更多人关注公益，引起社会上多方关注。她就是传说中的"真哥"，一个用梦想说故事、用行动写青春的女孩。

开拓创新，用实践点亮梦想

她是有爱慈善商店的首席执行官，有感于大学里此起彼伏的义卖活动，探索着跳蚤市场日常化的可行性，带着有爱慈善商店的想法，于2011年1月获得香港当代世界文化中心内地资助计划的支持，赴香港参加了MaD创不同2011全会，并获得了香港财政司司长曾俊华先生、香港赛马会行政总裁应家柏先生、香港当代世界文化总监黄英琦女士、"黑暗中对话"香港创办人张瑞霖先生等的支持与鼓励，点燃了梦想的火球，从此走上了社会企业的实践之路。经过一个学期的努力，她用执着打动了中山大学团委、学生处、房产处及后勤办，更感动了副校长，终于在2011年7月获得第一家实体店的钥匙，9月初商店准备完毕后开店试营业。

半年里，从一个人到一个团队，从商店装修到商店经营，从活动策划到现场执行，无一不在践行着她的梦想——"有爱，让公益成为一种生活方式"。自开业以来，总营业额已超过2.5万元，同时还用有爱慈善商店盈利所得成立的有爱基金帮助了中山大学患白血病的梅同学，尿毒症的姚同学、梁同学以及广东行政职业学院患白血病的易同学，在由中大研究生支教团发起的"一帮一"助学活动中认助了两名高中生，两名初中生！

有爱慈善商店作为国内探索公益活动模式的新方式，李真敢为人先，她不仅想到了，更做到了。半年下来，有爱慈善商店在中山大学的校园内得到了迅速发展，从一个人发展到25人的团队，李真带领着她的团队，用行动践行着梦想：有你，有我，有爱，有未来。有爱慈善商店的创办得到了南方电视台、广州电视台及《南方都市报》《广州日报》等十几家内地及香港媒体的采访和报道，同时赢得了北极光清华公益创业大赛全国金奖,社会影响力迅速扩散,获得了多方肯定和认可,更有来自学校师生、校友、社会爱心人士、媒体、企业等多方面的支持。目前,有爱旗下已形成四大公益品牌项目:为公益机构筹款计划、康乐缘爱心计划、西部助学计划、衣旧有爱计划。进一步的规划正一步步前进着,她也获得香港当代世界文化中心 MaD 创不同的邀请,参加了 2011 年在香港举行的民间社企高峰会,同时在 MaD 2012 全会的开幕式上发言,她还分享了自己一年的成长与收获。

在李真眼中,她不特别,也不觉得自己有多伟大,甚至她不喜欢别人说她是搞公益的,因为"我不想成为公益人物,因为我真的只想把它当自己生活的一部分"。

爱在无声处,而李真,就是一路奔跑的爱心传递者。

锐意进取,用奋斗实现价值

学习上她不甘人后,与同学成立学习小组,刻苦钻研。大学 3 年,她多次获得国家励志奖学金、中山大学优秀学生奖学金、平安励志奖学金、李学柔基金奖学金以及多项校级及以上奖励。她还利用寒暑假时间,召集志同道合的朋友一起学以致用,将课堂所学赋以商业实践。她参加多种商业竞赛,屡获佳绩,成为同学眼中的实践达人、比赛狂人。

另一方面,她还坚持学术方面的研究,作为项目负责人,她完成了 3 个课题,其中省级科研项目"关于大学生就业自救非营利性组织的可行性研究"研究成果发表于《知识经济》。另外,中山大学创意基金项目"民众消费与低碳生活现状的调研"以及中山大学本科生科研项目和岭南学院实验室创新型项目"从金融危机中看银企关系的价值"均已顺利结题。

厚积薄发,用热情放飞希望

除了兼顾生活与学习,她还尽自己最大的力量做服务社会的事情。"日行一善"是她对自己的要求,一直以来,她一直践行着,从未间断。日常生活中,她积极参与多项志愿服务活动,如担任广交会志愿者、探访孤寡老人、无偿献血等。此外,作为志愿者,她参与了亚运会、亚残运会志愿服务工作,两个月的服务期内,作为小组的监督员(副小组长)坚持全勤,认真负责,因工作太卖力,扭伤了身体,但她从未放弃,从未缺席。因为服务期间表现出色,多次被评为"每日之星",最后也被亚组委评为"亚运会优秀志愿者",并获中山大学亚残运会志愿服务铜奖。

另外,她先后 5 次以队长身份带领不同的团队,利用寒暑假的时间做些有意义的事情。她曾两次参加由学校组织的寒暑假"三下乡"社会实践活动(2011 年寒假的高三交流会、2011 年暑假的三农情海西行)。这些,在她看来并不特殊,只是一些小事,已经成为她生活的一部分。她始终坚信:有热情,就能放飞希望。她的努力得到了学校的多方认可,她被评为"广东省百名福彩公益之星""优秀三下乡社会实践个人",还曾获得社会实践二等奖,带领参与的项目也被评为"优秀社会实践项目"等。

用她自己的话来说:"我受过社会上善良的人们的恩惠,所以只要是我力所能及之事,我定当全力以赴去帮助别人。"

她不希望自己的大学生活是苍白的，于是，她每时每刻在努力。

滴水穿石，用平凡演绎真情

她来自一个家境普通的农村家庭，住的是农村里的一座瓦房，全家的收入全依赖村里的那一片地。家里有年事已高的祖父母，因车祸断腿而不能干重活的父亲，日出而作、日落而息的农民母亲，还有一个读大学的弟弟。上大学后，她努力学习的同时，兼职打工，承担了自己全部的学费和生活费。虽然常常感慨自己的生活过得比很多人辛苦，但是看到父母亲脸上的一丝微笑，便觉得一切都值得了。她的自强事迹获得了学校的关注，而她也因自身的努力获得了全国大学生自强之星的提名。

她每一天都很努力、很充实地用心生活，她渴望用她的真善美去感动这个世界，渴望用她的勤劳踏实去改变她的生活！她一天天在成长着、进步着，她用她的德智体美劳全面发展证明着自己！她说，虽然她是穷人的后代，但是她可以做富人的祖先，在追求着生活质量提高的同时，提升道德修养，富裕自己的精神世界，以期实现达则兼济天下！

她说："一直知道自己不是一个特别的人，却一直想做特别的事；一直知道自己只有一股傻劲，却一直希望自己的傻笑能感染别人；一直知道自己很渺小，却一直幻想能够做更多……"

她永不言弃，潜心于奋斗。她的大学是蓝色的。

她朝气蓬勃，倾情于公益。她的大学是绿色的。

她激情四溢，致力于学业。她的大学是红色的。

她用彩色的画笔，勾勒出五彩斑斓的大学生活。不满足于单调，便能拥有多姿。

这就是李真，一个用梦想说故事、用行动写青春的女孩。

刘汉凝

中山大学2011大学生年度人物

探究科学真谛，追求医者仁心

刘汉凝，中山医学院临床医学专业2007级本科生。他是一个胸怀鸿鹄之志、不断奋斗进取的追梦人。他于2009年起开始积极投入学生科研项目，所参与的研究课题获得多项学术奖励，并以并列第一作者身份在SCI核心期刊 *Protein Science* 发表学术成果。

5年的本科生涯里，他在学生科研、社会工作、志愿服务和专业学习等方面均取得了优异成绩，曾任中山大学学生会副主席、中山大学北校区学生会主席、中山大学北校区团工委兼职副书记，曾获第十二届全国"挑战杯"大学生课外学术作品大赛一等奖，参与创办中山大学"心心之火"支教队。历经层层选拔，刘汉凝还被保送至北京协和医学院阜外医院心血管外科攻读外科博士学位，在那里续写他的下一个精彩篇章。

有心科研：铭记金玉良言

2009年暑假，在一位2004级师兄的带领下，刘汉凝开始接触科研。后在药理学教授黎明涛老师的指导下，他掌握了一套分子医学的实验方法。之后，他进入中山大学热带病防治教育部重点实验室，师从时任中山大学副校长、中山医学院院长黎孟枫教授，开始学生业余科研。

一年多的学生科研中，刘汉凝把双休日、假期都奉献在了里面，投身其中也让他获得了巨大的满足感。他说道，从一开始学习实验方法到能独立分析结果并发现东西，再到脑海中闪现一个实验思路，然后自行完成，从发现到解决的这一整个流程都让他感到非常的满足。

同时，在跟着黎孟枫教授进行科研的过程中，黎教授以诚待人、严于律己的作风也让他深受感染，在做人方面有了新的领悟。

"黎孟枫教授虽为中山大学副校长、中山医学院院长，但却让人感觉不到一点架子，他非常和蔼、平易近人，是真正善待学生的。"刘汉凝认真地说道。而这份和蔼、平易近人也潜移默化地影响着他，让他在待人接物上亦如此。

"黎孟枫教授曾跟我们讲过，他希望我们能有'两个肩膀，一颗心'，两个肩膀即指要有临床医疗的能力以及医学科研的能力，一颗心即是要有一颗爱人之心。"黎孟枫教授的"两个肩膀，一颗心"对刘汉凝影响很大。他坦诚道："正是因为这句话，才让我最后有意进入学生科研，我希望自己能同时具备这两个肩膀。"在被问到以后的人生

规划时,他说,希望自己能有"两个肩膀,一颗心",做个好医生。

"两个肩膀,一颗心"简简单单的七个字,却包含着一份善良、一份责任、一份仁爱之心。刘汉凝秉承着黎教授的这句话,一步步前行,一步步抵达目标。

累并快乐:贵州义务支教

2008年三、四月份,中山大学支教队在宣传着暑期义务支教的活动。宣传照片中那些孩子的眼神让路过的刘汉凝深深震撼,于是,他没有多想便去报了名。面试通过后,2008年暑假,身为大一学生的刘汉凝作为中山大学支教队的一员,赴贵州省毕节市织金县普翁乡,在当地中学开展了为期3周的义务教学。

到达目的地的路途是遥远的。坐了一天一夜的火车后,支教队又坐了10小时的汽车,接着转乘包车才到达教学的地方。在那里,生活无疑是艰苦的,每天既要负责教学又要家访。刘汉凝回想着说,那时他上的课在队伍中是最多的,基本每天都在5节以上,有时一天都要上8节课。他教过语文、生物、生理卫生、地理、历史等,同时也是一个班的班主任,负责那个班的家访。通常都是在上完课到下午这段时间去附近的村子里走访,事先一般都要调查好这个村子里有多少学生,然后便结伴过去问他们一些家里的情况,以收集那些孩子的资料,然后回到广州后给他们募捐。刘汉凝每天就这样,在繁忙与充实中度过。

但幸运的是,那时碰上了政府投资,在那里建好了宿舍和食堂,让他们在吃住方面减少了困难。"虽然艰苦,但却也充满着乐趣。"刘汉凝提道。在那里,最麻烦的就是洗澡。因为要到河里去洗,所以每次都要等到天黑才去。一般都是女生在上游,男生在下游,相隔二三十米的样子。但天很黑,周围什么也看不到。当大家洗完了之后,女生就会在上面喊:你们洗完了吗?男生们听到后就会大声回应着:我们洗完了。然后便一路笑着结伴一同回去。

在艰苦的平常生活中他们寻找着乐趣,在走访孩子们的家时也带给他很多的不可思议。让刘汉凝印象最深的便是到一个孩子家里走访的时候,看到他家养着没有拴起来的11条狼狗。"很恐怖,当时坐在院子里和他们聊天的时候,动不动就会有几条狗绕到你身边来。"刘汉凝笑着回忆道,"但最后还是硬着头皮待了下来。"

就是这样,在艰苦中,收获着快乐,收获着新奇。艰苦中有乐趣、有感动,更有许许多多的收获。"用志愿服务的心态去做好每一件事,要懂得珍惜,珍惜现在所拥有的一切,同时要有一颗爱心,爱人之心,仁爱之心。"刘汉凝说道。这是他对自己的告诫,也是对我们的一种启发、一种希冀。

情系支教:创建支教团队

仿佛与中山大学支教队有着不解之缘,在参加暑期贵州支教后的第二年,刘汉凝和好友在中山大学原支教队的基础上,创建了中山大学"心心之火"支教队,并将队伍规模扩展到他所在的北校区。

最初,"心心之火"支教队的影响范围只是在东校,后来刘汉凝搬到北校后,重组了一个分队,并在北校重新开始建设。"在开始的时候,是很艰难的,"刘汉凝说道,

"在当时,这样一个分队并不是社团,而且又是跨校区的属性,所以不能去团工委注册社团,也不知该以何种形式立足于学校,局面很是尴尬的,无法给这个分队定一个名分。但后来在团委和老师的支持下,招募和义卖等各种活动都进行得很顺利。"

作为一支支教队,资金是很重要的。所以在那时,作为一支新生的分队,筹集资金的任务便变得很紧迫。后来,因为自己经常看《国家地理杂志》,而这本杂志销量一直是很好的,刘汉凝便想到联系这个杂志社,尝试一下是否能说服他们每年给支教队免费提供一批杂志,让他们可以通过降价义卖这些杂志来筹集到资金。

于是,在经过一番努力后,刘汉凝成功地说服杂志社的老板每年免费给自己提供1000本杂志。然后他们以6元一本、10元两本(原价20元/本)的价钱进行义卖,以此筹集到了5000元左右的资金。而这个数目比东校区总队筹集到的资金还多。

"但毕竟一切都是从零开始,从制定一系列规章制度到招募成员等都让我感到心力交瘁。但幸好后来一切都进行得很好。"想起之前为这个分队所做的努力,刘汉凝由衷地感叹道。

"现在每当我看到同学们在义卖《国家地理杂志》时,就好像看到了自己当年的影子。"刘汉凝说这就像是一种传承一样,当初在做的事情到今天仍在进行着。在路过时,他心里总有一种激动、一种欣慰。

无为不争:荣誉悄然而至

保送研究生、发表SCI论文、申请发明专利、"挑战杯"获奖、担任学生会主席、志愿服务、完成辅修课业……不断努力的刘汉凝完成了许多在同学看来难以完成的事。当谈到怎么实现这些的时候,刘汉凝说,一切都是在遇到某个机会时紧紧地抓住,然后没有多想地把事情做好。

"没有多想,就只是想把事情做好。"在做科研的时候,刘汉凝没有想着要申请专利,获得各种奖项,只是简单地想做,于是,不知不觉间在科研中获得巨大成功。

在做学生干部的时候,刘汉凝没有为着拿奖学金、各种评选而去,只是想为同学做点事,于是,不知不觉间,成为一名优秀的学生干部,深受老师和同学的喜爱。

在创建"心心之火"支教队北校区分队的时候,他没有想着要为了获得个人的某些荣耀,只是单纯地想把"心心之火"支教队扩展到北校,于是,不知不觉间,这支分队现已如火如荼地发展着。无为而不敢为,无为而无以为,无为而无不为。就是这样没有那么多功利性目的,只想把事情做好的心态,让他在不知不觉间便已到达。

亓益品

中山大学2011大学生年度人物

因梦想而风雨兼程

亓益品，光华口腔医学院2009级博士研究生。病人的疾苦，激励她在学术的漫途上寻梦。她致力于杜绝填充后继发龋研究，已发表SCI论文8篇（第一作者4篇），其中一篇被生物材料领域权威杂志 *Biomaterials* 评为"Leading Opinion"文章。在校期间，她每年均获得中山大学优秀学生奖学金和光华医学教育奖，还加入学校社团，在口腔医学领域国际会议世界口腔医学大会（FDI）从事兼职。

她在艰苦的求学路上孜孜以求，并从一名得不到及时治疗的乡村女孩身上确定了自己的学术方向。她以优异的成绩被保送本校免试研究生，亦到美国师从牙本质粘接领域知名教授Dr. Franklin Tay治学，她不懈的努力逐渐得到回报。

医学之路，源于童年

性情文静随和的亓益品置身于口腔医学领域的这10年，可以说是她把根植于内心的梦想慢慢养育、精心照料，并最后让其壮硕、丰满的10年。丁尼生曾说："梦想只要能持久，就能成为现实。"而亓益品的这个梦想，持续的时间早已不下10年，并且还将一直持续下去。

当还是个天真无邪的小女孩时，跟大多数人一样，她对口腔医学的认知只停留在懵懂的阶段，但她却清晰地知道，她的爷爷只剩下仅有的一颗牙齿了，在饮食或是其他的一些方面都带来了诸多不便。这样的经历，使小小年纪的她便体会到牙齿健康问题以及口腔健康问题的重要性。

俗语言"民以食为天"，口腔作为消化道的起始端，在营养物质的摄取过程中起着举足轻重的作用。若口腔出了什么小毛病，都会给人们的生活带来不容忽视的困扰。为此，她也曾经苦恼：为什么牙齿会掉，怎样才能好好爱护它……这一连串的为什么就是她最初始的动力。带着这些于她而言没有答案的问题，她越发关注牙齿，关注口腔，直至对此萌生了不解的热忱。而这些，就是后来几乎所有故事的开端。

摒弃杂念，风雨兼程

亓益品一直都是个勤奋好学的优秀学生。在初中的时候，她为了能考进令人神往的高中而坚持每天早早地来到教室门外的水泥石阶上晨读，高中时期则更不必多说。而这十几年来的不懈奋斗，除了打下了知识的基础外，亓益品更是在一步一步地向童年时的梦想靠岸。她知道，只有足够优秀，才能解答一直令她魂牵梦绕的口腔健康问题。

在2002年的秋天，她如愿来到中山大学光华口腔医学院，她的追梦之旅正式鸣笛起航。

面对繁重的课业，她依旧风雨兼程，虑去烦躁潜心钻研；同时，她也坦言道，"医学自身的特点决定了我们的服务对象是'人'，所以将课堂所学知识向临床工作积极'转化'是非常关键的。"因此，她格外珍惜在口腔医学领域顶级国际会议FDI从事兼职工作的机会。

就这样，凭着对口腔医学的热忱与大量付出，她最终在2007年以优异的成绩被保送为光华口腔医学院凌均棨院长的免试研究生。

失望眼神，伟大转角

2010年8月，对于亓益品来说，是她在追梦路上的转角点，她找到了新的研究方向。那时，她参加了中大在河源市进行的"微笑光华，温暖河源"大型暑期公益实践活动——要为当地的小孩子做口腔方面的检查和治疗。就在这期间，她遇到了一个八九岁的小女孩。

"我有烂牙。"小女孩的声音稚嫩，语气却很成熟。

"那让医生姐姐给你看看吧。"

"我才不要呢，以前补过了，都没用，现在烂的更大了。我以后都再也不会看牙医了，医生都是骗子。"小女孩说完后转身就走，眼睛中坚定的神情让人惊讶。哄了好久，小女孩才答应给她看一下，旋即又紧紧地闭上了嘴巴。

就在这一瞬间，她发现小女孩一侧的下颌磨牙在已经充填过的部位周围又出现了一圈黑黑的龋坏，那是临床上很常见的继发龋，而另一侧的情况更糟糕，牙齿已经残缺不全了。这给她带来了极大的震撼，她说："女孩眼中的神情一直萦绕在我脑中，那是怎样的一种失望，才让她从此再也不愿相信医生的治疗？"

正是这样一个意外的失望的眼神，给亓益品的医学研究带来了新的动力，鼓舞着她对临床常用的树脂充填粘接界面的耐久性产生了浓厚的兴趣，并努力寻找新的填充材料与充填方式，以杜绝继发龋的出现。最终她成功采用仿生改性的三氧化矿物聚合体（MTA）实现了人工牙本质龋病变的再矿化，提出了全新的牙本质再矿化理念，为口腔微创牙科学的发展提供了理论和实验支持。

小女孩的眼神促使她萌生新的想法，目标在长大，梦想也在长大。在口腔医学的领域，她坚定着，继续前行……

求知若饥，虚心若愚

此后不久，亓益品获得了国家留学基金委员会的支持，到大洋彼岸的美国佐治亚医学院（Medical College of Georgia）师从牙本质粘接领域世界知名教授Dr. Franklin Tay。对心怀梦想的她而言，这无疑是又一道振奋人心的曙光。

在海外求学的这18个月的日子里，她几乎都是在实验室中度过的。每天早上8点

左右，她就开始设计并实施各种实验，下午就会进行各种实验样本的观测与检测。

当然，遇到难题，她喜欢与导师和同学讨论。"作为科研人员，我们需清醒地认识，科学知识是一片汪洋大海，而我们个人所能接触和了解到的，只不过是其中微不足道的一滴水，所以我在遇到问题的时候，喜欢和别人讨论，尤其是有着不同研究背景的老师或同学，每个人的思路往往会有很大不同，我很享受这个讨论过程中思想火花的迸发。"她是如此的求知若饥，虚心若愚！而在探寻最合适的填充材料的过程中，最大的困难莫过于要建立相应的试验模型，为此，她花了很长一段时间进行各种尝试，亦跳出思维的局限性，屡败屡战，终于在与其他同事的共同努力下攻克了这一难关。

除了梦想外，究竟是一种什么样的内在潜质使她保持着如此坚定的斗志和顽强的状态？于亓益品而言，"'要做事先做人'，如果没有一往直前的勇气，没有坚持到底的决心，没有不达目的不罢休的孜孜不倦，那就什么也做不成"。就这样，她每天都在实验室里工作到傍晚，到焦灼的时候更是会疯狂地坚持到晚上；实验失败了，没关系，换个方法换个角度再试，又失败了，没关系，再换个方法尝试……她深深地相信："尽管有些收获不是在你所期待的地方，不是以你所希望的方式，但它总有一天会来的"。

路漫道远，上下求索

上天总会眷顾努力的人。她的所有努力陆陆续续都有了回报：她已发表SCI论文8篇，其中第一作者4篇，更有一篇被生物材料领域权威杂志 *Biomaterials*（影响因子7.882）评为"Leading Opinion"文章。面对这些沉甸甸的成就，亓益品只是淡淡地说："很开心，但不满足。"梦想是一级一级的阶梯，当成功向前踏出了一步，不知足的人会再前向迈步。对于未来，她有着远大的新目标："目前来看，我急切地希望能够探索出一种将前期研究成果向临床转化的方式，使之走出实验室，造福患者，这也是科学研究最终造福社会所必经的关键。"把研究成果向临床转化，是她最大的梦想，也是她为之不懈奋斗的不竭动力。前方的道路还很漫长，但她必将百折不挠、不遗余力地去探索，去追求、去实现那个源于童年的梦想。依旧是她那简洁狭小的实验室，因为梦想的陪伴，这里有说不尽的动人故事，诞生最感人的奇迹。

郭艳琼

中山大学2011大学生年度人物

逆风中张开无畏双翼，磨炼中绽放最美的花

每一个日子往后退去，人就长大成年，冬天的夜虽然很长，总不会把梦做到穷尽了。

——沈从文

郭艳琼，药学院2010级本科生。直面生活的重压，她将有梦的生活坚持到底。2010年以来，母亲的病逝以及父亲的骨折卧床，让家庭的压力落在了郭艳琼瘦弱的肩膀上。为了照顾父亲和即将高考的弟弟，郭艳琼选择在家自修课程，一边悉心看护无法自理的父亲，一边坚持不懈地挤时间学习，独自挑起生活的重担。

虽然有学校的救济帮助，但父亲的治疗仍需要大笔支出，加上家中无收入来源，郭艳琼便毅然卖起了橘子。橘子地路途遥远，郭艳琼每天来回奔波采卖橘子，日复一日地坚持着。"感激这些困难让我明白我可以是一个很强大的人，强大到帮父亲撑起这个家，强大到还能坚持自己的梦想。"面对生活的不幸，郭艳琼给出了最自信的回答。

家里接二连三地发生不幸，灾难一次次降临，咄咄逼人。郭艳琼被沉重打击，但仍顽强地扛起重担，支撑整个家庭。

父亲因骨髓炎做了手术，后来因手术部位又骨折而长期卧床不起。她细心照顾，从伺候父亲日常起居，到尽心尽力减轻父亲的痛苦，孝顺懂事。

家庭原本贫困，妈妈去世和爸爸骨折卧床导致更加贫苦。她艰难维持家计，从辛勤务农，担橘子和卖橘子，到摆摊做小本年货生意挣点钱，顽强能干。

强烈的求知欲望下，她经历了坎坷的求学历程。她努力坚持学业，从安抚勉励高三的弟弟，到自身丝毫不松懈地挤时间学习，勤奋好学。

要做好其中任何一项，都绝非易事，而作为大学生的郭艳琼，整整半年，在艰苦的条件之下，尽管有着无数的困难，但她还是顽强地兼顾好了所有事情！

孝顺懂事：悉心照顾父亲

家里环境一直不好，爸妈每天操劳着。除去她和弟弟的学费，家里一年到头也没多少余钱。2010年3月，她母亲由于心脏病突发离开了人世，家里的重担便都落在她父亲的身上。但她父亲的身体也不好，粗活重活都是咬着牙在做。他的右腿患骨髓炎20多年，因为钱不够一直拖着。到后来情况已经严重到不能走路了，2011年8月才去医院做了手术。出院回家时父亲在下火车的地方不小心摔倒,导致手术部位骨折,再住院于乐昌中医院。手术部位骨折意味着已经不能再次动手术了,只能自然缓慢地恢复。于是她父亲要一直躺在床上,都不能基本自理了。

她父亲在广州医院经历两次手术,后手术部位又骨折,伤口处肿痛得厉害,稍稍转动腿或者身子,都痛得咬牙皱眉。每次看到父亲这么痛苦,郭艳琼都恨不得痛的人是自己。但是,她从来不在父亲面前流泪,她不想让父亲因看到她难过而更加难过。每天,她都是在他面前很乐观地忙上忙下,实在难受时,一个人走出去哭,哭完洗把脸再进房间,不想两个人愁眉苦脸地生活。再怎么样,她都希望看到父亲活得舒心一些。

由于父亲不能够下床,日常生活总得有个人来打理,吃饭洗澡上厕所都离不开人。弟弟又是处在高三这个关键时刻,不能让他花过多时间在家里。因此一切都是她在做,早上要起早煎中药,端水给父亲刷牙洗脸,再伺候他大小便。每天三餐和该吃的药,郭艳琼都会弄好再端到床前给他。由于不能随意转动,她父亲吃饭或喝水时,常常散得到处都是,她便用小板凳和一块木板自制了便捷床上桌。生活的点滴,她尽力让父亲觉得舒服。日子长久了,在他们父女的共同努力之下,父亲也渐渐好些了,可以偶尔下下床,吃饭刷牙洗澡也都方便一些了。

当然,仅仅是照顾到父亲的日常生活,那是不够的,她尽自己最大的努力减轻他的痛苦,让他尽量舒服些,心情舒畅些。想到父亲每天24小时躺在床上,背部又酸又累,她就特意找了软垫放在他的背部,能让床变得柔软些。她又隔几天就用热水给父亲敷敷背部,这样背部会舒服些。看到天气暖和时,她就用轮椅推父亲出房门,出去晒晒太阳,洗洗头,放松放松。当然,她还会给父亲刮胡子……她所做的,让父亲微笑了,舒服了,她也就开心了。

自强不息:艰难维持家计

家里原本还有父亲微薄的收入,但在父亲卧床不起后,家里没有收入,支出更大了。父亲的医药费,弟弟的伙食费,家里油盐酱醋,都要花钱。郭艳琼把持一切支出,精打细算。虽然,学院领导已经给予她困难补助,但是,费用支出实在太大了,况且她也不想只是依靠别人的救济帮助,所以,她扛起重担,给家里挣点钱和谋求生计。

家里的主要农作物是橘子,在秋收的时候,就卖橘子来维持家里的生计。橘子都种在很远的山上,郭艳琼一个人要去山里摘好并挑回家里,再把橘子卖给收购商。她每天都奔波在山里,虽然很苦很累,但一想到每卖出一担橘子,家里又多了一点钱,苦也是乐的。

从山里挑橘子回家里,并不是难事,但也绝不是易事。有一次,天快黑了,她摘了很多橘子,挑着担子很重很沉,艰难地往回赶。眼看过了桥就是大路了,可是,她累得实在不行,一不小心摔了一跤,橘子撒得满地都是,幸好自己没事,可她伤心难过极了,因为一天的劳累没了收获。后来她就改为少挑一些,多挑几次。在那山间路上,每天她都好几趟地奔波着,挥洒着自己的汗水。渐渐地,肩膀被扁担压得不知道疼了,已经习惯了,因此她也锻炼得可以多挑很多橘子了。

在乡村,与收购商打交道是男人们的事,她这个小姑娘在其中虽显得非常弱小,但郭艳琼绝不示弱。该称量时,她就抬橘子上磅秤;该装橘子上车时,她就扛橘子上车;该结账时,她就毫不疏忽地算清账目。有一次,收购商看她是个小姑娘,就要求她的橘子比别人便宜1角钱才肯收,于是她不停地强调自己的橘子和别人的一样好,坚决不同意便宜1角钱,最终收购商才同意不压价。在付钱时,她发现他还是少算她一些钱却还赖账,她便找来村主任评理,那收购商才把少给的钱还给她。她开心极了,不仅仅是为了那些钱,更是因为用自己的行动来证明弱小不是应该被欺负的。

卖橘子持续了一阵子,不幸的是,橘子市场供过于求,加上霜冻天气,橘子也冻坏了,家里收入来源因此断了。迫于生计,眼看快过年了,几经坎坷,郭艳琼决定摆摊卖年货来挣点钱维持家计。

她专门到县城的批发市场店铺进货。经过调查、询问和对比,她了解到几家商行可以进货越多就单价越低。她写好进货单后,点算清货物。在结账的时候,一位陌生的大客户结账完,她伺机紧随其后,向老板娘讲价并称自己和刚才的大客户是一起的,老板娘夸她机灵并同意算便宜些,她因此给家里省了一小笔本钱。风霜雨雪,她都坚持在路边摆摊卖年货,受尽路人脸色。但是,凭着百分之百的用心和努力,她终于说动了顾客,想买一点点的顾客变得多买一点,犹豫买不买的顾客买了一些,不打算买的顾客也买了一点点。最后,家里小有收获,过了年关,她也尽了最大的努力维持整个家的生计。

勤奋好学:刻苦用功求学

虽然家里经济条件不好,但爸妈一直坚持供她和弟弟读书,她没有因为贫穷而荒废学业。她和弟弟都十分争气,成绩优秀。弟弟在读高三,备战高考,而当时她已经是中大大二的学生了。在这样的条件下,他们必须努力坚持自己的学业,因为她知道这才是他们家的希望!

弟弟处于高三特殊时期,仍时时为家里担忧。作为姐姐,她知道弟弟的那些忧虑心思。她特意找弟弟谈心,坚定他的决心,绝对不能在如此关键时刻放弃高考。"不放弃而努力考好高考是你目前顾家的唯一方法,任何辍学打工的念头都必须打消……完成高考之后,上学的事一定会有解决的办法……"弟弟明白她那坚定的语气,他也认认真真地备考,保持着相对稳中有进的成绩。她知道,弟弟心中对家里的担心还是有的,她便时常把家里发生的小事和爸爸的趣事讲给弟弟听,以让弟弟减少担心,能时时与家里共同进步。

至于自己,她顽强地坚持着学业。起初,她需休学一年而留在家里照顾爸爸,但是这意味着她整整一年都没机会求知,意味着她迟一年毕业和工作,迟一年减轻家里的负担。于是,她尽一切努力,向学校学院说明情况和表明她强烈的求知欲望,终于在领导老师们的帮助下,她可以在家自修所有课程。

然而,家里一切由她来打理,很忙没有时间,她就拼命地挤时间,利用零散的时间,起床更早睡得更晚。有时候真的很累,她就想尽办法让自己全神贯注学习,或大声诵读英语,或反复思考理解课本知识。另外,"生物化学一定要听课的,考试以课堂为主的……","分析化学要解谱,光是书上的练习不够……","物理化学的习题册比课

本还厚……","药学分子学书上内容太难懂了……",这些对她造成了很多阻碍,因为她只有课本,没有电脑,没有课件,甚至没有练习题。她虽然畏惧,但也只能逼自己做自己能做好的事——生物化学,不断地自问"为什么"来弄懂每句话的含义并反复看书;思考分析化学技术的原理,再思考如何解析综合图谱;对物理化学题目举一反三……有不懂的,她也经常向在校的同学或者科任老师讨教,以至老师都赞她非常好学……所以,郭艳琼顺利通过了期末考,而且成绩都比同学们预料的好很多。她说:"其实,并非我特别聪明,而是'刻苦努力','虚心请教','持之以恒','时间是挤出来的'等,这些知易行难,但我都做好了而已。"

她说:"其实这些困难在经历之后回头再看,我并不觉得有多么难以忍受,反而感激这些困难。因为它们让我明白自己可以是一个很强大的人,强大到帮父亲支撑起这个家,强大到还能坚持自己的梦想。生活依旧是美好的,我们可以笑着走下去。"

当她回看过去的点滴,她并不觉得自己做的事有什么特别的地方。她只是以一个普通人的心态去看待自己所做的一切。她觉得任何人在那样的情况下,都会做一样的事,她只是承担了该承担的事,做了该做的选择。

她只知道,在任何时候都要扛着,扛起这个家,扛起自己的人生。在任何时候,不论贫穷,不论挫折,不论如何艰苦,都不可以放弃。

温培钧
中山大学2011大学生年度人物

风雨过后，便是彩虹

温培钧，体育部2010级本科生，中山大学高水平运动员，国家级游泳运动健将，全国青少年冠军及纪录保持者。他是国家级游泳运动健将，屡获全国游泳比赛冠军并勇破纪录。在第十届中国国际冬泳邀请赛暨第十八届全国冬泳锦标赛上，他斩获50米、100米蛙泳两项冠军。2011年他通过"国际B级救生裁判"考试，成为世界上最年轻的国际裁判。而他在泳坛拼搏的同时，也时刻不忘当代青年的社会担当。在校期间，他学业成绩名列年级第一，曾代表中国出席中欧青年论坛；由他起草的全国政协提案获国务院办公厅肯定；曾受国家防灾减灾基础研究课题组委托，研究水上救生自我保护项目并担任刊物编辑；获评世界大学生运动会优秀志愿者……值得一提的是，他还凭借出色的形象与气质，闯入2011年"亚洲先生竞选"决赛。

顽强拼搏结硕果

温培钧从小喜欢游泳。从小学一年级开始，才6岁的他总会在每天放学后独自骑自行车到几公里以外的游泳池去训练，教练们都为他吃苦耐劳的精神所动容。天道酬勤，他从一年级开始便年年获得区赛冠军，并多次打破区纪录。

11岁那年，他患了严重的中耳炎，按常理是不能继续游泳的，但他却以惊人的毅力坚持了下来。然而后来有段时间里，也许是因为身体正处在发育阶段，他的体重竟然暴涨了30斤，再加上升上重点中学后学习压力增大，训练次数减少，他的游泳成绩一度下滑，甚至没有资格参加市比赛。然而，温培钧是好样的。他下定决心一定要回归到最佳状态，并给自己定下了减肥的任务。每天放学后，他都会前往游泳池训练，晚上做完作业后在楼梯间加练力量。经过日复一日的训练并坚持控制饮食，他的游泳成绩和身材逐渐恢复。半年下来，他瘦了30斤，时隔一年重夺区冠军并再次打破区纪录。

2007—2008年，他连续两年获得广州市冠军。2009年他顺利入选广东游泳队。在广东队训练的日子是异常艰苦的。有一次训练，他不慎被出发台的边角划伤腰，一块直径3厘米的肉被划了下来。他咬咬牙，贴着一块止血贴坚持完成训练，当晚去医院包扎后，第二天继续下水训练。还有一次10千米跑步训练，他在跑到5千米时脚磨破了皮，却依然坚持跑完全程，到最后袜子和鞋垫都已染满鲜血。就在他努力训练、游泳成绩不断攀升而即将调入国家队的时候，他患了严重的支气管炎，被迫放弃了入选国家队的机

会，甚至不得不中断在省队的游泳训练。尽管如此，他依然坚持边学习边养病边训练。就算学校没有游泳池和教练，他也克服困难独自备战全国比赛。

他遵守医嘱，在刻苦训练和修养中找到一个合适的平衡点，日复一日地坚持下来，他的病情终于逐渐好转，运动成绩也在慢慢恢复到病前水平。虽然上帝再次和他开玩笑，在比赛的前几天，他的左手前臂肌肉撕裂了，医生劝他不要勉强比赛，但是他铆足了劲、强忍着痛苦坚持参加比赛。温培钧在比赛中第一个到达终点，夺得了他人生中的第一个全国比赛冠军。那年，也就是2009年，温培钧共获得10项全国比赛冠军，打破了两项广州市纪录、两项广东省纪录和两项年龄段全国游泳纪录，被国家体育总局载入史册，受到国家体育总局游管中心副主任原家玮、奥运冠军罗雪娟等前辈的高度赞扬。

温培钧是中山大学的高水平运动员，他积极参加学校游泳队训练，努力做到学习、锻炼两不误。2011年，经广东省游泳运动管理中心力荐、国家体育总局游管中心与中国救生协会严格选拔，他参加了"国际B级救生裁判"的资格考试，学习并最终通过考试，获得国际救生联合会（ILS）、澳大利亚皇家救生协会（RLSSA）联合授予的"国际B级救生裁判"资格。此后，他还担任了2011年亚洲救生邀请赛暨全国救生锦标赛的裁判。吉尼斯世界纪录协会已接受了温培钧是"世界最年轻国际裁判"的申请。2011年，温培钧参加第十届中国国际冬泳邀请赛暨第十八届全国冬泳锦标赛，一举夺得50米、100米蛙泳两项冠军。

学以致用攀高峰

早在高中期间，温培钧就是第一届全国丘成桐中学奖的获得者。就读中大后，他依然努力学习，经常是最后一个离开图书馆的人。他不仅拿到了全年级第一名的好成绩，还是学以致用、积极参加社会实践的佼佼者。

他跻身于高级论坛：2011年，经过层层筛选，温培钧获得了代表中国参加"中欧青年论坛"的资格。此活动是国务院总理温家宝与欧盟委员会主席巴罗佐先生在第十二次中欧领导人会晤中共同倡议，并由全国青联与欧盟委员会合作实施的。活动在中欧社会产生了广泛而积极的影响。温培钧在活动中积极发言，受到了欧盟议员、瑞典内政部大臣、政治学学科带头人等代表的赞赏。活动当天，相关报纸刊物和相关网页还在头版头条上报道了这位年轻的中国学生的风采。

他勇担社会义工：他是游泳国家级运动健将，他虚心向奥运会冠军、世锦赛冠军和国家队、八一队、广东队以及中大的教练等名师请教，水上功夫渐长，深得世界应急求生救援研究教育协会的器重，因此被聘为该组织水上救生课程导师。

他关心国家大事：他起草的《将应急求生教育纳入国民教育体系、全面提升全民防灾避险应急求生救援素质刻不容缓》获全国政协委员、广州市人大常委会副主任张嘉极同志的高度赞扬，成为2011年全国政协第十一届第四次会议的提案之一，受到国务院的高度重视。国务院办公厅专门为此事下发了〔2011〕111号文给予充分肯定。

他刻苦钻研业务：应国家防灾减灾基础研究课题组的邀请，温培钧积极研究水上救生自我保护项目，还担任了该课题组《应急教育》特刊的责任编辑。

乐于助人做奉献

温培钧从小就乐于助人。在他还是个5岁的小孩子的时候,有次爷爷家隔壁的房子着火,他及时拨通"119"火警电话,还率先拿着消防水龙头对火灾现场进行扑救。上学后,他常常学雷锋做好事,刚满18岁就第一时间注册成为广东省注册志愿者。2010年,他在数以十万计的报名者中脱颖而出,成为广东仅有的60名参加上海世博会志愿者中的一员,并身兼宣传广州亚运会任务,成为广州亚运会信使。由于表现出色,他获得上海世博组委会颁发的荣誉证书,广东只有6名志愿者获此殊荣。同年,他还参加了广州亚运会和亚残运会志愿服务,担任中队团委干部,带领中队获得"先进集体"称号,个人获得"先进个人"的荣誉称号。在亚运会开幕式地点海心沙举行的"大型志愿者公益晚会"上,他担任了演职人员,获国家一级演员、全国人大代表、解放军总政治部青年歌唱家谭晶的高度赞赏。

2011年,经过重重选拔,他成为深圳世界大学生运动会全国代表性志愿者并作为广东省唯一代表受到了共青团中央第一书记陆昊同志的亲切接见。同年,经过层层筛选,他再次脱颖而出成为由共青团广东省委和省学联举办的"广东大学生青年马克思主义者培养工程骨干班"的一员。经过全班300多名各高校代表民主选举,他担任了大班委。他乐于奉献,获得了由团省委、省学联颁发的"优秀学生干部"称号。

从2010年进入大学始,温培钧就积极向党组织靠拢。经民主选举,他担任了班级团支部书记,与同学们一起共同学习共产主义。在他的带领下,同学们纷纷向党组织与团组织递交入党或入团申请书。为表彰他的思想先进,他被评选为2010—2011学年中山大学优秀共青团员。温培钧表示,他将会在学雷锋的道路上一直走下去,以实际行动践行为国争光的爱国精神、乐于付出的奉献精神、精诚协作的团队精神和开拓创新的进取精神。

内外兼优多面手

2008年的雪灾和四川地震让温培钧感慨万分。作为一名与同胞同呼吸共命运的中国人,他意识到自己应该为这个国家贡献自己的一份力量。他发现在当前的中国,各种应急救援知识并不为人广泛所知,而这些知识,在灾难来临时,却往往是普通人的救命智囊。再进一步联系到自己的专业领域,作为世界最年轻的救生裁判,温培钧决心用自己的专业知识,来帮助更多的人。他在政协会议上提出了有关求生教育的提案,同时也参与了应急知识的相关书籍的撰写。这一切,都源自他对人类苦难的那份深深悲悯。

温培钧是中山大学礼仪模特队骨干、中山大学合唱团团员和中山大学舞蹈团团员。他还参加了2011年"亚洲先生竞选"并一举进入决赛,尽管因请假原因未能参加最后角逐,但仍然被境内外媒体一致看好,个人形象被放在了最显赫的位置进行宣传。

每一次成功的背后,都有汗水的灌溉。回首过去那曲折的道路一路走到至今,或许,成功对于他来说,是风雨过后的彩虹。未来的路还很长,温培钧保持着一颗锐意进取的心,用所学所悟报效祖国和人民。

刘玉娟
中山大学2011大学生年度人物

飒爽女兵展现中大风采，边防战士演绎不凡人生

刘玉娟，中山大学国际金融学院2008级本科生。刘玉娟是一名朴实的大学生士兵，在平凡的工作岗位上迅速成长为大学生士兵的典范。她生长在农村，又是家中几个小孩的大姐，比很多同龄的孩子早懂事，凡事为他人着想，处处留心做好弟妹们的榜样。一直以来，她自立自强，求学刻苦，追求全面发展，用实际行动带动身边人共同进步。

中华儿女多奇志，不爱红妆爱武装

2009年10月，全军首次公开向全社会征集女兵，征集对象包括全日制普通高校应届毕业生、在校生、高中应届毕业生。当时，来自广西贵港的刘玉娟是国际金融学院的一名大二学生。在刚刚举行的国庆60周年大阅兵上，她深深为阅兵队伍中一身戎装、英姿飒爽的女兵方阵所折服，心中也有了一个女兵梦。于是，刘玉娟响应国家号召，毅然应征。经过广州警备区3个多月的层层筛选，她凭借过硬的综合素质从成千上万的应征青年中脱颖而出，成为我国首批公开向社会征集的女兵。彼时，她在念大二，入伍意味着休学两年，而两年的青春对一个女生来说弥足珍贵。入伍当天，她对前来采访的媒体记者们说出了心里话：参军不仅仅是被国庆大阅兵中的女兵方阵所折服，是为了纪念在对越自卫反击战中受伤的几位亲人，更是在履行一个青年公民的应尽的责任和义务。她认为，平日里常说的"爱祖国爱人民"不应仅是一句空泛的口号，而希望能够通过自身的努力将其融入实际的行动中。

在武警边防部队的两年，她曾饱尝失落苦闷的滋味，甚至颇受打击，但她从未动摇过自己的入伍动机和信念，总是默默地以实际行动诠释当代大学生对家国与青春的理解。初入新兵连，刘玉娟学生气未脱，对高强度的体能训练和快节奏的日常生活非常不适应，但要强的她从不甘落于人后，经过勤练苦练，她样样领先——政治理论总是名列前茅，军事科目总是率先掌握，体能考核也总是领头羊。很快，她就被任命为新兵副班长，并在结训考核中获评"内务标兵""训练标兵"，成为当之无愧的排头兵。她常和战友们说，如果决定好了做一件事，就一定要做到自己能力所及的最好——既然选择了部队就一定要做一名好战士。

飒爽英姿五尺枪,霞光初照练兵场

"掉皮掉肉不掉队,流血流汗不流泪""当兵不习武,不算尽义务;武艺练不精,不算合格兵",这些都是部队里常见的标语,也是刘玉娟同志的真实写照和座右铭。在训练场上,刘玉娟以此为标准严格要求自己,同男兵们一起摸爬滚打。队列射击、拳术棍术、协作攀登、负重越野、紧急拉动以及武警边防部队防暴处突、警务技能等训练科目从不落后,还常常为其他战友作示范,训练场上没有一个男兵敢小瞧她。

分配到基层连队以后,刘玉娟不但继续苦练军事技能,还将训练场上学习到的警务技能灵活运用到边防的执法执勤战斗中。凭借扎实的军事业务功底,她在2011年全省边防部队开展的"军事业务岗位技能练兵"中表现突出,受嘉奖一次。智勇双全的她,颇受上级青睐,曾先后参加"亚运安保""大运安保"等重大安保任务,也曾午夜受命,紧急参加部队驻地开展的缉私缉毒的"港湾清查"行动,为辖区维稳工作做出了一份贡献。

本职岗位立足稳,平凡之中绽光彩

部队有一句常说的话:"我是革命一块砖,哪里需要哪里搬。"刘玉娟同志正是应了这句话。在女兵为数不多的支队里,她一人身兼多职,在训练场外她先后担任话务员、文书、通信员、文印员等职,还被任命为通信班副班长、中队团支部组织委员。不管在哪个岗位上,她都能立足本职,恪尽职守,无私贡献。特别是在担任通信班副班长一职以后,刘玉娟同志更加牢记自身职责,在做好本职业务工作的同时,抓好新同志的教育和管理工作,带领通信班高质完成上传下达、指挥调度等各项任务,得到了支队机关上下的一致肯定,并获中队特设的"特别贡献奖"。

在担任勤务中队团支部组织委员期间,每逢节日她都协助支部开展各项文体活动以活跃军营文化,也多次举办知识小讲座向战友介绍其在大学里学到的文化知识,并牺牲休息时间帮助战友复习功课以参加军校选拔考试。刘玉娟同志还充分发挥自身的文体特长,曾先后代表支队参加全省边防部队和驻地公安系统举办的乒乓球赛、合唱比赛等,均载誉而归。2011年上半年,刘玉娟被所在支队(正团级)推荐参评省总队(正师级)优秀共青团员;2011年11月,刘玉娟同志因全年工作成绩突出,被评为"优秀士兵"。

平日用心做好事,日常小事现品格

本为数百万士兵中平凡的一员,刘玉娟的大学生身份没有给她光环,更没有让她得到优于他人的待遇,但是,她坚持"用心做好身边的每一件事,带动身边的每一个人"的信念感动了她身边的战友。2011年盛夏,驻地一名群众因车祸急需输血并进行手术治疗,否则将会有截肢的危险。当时正逢"血荒",医院无奈之下向部队求助,她所在的勤务中队组织战士献血,而刘玉娟同志隐瞒了自己低血糖的事实,积极参与献血,尽自己所能贡献一份力量。

在机关工作时,一名干事放下一份部队过期文件让刘玉娟处理。那名干事离开以

后，她像以往一样认真检查需要粉碎的文件，竟意外发现文件内夹有 800 元钱。刘玉娟同志当即将钱送还到干事的办公室，并说明了情况。类似的小事在刘玉娟身上数见不鲜，不曾轰轰烈烈，不曾惊心动魄，但是一滴水可以折射出太阳的光辉，小事中尽显刘玉娟的品格。

退伍复学不褪色，怀揣光荣继学业

2011 年 11 月，刘玉娟退出现役服预备役，回到母校复学。卸下绿军装，军人风范依旧。部队生活带给她的不仅仅是过去的荣誉，更重要的是促使她养成了优良的作风和日常行为习惯。她严谨认真，吃苦耐劳，恪尽职守，令行禁止，将在部队里崇尚集体荣誉的风尚和培养形成的高度责任感化入具体的行动当中，从点滴中去感染、带动她身边的人。

退役之际，因比赛需要，她还没来得及回一趟阔别两年的家乡，就回到了学院篮球队，作为球队主力成员与队友斩获"篮协杯"院际篮球赛的首个冠军，实现了国际金融学院女篮历史的突破。其实在参军之前，她就是一个学生活动的积极分子，不仅担任班干部、社团干部，还是学院女篮队长、珠海校区女篮队员、篮球协会的发起人之一，取得包括 85 周年校庆运动会混合三人篮球赛冠军在内的多项比赛名次。

国父手创中大，风雨近九十载。作为母校第一名在校女大学生士兵，刘玉娟深知，她的肩上背负了家人的希望、母校的期望，还有一份社会的诉求。两年的部队大熔炉生活，使得她比其他同学多了一份沉稳和内敛，也让她更懂得如何去感染和带动身边的同学、怎样回馈母校和社会。

她是一名平凡的边防战士，一名朴实的大学生，她并未获得太多的荣誉，她只是在用信念书写不一般的青春，用行动践行一名大学生担当。获选"大学生年度人物"称号，相比荣誉，她更希望能以此带动起更多同学的国防意识、青年公民的担当意识和社会责任感。

吴辰岑

中山大学2011大学生年度人物

没有得失心的尝试

吴辰岑,国际翻译学院外语教育研究专业2010级硕士研究生。她本科就读于中山大学国际翻译学院英语(对外汉语)系,在校期间曾多次获国家奖学金和中山大学奖学金,大三一年在法国里昂第三大学交流学习,毕业时获得英语、法语双专业学历证书,大四以优异成绩获得中山大学国际翻译学院全额奖学金硕士研究生保送资格。

吴辰岑曾是《花季雨季》杂志的形象大使,也曾获得广东省第二十届青少年科技创新大赛二等奖。大学以来她更绽放了个人风采,曾获国家奖学金、大运之星全国亚军、大运会圣火火种采集"阳光女孩"、CCTV-5《大运风云会》唯一的特派大学生主持人和"2011中华小姐环球大赛"季军及最具文化气质奖。

千里之行,始于中大

在思想方面,自进入中大以来,吴辰岑一直积极向党组织靠拢。大一期间,通过在党校的学习,她光荣地从一名预备党员成为一名中国共产党正式党员,从此她便将自己的生命与党和国家的命运紧紧地连在了一起,为成为一个有用之人而不懈努力。她积极参加党支部组织开展的活动,鼓励和培养周围的先进同学入党,大一时便获得"中山大学优秀团员"的荣誉称号。

本科期间,她曾担任新生军训副排长、团支部书记、班长等职务,组织了"一帮一"帮助惠州贫困儿童的活动,所在班级也获得"中山大学校级优秀团支部"的称号。同时,作为中山大学党员义务服务队的成员,她每周都会积极参与义务劳动。作为党员义务服务队理研部的组长,她不仅策划了对中山大学后勤工作人员生活状况的调查,还组织了悼念四川汶川大地震的活动和各类讲座。此外,她还以发放问卷的形式对"大学生恋爱"这一话题进行了调查,相关论文也获得了校级社会调查论文三等奖。

研究生期间,吴辰岑同学非常积极地参与了研究生党支部的组建工作,组织党员去看望珠海市儿童福利院的小朋友,以党支部的名义给他们捐赠了学习用品和玩具。

在学习方面,由于勤奋刻苦、成绩优秀,大一期间吴辰岑曾获得国家奖学金、中山大学一等奖学金、中山大学英语演讲大赛二等奖和"最标准发音奖"、中山大学英语电影配音大赛二等奖和"最受欢迎奖"等;大二期间曾获得中山大学三等奖学金;大三期间，由于辅修的法语成绩名列前茅，被学校派往法国里昂第三大学交流学习一年，并获得中山大学二等奖学金；大四时，由于本科期间的优异成绩，吴辰岑获得了中山大学全额奖学金研究生保送资格。2010年6月，吴辰岑完成了本科阶段的学业，获英语、法语双专业文学学士学位。

为了全面发展，吴辰岑也相当注重文体方面的活动与实践。她曾在中山大学英语话剧比赛的决赛中担任主持。除此以外，在国际翻译学院和外国语学院联合举办的迎新晚会中，作为国际翻译学院礼仪模特队的队长，她编排了展示各国风情的时装表演，并和留学生们一起参与了演出。另外，她还多次参加了韩国文化节晚会和维纳斯校园歌手大奖赛等演出。

要同时兼顾学业与各种社会活动，必须要让自己保持一颗始终对生活充满感激、对追求永不止步的心。得益于中大浓厚的人文氛围和优良的学术传统，6年的中大生活让吴辰岑从各个方面都得到了很好的锻炼和积累。所谓"不积跬步，无以至千里"，而她的千里之行，始于中大。

仰望星空，缘牵大运

2011年4月26日，第26届世界大学生夏季运动会圣火火种采集仪式在清华大学举行。吴辰岑从上千位候选大学生中脱颖而出，在火种采集仪式中担任"阳光女孩"，手捧吸收阳光能量的凹凸透镜，给来自五大洲的五名采火者带来火种。在全世界人的目光注视下，象征着和平、光明、青春、未来的新火种熊熊燃起。

2011年5月4日，中国邮政在深圳举行了第26届世界大学生夏季运动会纪念邮票首发仪式，吴辰岑作为世界大学生的唯一代表，获得印有个人形象的首版《青春大运·精彩人生》大学生个性化邮票。

2011年7月至8月中旬，吴辰岑被中央电视台第五频道（CCTV-5）《大运风云会》栏目选中，作为唯一特派大学生外景主持和记者。她独家采访了大运会开幕式导演组，对开幕式的台前幕后进行了全面的揭秘报道。同时，在赛事进行中，吴辰岑采访了中国大学生国家篮球队、羽毛球队、高尔夫球队、击剑队、体操队和柔道队的参赛队员，亲身体验运动员的训练生活。

"行成于思，业精于勤"，大运会的特殊经历让吴辰岑更加坚信成长不是一个简单的积累过程，同时也需要高瞻远瞩。中大这些年来对她的悉心培养，让她牢牢地抓住了每一个机遇，也让她明白学习是一个无止境的过程，不能满足于现有的成就，要想前进就不能止步。

勇于挑战，梦圆华姐

2011年8月17日至10月22日，吴辰岑参加了由凤凰卫视主办的"2011中华小姐环球大赛"。凭借内在的学识和外在的亲和力，她最终获得大赛季军，并获得最具文化气质奖。凤凰卫视中华小姐环球大赛，自从2002年举办之始就有别于其他选美赛事，一直推崇"美丽与智慧同行，内在与外在兼修"，通过一系列慈善活动、励志磨炼训练、海外之旅等环节，发掘选手们的爱心与智慧。

2011中华小姐环球大赛分为欧洲赛区、美洲赛区、东南亚赛区、中东赛区及中国赛区，共有上万名选手报名参赛。通过各赛区初赛及复赛的层层选拔，共有43位选手最终入选美丽夏令营。经过了10天的集中培训，18位选手顺利晋级准决赛。10月7日，在新疆慈善之旅和美国海外之旅结束后，12位选手最终获得了总决赛的入场券。在10月22日的总决赛中，经过主持人问答、舞蹈表演、评委问答等环节的激烈角逐后，吴辰岑获得季军。同时，她也因快速的思维反应能力和出色的语言表达能力，获得了大赛"最具文化气质奖"这项所有选手最为看重的单项奖。

吴辰岑能够获得这样的荣耀，与她身在中大受到优良文化氛围的熏陶这个客观条件是分不开的。而更重要的是，吴辰岑敢于挑战、永不止步。赛后她感慨道："梦想没有实现的真正原因其实只有一个，那就是害怕失败。生命本身就是一场挑战，任何事情，能够鼓起勇气去尝试，这本身就是很有意义。作为一个思想进步的中共党员、一个有自信的中大学子，就应该勇于挑战！"

吾家有凤，展翅中华

2011年12月，由于清新大方的形象和亲切甜美的声音，吴辰岑在凤凰卫视中文台新栏目《凤眼睇中华》的试镜中脱颖而出，成为该栏目的主持人。2012年1月4日，旅游文化历史类栏目《凤眼睇中华》正式开播。此栏目邀请世人深入九州腹地，感受深度旅行主张，详尽解码人文互动。

同时，吴辰岑还受《凤凰周刊·城市》杂志之邀，成为《走读中华》栏目主持人，为每期文章题写主持人寄语。

在不断的前进中她深深体会到一点：人不可能经由一个没有喜悦的过程，就突兀地达到了一个喜悦的终点。不论追求的是什么，如果能在过程中保持一颗喜悦感恩的心，那么心所向往的东西会更不费力地来到自己的生命当中。对于学习与工作的种种忙碌和辛苦，她不抱怨不言悔，反而报有深深的感激之情。6年的深深羁绊，让她不管身在何方，都以自己是中大的学子而感到自豪。

结合过往，反思生活

"我觉得现在的年轻人应该要跳出固定的生活圈子。"吴辰岑认为，很多大学生喜欢"宅"，在日复一日毫无变化的生活中失去了最初的梦想和进取的动力。

经历了大运会和中华小姐环球大赛后，她觉得生活可以是千变万幻的。大学生不应该是同一个模子出来的，而是应该有属于自己的追求。

现在很多大学生毕业找工作只以薪酬为标准。但在她看来，年轻人应该不断去尝试、历练。经历远比金钱重要，甚至是金钱买不来的。

对于现在的生活，吴辰岑说自己仍需要不断调整，认为自己还有很多进步成长的空间。她认为，年轻人不应该这么快就对生活感到满足，而应该保持一颗对生活充满好奇、对追求充满热情的心。

吴辰岑说，她追求一种平衡。她喜欢这样一个比喻：人生就像一朵花，每一片花瓣就像是人生的每一个组成部分，健康、事业、亲情、爱情……我们都希望这朵花能开得

越来越大,但是如果少了其中任何一瓣,不论其他的花瓣有多么的绚丽,我们都不会觉得这朵花美丽。相反,只要一朵花的每一片花瓣都是完整的,即使只是小小的一朵,我们也会觉得它很美。

纳赛尔
中山大学2011大学生年度人物

生命在于运动，此行一路追梦

纳赛尔，原国际汉语学院（今属中国语言文学系）2010级留学生。来自摩洛哥的他，2011年在中山大学开始了非同一般、精彩绝伦的生活。

他曾获得深圳世界大学生运动会奖学金，其后，深圳大运会组委会决定让纳赛尔担任世界大学生运动会火炬手，与其他来自四大洲的火炬手一同点燃大运会主火炬。

他曾在中大组建了一支留学生武术队，带领他的团队经常活跃在校园各种活动中。此外，他还积极协助学院开设"商务应用基础"课程，在教学中补充商务实践操作技能等相关内容，积极搭建留学生商务实习与创业平台，推动学院开展留学生商务实习活动。

他来自风景如画的"北非花园"摩洛哥，在向往已久的东方古国驻足了16年。他是曾在众多比赛中摘金夺银的跆拳道教练，也是象牙塔下潜心修习的中大学子。热爱运动的他在运动中张扬着生命的魅力，痴迷知识的他在学习中阐释学无止境的箴言。

美丽国度：梦想在这里起航

充满魅力的摩洛哥王国位于非洲的西北端，南部为撒哈拉沙漠，西临浩瀚的大西洋，北隔直布罗陀海峡和西班牙相望，扼地中海入大西洋的门户，其战略位置之重要性可见一斑。纳赛尔的家乡就位于摩洛哥首都拉巴特和最大的城市卡萨布兰卡之间。这片土地见证了他的成长，留下了他的足迹。

纳赛尔在有众多兄弟姐妹的大家庭中长大，他有2个哥哥和6个姐姐。父母亲在战争年代没有深造学习的机会，时代带来的遗憾和心中对知识的渴望更加坚定了他们教育子女的决心！当9个孩子都在不同的国家获得硕士或者博士学位的时候，他们的梦想得到了延续，心灵得到了安慰。

运动少年：初生牛犊展锋芒

一群10岁左右的孩子一起比赛中长跑，距离是我们无法想象的5000米。然而对擅长中长跑的摩洛哥人来说，这并不算什么。一个10岁的小男孩在还不到1000米的距离就被落下了，他确实跑不动了。同伴的嘲笑和奚落或许在我们的童年中很常见，但这些嘲笑有时候恰恰是前进的动力。自那以后，那个小男孩每天放学后回到家首要做的不是

吃饭而是换鞋去跑步。1000米、1500米、2000米、2500米、3000米……流过的汗水都将化作滋润成功之花的养分。就这样,慢慢地,他可以很轻松地跑完5000米。可以想象当他再次和一群小伙伴比赛5000米时的志得意满,可以想象当时赛过阳光的灿烂笑容。这个小男孩就是纳赛尔。"很多人的成功都会有令人羡慕的天赋,但这并不是最关键的,最重要的是自己的勤奋和努力。很多时候我们看似达到了自己的极限,看似无法超越。然而,当自己快要放弃的时候,或许只要再努力一点点就可以突破极限超越自我",这些都是纳赛尔在运动中领悟到的。

纳赛尔5岁的时候就开始学习跆拳道,也不断地参加各种比赛。1989年,12岁的他赢得了摩洛哥青年全国赛54～58公斤级冠军,并三年蝉联此项冠军。两年后,他于1991年获得全国成年比赛58～64公斤级亚军,继而在1992—1994年间获得全国成年比赛冠军64～68公斤级冠军、1994年获"非洲杯"成年赛64～68公斤级冠军。初生牛犊即出类拔萃,这为少年纳赛尔增添了不少自信的光环!除了跆拳道外,少年纳赛尔还酷爱冲浪、爬山。

法国启蒙思想家伏尔泰曾说:"生命在于运动。"于纳赛尔,运动不仅仅是参加比赛获得荣誉,更是一种爱好、一种生活方式。

文化搭桥:十载结缘中国情

1995年,纳赛尔来到中国担任跆拳道教练,并希望学习中国武术。1995—2000年,他就读于北京体育大学运动医学专业。毕业后的近10年里他选择了从商,在深圳经销一些皮具布匹。后来,他发现自己性格并不适合经商,于是他做出了一个重要决定:来中大继续读书。

纳赛尔回忆道,他对中国的向往,最早源于李小龙的电影《猛龙过江》。那年,他只有6岁。在他的想象当中,中国人都是会打拳、会功夫的,但来到中国后才发现事实并非如此。而让纳赛尔的这份向往生根发芽的,是他的二哥纳吉卜——一位同样和中华文化、中国武术结下不解之缘的摩洛哥人。可以这么说,纳赛尔对于中国文化的痴迷、对于武术的热爱都是受到他哥哥的影响。纳吉卜1985年第一次来到中国,一直在学习和传播中国文化与中国武术,这些都影响着纳赛尔。纳吉卜曾经自豪地说:"我是第一个把中国的艺术——武术和书法介绍并推广到摩洛哥及加勒比海地区的人。我真的希望武术能快一些进入奥运会,这样的话,就能使更多的人了解武术,认识武术,了解中国,热爱中国。"

在中国16年,纳赛尔已经练就了一口流利的汉语,同时还掌握了阿拉伯语、法语、西班牙语和英语。他后来还学习掌握了俄语,学无止境在他这里得到了很好的诠释。他读过看似晦涩的"四书",热衷于研究中国的建筑,对于一些现实问题他都有着自己独到和深入的见解。他对于一种文化的理解,不仅仅停留在书籍上,而是通过观察在这个文化背景下生活的人们,来相互印证、加深了解。他风趣地说:"就像谈恋爱,不同国家的人表达自己爱意的方式存在很多差别,从中探究不同文化对人们生活的影响,这也是一件充满趣味的事。"工厂、稠密的人流、高楼还有中国菜,是他对现在中国的一些印象。博大精深的饮食文化让原本不关注这些的他开始关注了"吃喝"。他流露出对中华文化的喜爱，更多的是对一种文明的敬畏和崇敬，而对中国一些消亡的文明，他也同样感到惋惜。

激情大运：意外的非凡体验

2011年夏天，中山大学原国际汉语学院推荐纳赛尔申报深圳市大运会奖学金。纳赛尔和来自中国其他高校的20多名中国学生和留学生同时去深圳接受中国教授专家的评审面试。凭借自己的运动经历和对中国国情与社会现实问题的独到见解，纳赛尔最终获得了此项奖学金。

当时是在大运会开始前一个月，30名来自中国优秀高校的留学生参与了此次奖学金申报面试，但最终通过考核的只有13人。纳赛尔表示自己在面试的时候紧张得不得了，哪怕是组织方在面试前带领他们参观深圳著名景点和大运会的比赛场地也没能缓解分毫。他在想：中国专家考我们什么呢？我能行吗？若选不上我的老师会失望吗？他回忆道，他是第一个出场的，5分钟的自我介绍后他曾偷偷看了看台下的专家，发现专家们个个面无表情，当时他只有一个念头：这下完了。随后，当专家开始问他第一个问题时，他却放心了。专家们问的是关于中国的改革开放，而纳赛尔的"中国概况"课就有这个内容，而且还是他最感兴趣的内容，上课时就常常跟老师交流。这话匣子一打开就收不住了。考官们兴致盎然，跟他谈了整整30分钟，而考官们与在他后面的考生的交谈时间基本都在10分钟左右。

面试过后，纳赛尔原本以为事情已经告一段落，万万没有想到的是，两周后深圳大运会组委会通知他前往深圳报到，安排他和刘翔以及来自美洲、欧洲、大洋洲的火炬手一起点燃大运会火炬。此外，深圳市政府将他与其他4位火炬手的雕塑放在了深圳大运会广场。

当大运会组委会通知纳赛尔到深圳报到时，他正在为自己的泰国旅行做准备。应组委会的要求，他改变了原有行程安排，按时到达深圳。一开始，纳赛尔以为组委会会安排他从事翻译类的工作，结果却是意外地成为火炬手。此等殊荣不仅让纳赛尔十分惊喜，也让他增长了见识，留下了难忘的美好回忆。开幕式后，在大运会组委会的批准下，5名主火炬手获得了珍藏火炬的机会。为感谢原国际汉语学院的培育，经慎重考虑，纳赛尔将此火炬赠予了学院，借以表达自己对母校的培育之恩。他希望一个北非青年的痕迹能永远留在中山大学芳草萋萋、落英缤纷的校园，纪念这段美好的年华。纳赛尔希望这支火炬能作为非洲与中国世代友好的见证，激励中大的留学生积极融入中国，加强与中国学生的交流，也祝愿中山大学留学生教育事业蒸蒸日上。

象牙塔里：精彩的学府生活

纳赛尔第一次到中山大学是在1996年。美丽的校园和对中山先生的崇敬使他爱上了这里。和他去过的一些其他中国高校相比，依托岭南文化形成的自由开放的学术氛围、独特的文化内涵深深吸引了他。

热爱运动的纳赛尔来到中大后和一些热爱武术的学生一起组建了一支留学生武术队。武术队授课以中文为主，在大家学习武术的同时，更能够学习中文，一举两得。体

育系武术教练李鹏老师和纳赛尔作为武术队的教练。纳赛尔主要负责跆拳道。武术队面对男女生的授课内容不同，男生主要是刀，女生学习太极扇，同时还会有一些武术基本功练习。武术训练一方面丰富了留学生的课余生活，另一方面也增进了留学生之间的交流。在组建武术队的过程中，纳赛尔刚开始也会遇到诸如缺乏场地等困难，但在他们的努力和学院的支持下，武术队渐渐走向正轨。

2011年，这支留学生武术队的身影经常活跃在学院的晚会上，在中山大学国际汉语教育30年庆典上向大家展示了他们的精彩表演。台上一分钟，台下十年功。他们用了5个月的时间准备那场表演，不仅仅是为了证明自己，也是为了自己的武术梦想——让更多人看到武术的魅力。

纳赛尔还常常在周末组织一些户外活动，让他的队员与中国朋友认识交流，并把在课堂上学到的知识活学活用。他们爬山，在广州绿道骑自行车，在海滩露营、潜水、钓鱼等。如今，他的队员大部分人已完成在中国的学习任务，与他联系时，依旧流露出对那段时光的念念不忘。中国给了他们太多的快乐和美好的记忆！

在经济发展的新时期，中国正在向国际舞台迈出自己的脚步。商务汉语是汉语言的新方向，以留学生为主，本科4年制。一般前两年学习汉语基础课程，然后进行商务方面学习。纳赛尔在中国生活了多年，曾经的商业活动的经历为他积累了很多经验。为了提高相关专业留学生的就业竞争力，解决他们在办公技能等实际操作方面的缺失问题，纳赛尔协助学院开设"商务应用基础"课程，在教学中补充商务实践操作技能等相关内容，积极搭建留学生商务实习与创业平台，推动学院开展留学生商务实习活动。2011年，学院首次与两家企业签订接受留学生商务实习的合作协议。以前留学生实习主要靠自己去联系和争取，而对于一些没有关系的留学生来说，争取实习机会就有点困难。另外，留学生也没有相关的就业指导课程，所以这个课程的作用就显而易见了。留学生们在实习中展示的良好素养得到了实习单位的高度赞扬，为中山大学争了光。纳赛尔也用自己的亲身经历跟来中国培训的国外汉语教师共同探讨更好更快学习汉语的方法。这个课程进行到第三期时，一个对于往届毕业生的跟踪调查显示，他们刚毕业的工资水平一般在每月10000～12000元，有些甚至达到每月15000元以上。这些数据对于他们来说是莫大的欣慰和激励。不过纳赛尔更愿意把这门课看作一个职业技能培训，只是在工作前给予大家的一个实际操作的培训而已。

摘下光环：一个真实的自我

每个人都是独一无二的一颗星星，在浩瀚寰宇闪烁着自己的光芒。冰心说："成功的花儿，人们只惊羡它现时的美丽。当初它的芽儿浸透了奋斗的泪水，洒遍了牺牲的细雨。"成功的人生总是相似的，不幸的生活各有各的不同。他也是一个普通人，就像现实世界的你我他。

一边打工一边读书，这并不是简单的事情，但纳赛尔确实做到了。他来自一个军人家庭，在摩洛哥一个军人家庭会享受一些政府政策，生活条件还算不错。或许是某种自立自强的信念支持着纳赛尔半工半读地提升自我，在他看来，其实很多事情并非无法实现，只要停止为自己的懦弱和懒惰寻找各种借口。

生命在于运动，此行一路追梦

　　他是一个懂得克制自己情绪、积极乐观的人，在与他人意见不一或者面临冲突矛盾时他懂得如何避免矛盾，懂得"大事化小，小事化了"。生活中他不害怕吃亏，关键是每一次都要汲取教训，牢记前车之鉴。他也是一个"老好人"，总是乐于助人，有时候也会适得其反，好心办坏事。他就不断提醒自己，助人亦有道，要考虑自己的能力所及。

　　幼年的他梦想成为一名军人，像父亲那样英姿飒爽保家卫国。他也曾经想成为一名救死扶伤的医生。现在的他想将"商务应用基础"课程更好地推广，应用现代化的网络传播平台，参考美国、澳大利亚及中国香港和台湾等地的做法，系统地进行相关案例教学。

　　他还准备读中大管理学院人力资源的研究生，不断地提升自己。毕业后骑自行车环游中国是他另一个想法，他希望在旅途中领略这个国家的风土人情，感受这个国家的气息。

张悦
中山大学2011大学生年度人物

乐教奉献，青春无悔

张悦，原国际汉语学院（今属中国语言文学系）2009级研究生。从小就立志当一名教师的她，一直为实现自己的梦想而不断努力着。本科期间她就积极参加教师技能大赛，不断磨炼自己的教学技能、培养教师素养。读研期间，她选择了自己最钟爱的专业——汉语国际教育。把中华文化传播到世界是一项光荣的事业，也是她不灭的梦想。

2010年8月，张悦终于等到了实现梦想的一天，她作为国家汉办（中国国家汉语国际推广领导小组办公室）选派的38名汉语教师志愿者中的一员，前往中国的友好邻邦——柬埔寨任教，任期一年。柬埔寨艰难困苦的条件并没有磨灭张悦的热情，反而成为她超越困苦、乐教奉献的精神源泉。任教期间，她认真备课力求给当地学生带来生动有趣的汉语课堂；积极宣传和弘扬中华文化，在柬埔寨华文报刊发表文章数十篇。她以微笑和关爱为媒介，与当地民众结下深厚友谊。

她在汉语教学和中华文化传播方面取得了优异的成绩，用乐教奉献向友邦传达着汉语志愿者的高尚情怀。任教期间，张悦作为志愿者代表受到吴邦国委员长的亲切接见。2011年7月，她被国家汉办评选为"优秀汉语教师志愿者"。回国后，她还曾多次担任海外汉语志愿者选拔面试考官，把这份爱和关怀传承下去。

实现理想：教师之梦追与求

张悦是家里的独生女，从小梦想着成为一名老师。母亲是大学历史老师，父亲是酷爱藏书的普通劳动者，良好的家庭教育培养了她对于文学艺术的浓厚兴趣。幼时的梦想在心中生根发芽成长，烈日下的阴凉少不了它那一抹新绿。

小学和初中的语文老师让张悦感受到讲台的魅力，那些画面她仍记忆犹新。痴迷文学艺术的她在小学毕业前就读完了家中数百册文学著作。"独乐乐不如众乐乐"，她总是乐于和他人分享自己对于那些作品的见解和感悟。在家人和师长眼中，她有当老师的潜质，坚守自己梦想的她亦从未放弃。"师者，传道授业解惑也"，这也是她对于老师的理解。此外，她对经典提出了具有时代特色的新见解。在张悦看来，今之师者，不仅仅局限于教育界，还包括各行各业的老师。

为了靠近自己的梦想，张悦在本科期间就积极参加教师技能大赛，不断磨砺教学技能，培养专业素养。读研期间，她选择了自己钟爱的专业——汉语国际教育。汉语的国际化源于中国与世界的关系的转变。随着民族解放、政治独立以及经济腾飞，中国与世界的关系也日渐紧密，主动融入世界成为中国走向世界的选择。中国开始向世界传播自己的文明与智慧，传递汉语文化的信息。面向世界，打破神秘，增进沟通，消除误解，正是汉语教学肩负的使命。这其中的挑战性和深层意义正是最吸引张悦的地方。

2010年8月，张悦终于等到了梦想实现的这一天——作为国家汉办选派的38名汉语教师志愿者中的一员，她被派往中国的友好邻邦柬埔寨任教一年。国家汉办从2004年开始推进汉语教师志愿者项目，从国内招募志愿者到国外从事汉语教学。2010年，张悦通过报名、参加面试的形式被最终选定，和其他汉语志愿者一起参加了北京的培训，后赴柬埔寨任教。自2004年以来，国家汉办已派出了逾8000名志愿者教师，分布于世界五大洲48个国家。带着期望，张悦开始了柬埔寨的支教生活。前面的道路并不平坦。但张悦坚信执着的信念终能带领自己走过坎坷，奔赴梦想。

因材施教：亦师亦友一家人

2010年8月，张悦来到柬埔寨干拉省加江市培英学校任汉语教师。

培英学校是老华人孙宝儿先生一手创建的。孙老创办这所学校的初衷，是让华人牢记自己的语言和文化，并在柬埔寨弘扬中国文化。而在学校建成投入使用后，孙老还一直无偿为学校提供人力物力，给柬埔寨的孩子们提供学习汉语的机会。

柬埔寨乡下的孩子们学习汉语，习惯了教条的死记硬背。为了让孩子们真正学会说汉语、了解中国文化，张悦改变了"教师一人言"的课堂模式，开展丰富多彩的课堂活动，穿插绕口令、识字游戏、拼音搭配等练习，加入图片、歌曲、动漫、剪纸等生动注释。没有足够的教学用具，她就用硬纸板、废塑料瓶自制教具。

连上网络后，她就利用一个月800M的流量下载教学图片和影像资料。为了更好地向柬埔寨孩子解释一个很小的知识点，她要在教法和教具方面做足功课，常常忙到深夜。她还自学书写柬埔寨文字，将抽象难懂的词汇用柬文注释在黑板上，方便学生理解。有时候用柬文也很难解释清楚一些复杂词句，张悦还要加上手势和动作来解释。张悦很注重赏识教育，当场剪纸送给勇于回答问题的学生，让迟到的学生唱中文歌作为惩罚，将中华文化贯穿于对学生的管理教育当中。

教汉语是志愿者的本职工作，而让学生了解并爱上中国文化才是志愿者肩负的责任。张悦比较赞同张颐武先生对中国文化核心的理解：扶弱抑强、以德报怨、和而不同。根据学生年龄，结合学生兴趣，张悦选取的是中华传统文化中最有特色的文化符号，如节庆、民俗、艺术、中国电影等。在简陋的条件下，张悦用自己的笔记本电脑给孩子们播放北京奥运会开幕式，介绍开幕式相关内容和文化内涵，用图片展示新北京、新奥运风貌，教学生唱奥运歌曲。当孩子们唱着《我和你》，悠远的歌声在湄公河畔久久回荡，她的心里倍感欣慰。除了唱汉语歌外，孩子们最爱看的是中国电影。每周放电影的时候，门外总是挤满了一个个小脑袋。《功夫》《长江七号》《大闹天宫》《牧笛》……柬埔寨的孩子在灵动的画面中了解了中国，并深深地爱上了中国博大精深的文化。

看完电影之后，张悦总是适时指导学生写观后感，鼓励孩子们用稚嫩的笔触，把自

己对中国的情感记录下来。在她的辛勤指导和不懈努力下，她的学生波意泉在"大使杯"全柬华校学生作文大赛上获得少年组三等奖。从此这个乡村贫苦孩子的命运发生了很大变化，骄人的成绩也让他得到了去金边华校就学的机会。

张悦总是和学生们像朋友一样，平等相处、彼此关心，就像一家人。张悦和柬埔寨学生们的情感浓缩在她的摄影作品《我们亲如一家》中。照片中，张悦微笑着站在黑板前执教，环绕在她身边的是孩子们一张张美丽纯洁的笑脸。和国内的很多孩子相比，他们的家庭可以说是赤贫，有的还是孤儿，有的家人患有严重的疟疾和血液疾病。但从他们灿烂的笑脸上，根本看不出他们承受着大多数中国孩子不能承受的苦难。他们凌晨4点就要起床，下地干活或做家务，之后还要穿过密林、泥路赶十几千米路上学。即便如此，他们还是会赶在张悦上课之前把教室清扫干净，还会悄悄塞给她一把瓜子或是糖果。有个学生早上来上课，下午在校外卖冰棍，他会笑得像个天使一样把冰棍塞给张悦吃。任教一年，她经常被孩子们的坚韧与淳朴震撼，不断反省着自己过去的自私与浮躁，深刻意识到优越的生活条件并不一定能为自己带来内心的快乐。而正是这种内心的震撼，让她对那里的生活和教学更加珍惜，也体验到了简单与充实的快乐。

张悦立足乡村，乐教趣味汉语的事迹得到了当地柬华理事会的肯定和赞扬。2011年7月，张悦被柬埔寨柬华理事会评为"优秀汉语教师志愿者"。但她认为荣誉只是鼓励，却不能带给自己成长。她希望自己成长之路多些磨炼和经历，而不是奖状铺就。

激扬文字：文化使者在行动

张悦对汉语志愿者身份的理解有两个层次：一是教外国人汉语的中国教师，二是向不同文明传播中华文化的使者。

"传播中华文化其实就是和友国进行文化交流和沟通。"张悦在柬埔寨找到的交流和沟通的渠道就是当地的华文报刊。她的文章并不是炫耀中华文化，而是从一线志愿者的角度出发，结合自己的教学经历和志愿生活感悟，让读者了解她们这样一个群体，了解她们从事的工作和意义。除了写文章，她还坚持每天记日记。她相信若干年以后，当回忆起这段岁月，拥有的不仅仅是记忆里模糊的片段，还有翔实的资料和真切的心路历程。对自身来说，唯有跟踪记录自己的体会和感悟，才能不断总结和提高。

通过写信的方式，张悦联系到当地最有影响力的华文报刊——《柬华日报》的主编，期望报社能为志愿者开辟一块专栏。此举得到报社的大力支持，她的《在加江湛蓝的晴空下》作为第一篇反映志愿者汉语教学感悟的文章登上报端。

在任教的一年时间里，张悦有数十篇文章发表在报纸杂志上，在《柬华日报》《星洲日报》等报刊上发表了《十月盛放》《我的2011》《中柬友谊　亘古长青》《中华才艺走进柬埔寨华文课堂》《我在加江培英做汉语志愿者的日子》等文章30余篇，还在汉办《志愿者之家》电子期刊、汉办官网等网站上发表了《丰富充实的支教生活》等文章10多篇。其中，《中华才艺走进柬埔寨华语课堂》一文反响强烈，《柬华日报》编者在2011年3月7日第一版上对此文做过评论员文章《共话课堂教学　弘扬中华文化——从志愿者教师张悦的〈中华文化走进柬埔寨华语课堂〉所想到》，文章赞扬了张悦在推广中华才艺方面的贡献。

乐教奉献，青春无悔

张悦的文章以海外一线汉语教师的视角，反映了柬埔寨汉语教学的现状，展现了当代中国志愿者的奉献精神。柬埔寨最高华人机构——柬华理事总会对张悦在志愿者中的表率作用给予了高度评价。

乐教风险：笑对陋室

柬埔寨地处热带，旱季几个月滴雨不下，张悦在高温40℃的酷热中教学已是家常便饭。雨季来临时，教室和宿舍则常变成泽国。除了恶劣的环境，热带生物也常来侵扰，蚊蝇、蚂蚁、鼠类、青蛙、壁虎随处可见，还要预防疟疾的危险，食品稍不注意保存也会被蚂蚁攻陷。任教期间，张悦的背部和脚被毒蚂蚁大面积咬伤，仍带病上课，只有等到了节假日才驱车去大城市治病。

房间里只有一张木床、一个衣柜和一张木桌，家用电器只有一盏电灯。没有浴室和洗手间，洗漱如厕都要跑到教学楼才能解决。柬埔寨乡下缺水少电，雨水做饭、秉烛备课也成为常事。尽管物质生活十分贫乏、生活环境非常艰苦，但是张悦却保持着乐观的心态。她给自己的房间写下"谈笑有壁虎，往来有蚊叮"的《陋室铭》，还在文章中写道："尽管校门外是泥泞的水洼地，学校紧挨着牛棚和猪圈，每天都要踏粪而行，与蝇同餐。尽管每天判完上百本作业还要备课，累得筋疲力尽，但内心却无比幸福和充实。当精神世界得到充分满足、不再空虚时，匮乏的物质世界的干扰就会变得十分渺小。虽然夜黑得很早、静得孤独，但许多只大大小小的壁虎会跑进来和她做伴。还有无数只嗡嗡的小朋友，在身体上留下几十个'吻痕'。"

笑对困苦，乐教奉献，让她与学生、家长和当地民众结下深厚友谊，一年的任期让她有机会和当地的华人、柬埔寨人密切接触。而作为学校领导的孙会长对她的生活和教学非常关心，也非常支持。校长和其他老师也经常邀请她去家里做客。学生家长常常将自家种的水果送来，这些都让她感到非常温暖。而每当村里有婚庆、节庆等活动时，张悦都会接到当地人的邀请。张悦即将离任的时候，学生和家长来送她，这些都让她非常感动。

在优越的环境中，人类总是低估自己的潜能；在丰饶的物质世界中，人类总是不清楚自己真正需要什么；在周围蜜罐般充满爱的世界里，人类却往往不知爱为何物。看过很多感动中国人物的事迹，他们都在艰苦的环境中战胜了自己，做出了常人难以想象的事业。她完全相信，一个人只要精神不垮，任何困难都能克服。

载誉而归：汉教事业志不渝

国家汉办志愿者中心的老师们全都阅读了她的文章，朱梅芬老师说："看完你的文章，我的感受是心疼、感动、为你高兴。"国家汉办将她的文章转发给其他志愿者，还为即将远赴世界的志愿者们做了公开宣讲。国家汉办志愿者中心的领导给予她这样的评价："看到你在柬埔寨乡村小学简陋环境下快乐的教学生活，积极主动地融入当地华人群体，受到学生、老师和家长们真心的欢迎和接纳，我真为国家有你这样乐于奉献、快乐志愿的汉语教师志愿者而由衷地感到骄傲、感到自豪，我也深深地被你的不以苦为苦、反以汉教为乐的充实的精神境界感动着。在艰苦的环境中，你积极进取、全身心融

人，在展现汉语教师志愿者奉献、友爱、互助、进步的精神风貌，帮助当地华人师生提高汉语文化水平的同时，春风化雨、润物无声地密切了柬埔寨华人与中华民族天然的血肉感情。在积极生活中，你付出了热情，赢得了真诚；付出了辛劳，收获了欢笑；付出了坚持，形成了执着；赶走了孤苦，赢得了关爱；克服了困难，取得了进步。"

由于表现突出，张悦曾作为志愿者代表参加了吴邦国委员长的接见活动。2011 年 7 月，结束任期之后，基于她在汉语教学和弘扬中华文化方面做出的贡献，国家汉办授予她"优秀汉语教师志愿者"的荣誉，肯定了她在汉语教学、海外课堂管理和跨文化交际方面的能力。

归国后，国家汉办邀请张悦作为国家海外汉语志愿者选拔面试考官。她先后参加了 2012 年海外孔子学院志愿者福建师范大学选区面试和 2012 年中山大学赴泰菲尼美汉语志愿者面试。这使她有机会与对外汉语界资深院长、教授、学者一起，为中国派出更多更优秀的海外汉语志愿者贡献自己的一份力量。她是一个平凡的人，追寻梦想的旅途展现着自己不平凡的魅力。成为一名优秀的汉语教师是张悦的梦想，也是她不断奋斗的目标。在过去的日子里，她在对外汉语教学中奉献着、收获着、快乐着。

或许，真正的人生应该这样度过：没有锦衣玉食的富足生活，没有一路鲜花掌声，只有对梦想的不懈追求，对他人孜孜不倦的奉献，以及自己心中沉甸甸的爱的责任。张悦，就是这样一个人。在她的身上，我们看到了当代中国志愿者奉献精神的最好诠释。

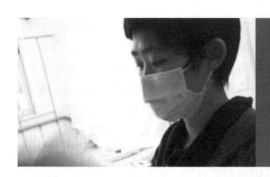

梅琳

中山大学2010大学生年度人物

心若在，梦就在

梅琳，历史学系2006级本科生。她曾获中山大学二等奖学金、中山大学三等奖学金、中山大学"优秀团员"称号。

或许，在很多人眼里，白血病是距离自己很遥远的事情。曾经，梅琳也是这么认为的。然而，当这一切成为事实后，她惶恐、她不安。但当她咬牙坚持着，一步步地从黑暗中走出来，一步步地克服困难战胜病魔时，她惊喜地发现，原来自己可以这么坚强地积极向前。在被确诊患有白血病后的一整年里，梅琳的生活一直围绕着医院展开：不断地重复着化疗—恢复—再化疗的过程。这一切看似平淡无奇，其中的辛酸只有真正经历过、见证过的人才能体会到。然而，当这一切都已成为过去，再回想时却发现，那些痛苦的经历已变得遥远而模糊。梅琳无法预知自己的未来将会走向何方，但是在她看来，能够快乐地过完现在的每一天便是最大的幸福。对那些默默关心、帮助她的人，梅琳表示万分感谢。经此一事，梅琳坚信着："心若在梦就在，天地之间还有真爱，那么，痛苦又有什么可怕的，只不过是从头再来。只要有坚持、有信念，未来一定不是梦。"

时间流逝如此之快，转眼间又是一年。梅琳回想过往的人生，没有哪一年像2010年能让她如那般大喜大悲。她表示，假使自己能够活到七老八十，当满鬓斑白时再回想这一生时，估计也不会再有任何一年能像2010年那样清晰地印在脑海中，久久不去……

2009年年底到2010年年初，梅琳一直被一股幸福的暖流包围着：她一如既往地拿到了奖学金，很顺利地取得了保研资格，一切都很圆满。她开始憧憬着自己的未来，计划着继续读书深造，然后找份很好的工作，赚钱给父母养老、供妹妹读书——美好光明的未来似乎已经触手可及。然而，命运却给沉浸在幸福中的她开了一个很大的玩笑，一夜间，所有的梦想都变成泡影，苦笑是梅琳那段时间里唯一能做出的回应。

曾经，梅琳一度觉得白血病是离自己很遥远的事情，对这三个字并没有什么明晰的概念。然而厄运就此降临。当她看着这三个在自己脑中没有什么概念的字出现在自己的病历上时，她哭笑不得，觉得上天只是跟自己开了一个玩笑，以为笑话说完后一切都会变回最初的样子。她仍然清晰地记得，当自己听到这个消息时的反应——楼下传来的是她母亲的哭声，但她心里却是真的好平静……

接下来的事情听起来很单调，去接受治疗，随后一年的生活就此围绕医院展开。梅琳不断地重复着化疗—恢复—再化疗的过程，在循环往复中争取一线生机。简简单单的一句话，却承载了太多的苦痛和辛酸。即使化疗真的很难受，即使真的很害怕动手术，但梅琳从来不哭，也不敢哭。因为她害怕，怕深爱着她的父母坚持不住，怕增添他们的心酸和烦恼。实在承受不住时，梅琳也只敢躲在被窝里，偷偷地流泪。

当时间一天天过去，当化疗已成为家常便饭，她也慢慢接受了这个事实，成为大家眼中坚强的孩子。经常听到那些不认识的病友对自己说道"久仰大名"，梅琳也很为自己感到自豪。虽然在梅琳自己的眼里，她并不比别人更勇敢、更坚强，只是一直相信只要勇敢地走过这个坎，那么未来不管遇到再大的困难，自己一定可以成功地应对。尽管如此，她的坚强和镇定还是默默鼓舞了很多人。

梅琳回想这段经历时笑言，还真觉得自己蛮倒霉的，为什么偏偏是自己中了"大奖"？但她又提到，跟病友们聊天，大家都说自己很倒霉，但是所有人都在很乐观地面对。他们都很清楚自己要面对的是多么痛苦的过程，但是他们一路坚信着、等待着胜利到来的那一天。

在治疗期间，梅琳一直等待着能够找到合适的骨髓，然而一切的结果都显示，希望渺茫。万般无奈之下，只能接受自体移植的治疗手段。然而，自体移植无法根治问题，她的白血病理论上讲一定会复发，只是下次复发的时间未知而已，可能是两三年，如果她足够幸运，也有可能在10年内都不会复发。当时，梅琳觉得，自己的人生、未来似乎无望了。但转念一想，放弃手术治疗，生命仅剩不到3个月，但接受自体移植，还能赚回更多的光阴。她感谢上天的厚待，让她得窥一线生机，让她遇到了很多的好心人，在病中不至于绝望，不必担心经济问题。她认为，比起那些因无力负担巨额费用而只能等待死神降临的人，自己是极为幸运的。社会给予了她很多的帮助，更带给了她无尽的温暖。

当所有的这一切都已成为过去，梅琳回想走过的2010年时，发现自己所能回忆起的都是那些快乐的事情：笑着跟医生讨论自己没有什么概念的医学名词，跟护士们聊谁的打针技术好，跟病友们聊家常，跟同学们聊八卦，而那些痛苦的经历在脑海中已变得模糊。这并不是一种刻意逃避，而是因为对梅琳来说，最重要的是把握现在，把握自己即将走过的每分每秒。虽然无法预知未来会如何，但是能够快乐地过完当下的每一天，便是最大的幸福。

在2010年，梅琳说得最多的便是感谢。对照顾自己的医生护士们，给自己加油的病友们，一直支持、鼓励自己的老师、同学们，那些不留姓名却为她的生命燃起希望的许许多多的中大人，那些默默关心、帮助她的人，梅琳深表感谢。他们给了她勇气，给了她坚持，给了她继续奋斗的力量。虽然有太多的痛苦，虽然失去了很多，但是有着所有人的支持与帮助，梅琳还是走了过来，看到了明天。

《从头再来》里有一段话："昨天所有的荣誉，已变成遥远的回忆。辛辛苦苦已度过半生，今夜重又走进风雨。我不能随波浮沉，为了我至爱的亲人。再苦再难也要坚强，只为那些期待眼神。心若在梦就在，天地之间还有真爱。看成败人生豪迈，只不过是从头再来。"这是梅琳能够想到的最能够表达她劫后余生的心情的语句。在挫折、磨难面前,她之所以可以咬牙坚持下去,能够笑着度过这段苦痛的日子,是因为她可以不要生命,不要其他,但是她不能不要至爱的亲人,为了他们,再苦再难,她也要坚强地走下去,何况还有那么多的期待眼神。更何况,心还在、梦还在,天地间的真情还在,只不过是从头再来,在经历那沉重的磨难之后,又有何难!冲破迷障,未来可期!

林明华

中山大学2010大学生年度人物

孜孜追求，扬帆起航

林明华，管理学院财务与投资系2008级本科生。他的综合测评成绩为5.3，名列全院第一，创下专业的历史记录，曾获得国家奖学金和李学柔基金奖学金。

他出身于农村贫困家庭，大学期间申请了国家助学贷款，通过勤工助学和兼职家教实现了经济独立。在大二实现经济独立之后，林明华个人出资近千元资助了广西百色和四川灾区各一名贫困学生，还曾带领班级资助一名广西瑶族的贫困学生。

他积极参与志愿服务活动，在亚运会、亚残运会期间担任中大馆观众服务领域运行助理，获得了"中山大学志愿之星"和"亚运服务先进个人"称号，也获得亚组委颁发的"先进志愿者"荣誉称号。

大学期间，林明华在经管类的商业学术比赛中成绩卓越，曾获"昆山杯"总冠军、GMC全国二等奖等奖励。他还出资创立了广州市瀚潮水污染治理有限责任公司，兼任执行董事。

勤奋好学

在学习方面，林明华时刻谨记自己背负的使命与期望，踏实认真，刻苦钻研，从不松懈。他不以此为苦，不认为这样的生活方式枯燥乏味，反而在汲取知识的过程中收获了无穷的满足感。在他看来，宿舍、课室、图书馆、学院办公室四点一线的生活让他感到无比的充实和快乐。

经过大一一年的努力，林明华取得了全年平均绩点4.0、总成绩在班级60人中排名第二的好成绩，并获得了中山大学优秀学生一等奖学金、国家励志奖学金、Panasonic育英基金奖学金等三类奖学金，收获甚丰。而在第二学期的4门专业课中，林明华取得了2门第一、1门第三、1门第四的好成绩，在同学中传为佳话。大二学年里，他更是以5.3的综合测评成绩夺得全院第一，创下了专业绩点的历史纪录，如愿获得国家奖学金，并且再次获得中山大学管理学院李学柔基金奖学金。多次获得奖学金的经历，不仅是对他的一种肯定，也激励着他继续努力学习知识、修身养性。

自强不息

林明华出生于广东省湛江吴川市的一个普通农村家庭，家中排行第5，上面还有两个姐姐和两个哥哥。家中共有7口人，经济负担沉重。他回忆小时候，父母为了让他们5兄弟姐妹能够顺利健康地成长，日夜在外劳作，饱受辛酸，却依然难以支撑起整个庞大家庭的经济开支。由于常年劳累工作，他的父亲在他还在读六年级时就因病不幸去世。在悲痛还没消散之际，他的母亲，一个柔弱的妇女，咬紧牙关撑起家中的大梁。

正是由于自幼的成长环境比旁人艰苦，林明华的意志得到了很大的磨炼，而这样苦痛的童年经历，也给予了他无穷的奋斗目标和力量。他如愿考上中山大学之后，为了减轻家庭的经济负担，他只能申请国家助学贷款。虽然，在明华上大学时，家中的经济条件已经较过去好了许多，但懂事的他选择了利用勤工助学和兼职家教来实现经济独立，自大一下半年开始就没用过家里的一分钱。

自主创业

身为一名中山大学管理学院的学子，从他迈进善衡堂的那一刻起，"追求财富，取之有道"的信念就深深扎根于他懵懂的心灵中。

在大一、大二的学习期间，林明华接受的是一个中外闻名的商学院的基础教育，逐渐具备了一定的创业知识和技能。同时，他在参加各种创业类型比赛的过程中也结识了一批志同道合之士。

经过大学头两年的锻造，林明华的商科知识越来越丰富，商业思维也越来越清晰，在管理学院（创业学院）致力于推广基于"STRATEGIC"战略创业理念的创业教育与培训新模式大氛围的影响之下，"创业"的念头也就慢慢在他逐渐成熟的人生观体系中生根发芽。在以往的认知里，创业一直仅仅被认为是个人追求财富的手段，但作为新时代具有社会责任感的创业者们，应该将创业看成增加民族财富、改善民族产业结构、提升民族核心竞争力的一份责任。

在校期间，林明华曾获"昆山杯"全国总冠军。借此东风，他和他的团队将创业的想法转化为实践，迈入真正的市场。他作为股东之一，出资创立了广州市瀚潮水污染治理有限责任公司，兼任执行董事。公司的注册资本为100万元人民币，坐落在广州大学城广药产学研基地。

将项目推向社会是他们团队第一阶段的目标，紧接着是争取更多的资源并进行整合，从而正式将项目推向更广阔的市场。一群怀揣着梦想和远大抱负的年轻人，在业界里劈波斩浪，探索合理高效的运作模式。他们有沉重的使命感和创业激情的激励，有学校和社会各界的大力支持，瀚潮团队继续大步向前，计划借助"商界黄埔"的力量放飞创业梦想，成为中国当代大学生新型创业事业的弄潮儿。

热心助人

艰苦的环境让明华从小就学会了独立自主地生活，养成了坚强的意志，懂得了感恩。在学习上他刻苦认真，追求远大的理想；而在生活上他朴素踏实，待人和善，不吝给予他人帮助。

大一担任班长时，林明华在班里牵头资助了1540元给广西百色一位贫困的高三学子——黄晶云，让生活困窘的她不必再为学费天天担心忧虑，让她重拾学习的信心与热情。

大二实现经济独立之后,林明华曾个人出资近千元分别资助了广西百色和四川灾区各一名贫困学生,并与他们通信,用他自己的例子来激励他们奋发向上,不要放弃希望。

林明华出身于困难的家庭,深知当时求学的艰辛。为此,他想帮助出身于困难家庭的学子,并引起社会对贫困学生的关注,传递这份爱。

志愿服务

亚运会和亚残运会期间,林明华担任中大馆观众服务领域运行助理,负责亚运期间的检票工作和亚残运会期间的引导工作,同时还担任中山大学志愿者团队小队长,负责志愿者的日常管理工作。3个多月的服务期间,林明华恪尽职守、口碑颇佳,并最终获得了"中山大学志愿之星"和"亚运服务先进个人"称号,也获得亚组委授予的"先进志愿者"称号。

亚运会带给他"志愿者"的名号,也同时带给他各种酸甜苦辣的感受和无数感动。亚运会后,他将"志愿者"的身份继续扮演下去——因为于他而言,"志愿者"不是一个任务,而是一种做人的态度,是一种人生观和价值观的体现,一种在帮助他人的过程中收获快乐与成就感的生活方式。"志愿之星"是对他个人的肯定,更是对他继续坚持"志愿"人生态度的激励——"我志愿,我快乐!"

除了参与亚运亚残志愿者服务外,林明华大学期间只加入了一个社团——青年志愿者协会,在这个温暖的组织里,他学会了如何在奉献中收获快乐,收获成长。他曾参与"走进高三高考经验介绍志愿者""中国中小企业博览会志愿者""探访启智智障儿童志愿者""服务一条街"等多个志愿活动。

特殊才能

大学期间,他专注于经管类的商业实践比赛,曾经参加过几乎所有类型的商业比赛,取得了卓越的成绩,斩获奖项无数:

(1) 2009年国际企业管理挑战赛(GMC)中国赛区二等奖。

(2) 2010年"昆山杯"全国大学生优秀创业团队大赛全国总冠军。

(3) 2010年商道企业模拟经营大赛全国赛南区一等奖。

(4) 2010年花旗学术论坛金融产品设计大赛广东省5强。

(5) 2010年国际企业管理挑战赛(GMC)中国赛区二等奖。

(6) 2010年"挑战杯"创业项目计划大赛广东省铜奖。

(7) 2010年"花旗杯"金融软件应用设计大赛校内选拔赛二等奖。

(8) 2010年安永财会征文大赛二等奖。

(9) 2011年"挑战杯"学术科技作品大赛校内一等奖。

(10) 第三届年中山大学课堂英语展示大赛一等奖。

其中,"昆山杯"全国大学生总冠军是中山大学近年来获得的商业类型比赛奖项中规格最高、分量最重的奖项。2010年"昆山杯"全国大学生优秀创业团队大赛由教育部主办,昆山市委、市政府承办。自 2009 年 11 月启动以来,得到各省市、高校的积极响应,共有 29 个省区市、636 所高校、4154 支团队参加本次大赛。林明华所在的瀚潮创业团队凭借团队实力顽强拼搏,一路过关斩将,最终夺取本次大赛最高荣誉——全国总决赛冠军,获得特等奖,并获得主办方提供的 100 万元创业支持资金。

前路漫漫

艰难的成长环境并没有让明华失去希望,更没有夺走他的勇气。他在一个艰苦的环境中成长,一直渴望通过自己的努力来达到父母的期望、改变自己的人生,让他们感受到付出的意义,让他们为自己有一个意志坚强、艰苦拼搏、善良感恩、乐于奉献、成绩卓越的儿子感到骄傲。成才后,他通过自己和团队的努力,为国家创造了更多的价值和财富,为社会带来更多的希望。于他而言,这就是他选择创业的原因,也是他一直以来"为中华之崛起而读书"的梦想写照。

人生的路还很长,林明华的"革命"也尚未成功。在未来的无数个日夜里,他表示,他依然会坚持奋斗、拼搏,自强不息,厚德载物,不负才华,不负青春,谱写更加辉煌的人生篇章!创业不再只是追逐个人财富积累的途径,更是为国家创造公共财富、为社会创造更多机会的最佳方式。这是新时代创业者应肩负的责任,这是对国家和社会最好的回报和馈赠,更是青年担当的最好体现!

中山大学2010大学生年度人物

天籁歌喉唱响青春之歌

曹雪妹，传播与设计学院2007级本科生。

她擅长弹奏钢琴，有一副好嗓子，曾参演校级、省级、国家级文艺汇演及比赛过百场，还曾在访问菲律宾孔子学院期间为外国友人表演，展示中华传统文化的魅力。

她热心公益，为第十三届研究生支教团成员之一，赴祖国边远山区志愿支教一年。

她以她的天籁歌喉，唱响一曲美丽青春。

艺术特长

曹雪妹自5岁起学习钢琴，12岁就取得中央音乐学院校外钢琴考级最高级，并开始学习声乐。大学前获得中央音乐学院7级证书和中国音乐学院8级证书。

入大学后，她积极参加了多类比赛并小有收获：中山大学第一届必胜客欢乐新声歌手大赛第一名、中山大学第二届"众说风云"播音员大赛第二名等。

在积累与锻炼中，她幸运地接受了艺术教育中心多位老师的指导，并被推荐参加了多项大型比赛，均取得了较为理想的成绩。

2009年6月，曹雪妹参加了由中山大学党委组织部主办的中山大学第三届党员风采大赛，在校区初赛、复赛中一路过关斩将，最终获得了四校区总决赛一等奖的好成绩。

2009年7月，她作为广东省唯一参赛歌手，赴厦门参加由中华全国学生联合会、台湾中华青年交流协会联合主办的第五届海峡两岸校园歌手邀请赛，与来自清华、北大等内地知名高校及台湾数十所高校的校园歌手同台竞技。曹雪妹凭借着一曲美声歌曲《故园恋》，自弹自唱，获得了"最具潜力奖"，并得到了在场评委的高度评价。

2009年11月，她代表中山大学参加由共青团广东省委员会主办的第四届广东省大学生艺术节"魅力星声"校园歌手比赛，经广州赛区初赛、复赛、全省各赛区决赛的重重选拔，冲出重围脱颖而出，终获第一名的好成绩。

2009年12月，她代表中山大学参加由广东省教育厅主办的广东省首届大学生声乐比赛，获全省第一名。

2010年11月，曹雪妹和另外两位同学组队参加了第五届广东省大学生艺术节之海峡两岸和香港、澳门校园金曲"菁英奖"音乐大赛。她在这场比赛中演唱了自己在中山大学的原创校园歌曲《红砖绿瓦》（收录于中山大学第三张校园原创专辑《让梦飞翔》中），并获得了省级三等奖。

曹雪妹在校期间担任校团委艺术部常务副部长、合唱团团长，任职期间获得"优秀干部"称号。她个人积极参与校内外演出、比赛，曾连续三年参加校、院迎新晚会、校运动会开幕式文艺演出、校新年音乐会等大型文艺晚会，也曾在中山大学暑期"三下乡"活动中参与了多场文艺演出，为观看演出的当地百姓带去美的享受。几年来，她累计参加省级、校级演出近百场。她还曾录制中山大学第三张原创校园专辑《让梦飞翔》，还是2010年广州亚运会志愿者歌曲《一起来 更精彩》的原唱之一。2010年广州亚运会结束后，她还担任了"'志愿者之夜'和谐之声——谭晶广州大型公益演唱会"的热场演唱嘉宾，在亚运会开闭幕式的演出场地海心沙演唱。

除了参加比赛，曹雪妹还在中山大学第三届"星海之声"研究生合唱比赛中担任信科院指挥，获三等奖；在第四届研究生合唱比赛中指导传设院合唱团队并在其中担任领唱，获三等奖。

她还曾代表中山大学赴菲律宾典耀大学孔子学院访问。在马尼拉亚典耀大学的华人联欢会上、在当地幼儿园里、在当地最大的商场里，她为外国友人们演唱了多首中国歌曲，带去了中国文化，使当地人感受到来自中国的友好问候，促进了两国民间的艺术文化交流。

而在85周年校庆期间，她随艺术团赴香港参加"香港校友庆祝母校85周年庆"的演出。她充满活力的表演为在场的20世纪三四十年代老校友们带去了青春的气息和母校的问候。同时，她还参加了85周年校庆晚会、校友会晚宴演出等校庆系列大型文艺演出。

2010年4月，她在星海音乐厅表演，领唱《雨后彩虹》获得了观众的一致好评。

正是因为她在各项文艺活动中均有较好表现，曹雪妹获得了中山大学美东江学金和中山大学OLAY女性创新与梦想基金，而此项基金，在全校内仅有10人获得。

专业学习

曹雪妹连续三年获得了中山大学优秀学生奖学金，并保研到中山大学社会学与人类学学院社会学专业。她曾负责中山大学本科生科研项目《蜗居、蚁族的媒介呈现、动因及社会影响研究》的研究工作及社会调研项目《震后社区重建计划的科研考查与志愿服务活动水磨站点总结报告》的报告撰写工作。

同时，她很重视通过实践来应用所学、了解社会。她曾作为《中大青年》的报社记者、外联干事参与版面制作和外联活动，也曾作为中山大学电视台出镜记者及主播参与到中大新闻的采访和制作当中。

2010年暑假，她在中央电视台CCTV新闻中心经济新闻部宏观经济组实习。实习期间，她曾在记者老师的指导下，协助制作《录音揭露绿豆价格暴涨背后黑手》等多则新闻。在当时，这些消息一经播出即被新浪、搜狐、网易等各大网页以头条登载，并经多家媒体转载。此外，她还曾在哈尔滨电视台、广州市荔湾区宣传部、中山大学团委、中山大学附属中学实习。这些经历，能够让她更好地了解社会、迈向社会。

志愿服务

曹雪妹始终认为,一个有责任感的大学生应该充分了解国情,热心公益。因此,她参加了"博雅教育——汶川震后社区重建计划科研考察与志愿服务活动",于2010年年初赴汶川县水磨镇开展科考及志愿服务。她清楚地记得,那年的冬天很冷,那里的生活条件也不是很好,包括她自己在内的多名队员都出现了水土不服、上吐下泻的状况。但是在这样恶劣的自然环境和极差的身体条件下,她仍坚持从两三千米高的荒僻山顶走到繁华的小镇,走访了近百户人家。令她欣慰的是,他们的家访报告为当地社工及政府评估灾区重建的成果和发掘问题提供了很大的帮助。

2010年,她志愿服务第16届广州亚运会和亚残运会,参与了从10月初的前期准备到亚残运会圆满闭幕的工作全程。最初,她担任国际广播中心转播协调助理一职。在工作岗位上,她认真负责、尽心尽力,得到了主管的认可,主管决定给她更多的机会、更大的平台践行她对志愿服务的信念。主管安排她身兼数职,同时担任主服务台助理及开闭幕式礼宾服务助理。她回忆,那段时间她过得既忙碌又充实:她曾熬夜赶文件,连续工作14小时;也曾推板车运货,3天内和同伴一同装好了3000个媒体包,手指都被磨出了泡;还曾为了在开闭幕式当天顺利地指引贵宾观看节目,多次辗转于亚运城、体育中心、奥体中心、海心沙等场馆。虽然工作很累,但她总是保持着微笑地回答转播商及贵宾们的问题甚至是质疑,认真地为他们解决问题、解答疑惑。而在一位外国转播商告诉她"My memory of China are wonderful because of the fantastic volunteers like yourself. Thank for your efforts and kind help."时,她认识到,我们每个人就是中国的名片,就是广州的笑脸。由于她的认真负责,她获得了亚组委表彰的"亚运会先进个人"称号,以及获得了中山大学表彰的"亚运会志愿者每日(微笑)之星"(全校志愿者中每日选10人颁发)、"亚运会志愿服务铜奖"(前5%)以及"亚残运会志愿服务银奖"(前3%)。

此外,她曾加入中山大学第十三届研究生支教团,在本科毕业后到西藏(或云南、新疆)支教一年,为西部欠发达地区的教育事业和经济发展做出一点贡献,在给孩子们教好书本内容的同时,也把外面精彩的世界呈现给西部的孩子们。

学生工作

曹雪妹曾担任两届校团委艺术部常务副部长,协助组织"亚运会志愿者招募启动仪式""中山大学优雅艺术进校园"等活动,并在2010年亚运会开幕式前半年及亚运期间多次举办"中山大学亚运文化宣传团进社区"活动。任职期间,她的工作得到了老师和同学的广泛认可,曾两度获得校级"优秀团干部"称号。

她还曾担任校合唱团团长,任职期间,组织了多项较有影响力的大型比赛及音乐会如"必胜客校园十大歌手"大赛、中山大学科技艺术节闭幕式暨新年音乐会等。

在任职合唱团团长期间,她还曾带领合唱团参加了第二届全国大学生艺术展演之广东决赛,在全省众多参赛单位中斩获一等奖;曾参加中山大学第五届教职工合唱舞蹈比赛。

秉承着"We are family"的宗旨,曹雪妹与合唱团各位团干们在合唱团中成功营造了家一般的氛围,内部关系非常融洽。合唱团成员们还因为曹雪妹对这个大家庭的关爱和付出,集体改编了一首歌曲——《听雪妹的话》。曹雪妹带领的合唱团曾获得过社团博客大赛最佳人气奖和社团风采大赛最有创意奖。

牛海涛

中山大学2010大学生年度人物

博学审问于医道，仁爱笃行于公益

牛海涛，中山医学院临床专业8年制2005级本科生，中共党员。他热爱医学，怀一颗仁心，立志做一名德技并重的临床医生，秉承我校"三基三严"优良传统，专业课学习勤奋刻苦，注重培养临床技能，连续5年获本专业综合测评第一名，连续5年获得中山大学优秀学生一等奖学金，连续3次获国家奖学金，获Asia Education Foundation奖学金一次，获中山大学"笃行"优秀学生干部奖励金一次，还曾获"中山医最高奖"——广东省柯麟医学教育发展基金会奖学金。他注重英语学习，加强对外交流，成功申请加入牛津大学临床实习计划。

他早期接触科研，曾获得国家大学生创新性实验计划立项两项，广东省大学生创新性试验计划立项一项，中山大学医学教育、暑期科研立项各一项，在研经费3万余元，并在国家级期刊发表论文4篇，其中第一作者3篇。

他早期接触临床，注重思想交流与传播，曾赴北京、高雄等地参加学生论坛或学术会议，塑造医生品格，培养学术敏感度。

他甘于奉献，关注水污染问题，关心无烟医院建设、不盈利医院建设等，志愿为孤儿、孤寡老人服务，组织并参加大型志愿医疗服务活动多次，还曾积极参与抗震救灾志愿服务，学以致用。

他服务同学，在团结奋进中培养能力，曾任中山大学附属第一医院实习组大组长、校研会常委、北校区主席、校青马班班长等。

仁爱为本，塑造品格

牛海涛立志从医，热爱医学，始终坚信作为一名医生，既要有"仁"心，又要有"爱"行，两者是从医的根本。木无根则不立，水无源则不流，而医生无仁爱之心、之行则不立足。唯有仁爱俱存，才能体察病人的细微病情变化，及时做好病情判断，挽救病人于水火。同时，牛海涛认为，仁爱在其他领域也会起到正性催化剂的作用，因为真善美是事物发展的主旋律，而仁爱正是产生真善美的基础。

刻苦钻研，培养技能

在珠海校区进行自然科学学习期间，牛海涛以积极的学习态度和有效的学习方法对待每一门课程，扎实掌握了化学基础知识和实验技术，取得了优异的成绩。同时，他注重计算机科学技术和人文科学知识的学习，选修音乐、美术、经济、历史等课程，拓展兴趣；另外，他也注重身体素质的提高，选修健身、高尔夫球、游泳、乒乓球、体育舞蹈等身体素质课程，力求健康生活、健康学习、健康工作。

牛海涛认为，在北校区学习的经历是对他人生的深刻磨砺。在强大师资和高效管理的条件下，奋发图强、追求卓越是他的第一要务。他不仅加强基础医学与临床医学的学习，深入学习学位课程，在双语教学与英文笔试、70分合格、分流筛选制度等严格客观要求下，逐步适应了快节奏、高强度的生活方式，不断提高医疗理论水平和技能水平，还注重医德医风素质的陶冶，全面学习了人文医学课程，更加注重实践，对现行医疗体制、医患关系、医疗法律等都有全面的认识。此外，他不但注重科研实验方法和思维的培养，初步感受到"小科学家"的滋味，而且关注自身眼界和胸怀的拓展，逢年过节便到导师家聚餐，经常聆听前辈教诲，在前辈的经历经验中得到启发、感悟人生，从不同角度深化了自己的思想和认识，补充了课堂学习的空白。

接触科研，初露头角

在众多教授指导下，牛海涛积极培养科研意识、思维和方法，较好地掌握了科研的基本思路，并获得国家大学生创新性实验计划立项2项（其中一项为学生第一申请人），广东省大学生创新性试验计划立项1项（学生第一申请人），中山大学暑期科研项目立项2项（学生第一申请人），得到资助金额总计达3万余元。

在专业领域，他进行了"人工合成LL-37抗菌肽的表达鉴定及活性检测"等科学实验研究，进行了医学人文领域的调研研究，进行了医学教育领域的调研分析，并于国家级中文期刊上发表论文共4篇（第一作者3篇）。他还积极参加各种医学学术活动，如"第二届全国学科交叉论坛""全国胃肠外营养学年会""POST-ASCO暨肿瘤内科年会"等，积极培养学术精神和意识。在校期间，他师从中国科学院院士曾益新教授，在华南肿瘤学国家重点实验室及华南生物治疗基地进行肿瘤生物治疗学基础与临床研究。

接触临床，放眼国际

牛海涛还积极参加临床预见习活动，增强基础医学与临床医学融合的意识。在低年级时，他利用暑期在北京协和医院、北京积水潭医院、哈尔滨医科大学等地进行临床观摩，并在上级医师指导下逐步开展医疗工作，曾获中山大学首届医学基础知识与基本技能竞赛第一名。在校期间，他十分注重基础英语和专业英语的学习，连续多次英语成绩名列前茅，经常参与外宾接待，能够与外国留学生进行流利的临床口语交流。2010年，牛海涛曾以个人名义申请加入牛津大学临床实习交流计划，并顺利通过审批，赴该校John Radcliffe Hospital进行临床实践和科研训练。

学在中大

早触社会，践行公益

在关注科研学习的同时，牛海涛也积极参加社会公益活动。他曾作为"中山大学抗震救灾医疗志愿者"，参与护理附属一院病员的工作，曾获中山一院颁发的"优秀抗震救灾志愿者"称号；曾作为"中山大学抗震救灾新闻记者志愿者"弘扬一线医务人员的大无畏精神，获校党委宣传部颁发"优秀志愿者"称号；曾参与1次校团委组织的暑期"三下乡"活动、2次校团委组织的暑期大学生社会实践活动、4次学生处组织的寒暑期社会实践公益活动，深入乡镇农村，送医送药，送艺术作品，慰问老弱病残，提高了忧患意识，对社会有了更全面而深刻的认识。2010年7月，他还参加了中山眼科中心组织的"送光明至广州儿童福利院"活动。

除此以外，他组织并参与了多种校外实践活动，曾赴北京参加"中华青年精英论坛"，与来自清华大学、北京大学、香港大学等20多所知名的高校学生进行交流和沟通，其间获多项个人和团队荣誉，为校添彩；曾组织中山大学—北京协和医学院两校学生交流活动，将"三基三严三早""全程导师制""综合性大学中的医学院校园文化"等特色模式生动展示出来，和协和医学院的学生建立了深厚友谊；曾受邀参加广州电台《突发奇想》栏目，讲述参与暑期社会实践公益活动的感受，让中大医学生的风貌得以充分展现。2010年8月，牛海涛代表中山大学参加了全国首届8年制医学生论坛并就"医学生的成长"做主题发言。同年12月，他参加了台湾医学教育探讨会，加强两地医学生交流。

服务同学，收获能力

"公平、公正、公开"是牛海涛一直努力的目标。在他看来，为同学服务的同时提高能力是最愉快的经历。在他看来，"责任和高效"是勇往直前的两大法宝。因此，他先后被推选为院优秀团干部1次、校优秀团员1次、校优秀团干部2次、校优秀研究生干部1次，曾先后担任团支部书记、辩论队队长、北校区团工委副秘书长、北校区团工委书记助理、中山大学青年马克思主义者培养工程班长、中山医学院留学生助教、广东省柯麟医学教育发展基金会兼职记者、"中山大学医学教育口述史"项目学生负责人等。2010年4月，他以最高票数当选中山大学第二十六届研究生委员会委员、常务委员、北校区主席，曾任中山大学附属第一医院实习组大组长。

张弛有度，全面发展

在校内文体、学术等综合活动方面，牛海涛把"做一个博雅的、全面发展的人"作为自己的发展目标。他曾参加"广东省大学生对于当今社会经济发展座谈会"、中国第六届8年制医学教育峰会、中大8年制专业研讨会等会议并在会上发言，曾作为学校本科招生宣传组成员参加高考招生宣传活动，曾指导医学新生进行急救复苏操作，曾在医学生预见习动员大会上做报告等。除此之外，他还斩获多项荣誉，涵盖多个领域。他曾获得中山大学合唱舞蹈比赛二等奖、寻访校友采访活动二等奖、中山大学"十大提案"二等奖、北校区游泳比赛男子100米自由泳第四名、新生校园剧大赛团体一等奖等。

博学审问于医道，仁爱笃行于公益

展望未来，任重道远

牛海涛认为，自己虽然过去取得了不错的成绩，但依然任重道远，不足之处亟待不断弥补。在学校众多师长的鞭策和指导下，在周围同学和朋友的支持和关怀下，牛海涛坚信自己将继续发扬优点，摒弃缺点，仰望星空，脚踏实地，最终实现大医精诚的理想！

扬起知识的帆，追逐心中的梦

詹志辉，电子与信息工程学院2009级博士生。

2007年詹志辉以优秀本科毕业生的身份毕业于中山大学计算机科学系，并保送为计算机应用技术专业硕士研究生，2009年获得硕博连读资格，主要研究方向是人工智能、计算智能和智能信息处理。

詹志辉刻苦学习科学知识、不断钻研科研工作，不但取得了近3年每年综合排名全学院第一的优异学业成绩，而且多次获得国家级和省级、校级奖励，并取得国际认可的一流学术研究成果。

在学术上，詹志辉有着令同辈艳羡的造诣。他充分发挥自己在科研领域的"特殊才能"，在2010年度凭借优秀的学术科研成果和优秀的科技公益服务，为学术界创造科研价值，以专业技术服务社会。更为重要的是，作为一名在读博士研究生，詹志辉的科研成果和学术服务都获得了相关领域专家和国际同行的广泛认可。2010年，詹志辉的表现尤为突出：发表论文数量可观——发表了4篇SCI国际期刊论文，4篇中文核心期刊论文，20篇EI检索的国际会议论文；公开发明专利8项；参与编写书籍2部。这些成果得到了广泛的国际同行认可。科研成果被国内外学者应用于光纤信号跳频最优调制、图像边缘检测、医学图像处理和工业聚丙烯生产等领域，取得了良好的应用效果，收到来自法国、巴西、伊朗、印度等国以及国内研究人员的来信，请求分享他发表在论文中的算法详细源代码，以开展他们的研究工作……同时他还在国内外的学术服务工作中做出了贡献，如担任学术会议程序委员会委员以及国际SCI期刊审稿人等，学术水平得到国内外同行的认可。

詹志辉不但在学习和科研上取得了优异的成绩，而且凭借在班级、学院和学校社团等学生工作中的出色表现在同学中具有较高的威信，先后被评为"中山大学优秀团员""中山大学优秀社团干部"和"中山大学优秀研究生干部"。

而作为一名学生党员，詹志辉积极要求思想进步，努力做到品德优秀。他坚持党的基本路线，热爱祖国，拥护中国共产党的领导，能够深入学习实践科学发展观，自觉遵守宪法和法律，遵守学校各项规章制度，诚实守信，在同学中起到了先锋模范作用，于2011年被推荐为学校优秀党员。

学术科研成果丰硕

詹志辉以第一作者的身份分别在 *IEEE Computational Intelligence Magazine*、*IEEE Transactions on Evolutionary Computation*、*IEEE Transactions on Intelligent Transportation Systems*、*Transactions on Systems, Man, and Cybernetics—Part B* 国际期刊中发表 4 篇 SCI 国际期刊论文。他还以第一作者身份发表了 4 篇 EI 检索国际会议论文。据学院科研统计显示,詹志辉是全学院师生中在 2010 年度以第一作者身份发表 SCI 和 EI 索引论文最多的学者(发表 6 篇,录用 1 篇)。总计已发表 4 篇 SCI 国际期刊论文,4 篇中文核心期刊论文,20 篇 EI 检索的国际会议论文,参与编写书籍 2 部。

除此以外,目前詹志辉已公开包括"基于粒子群算法的多播路由方法(公开号:CN101448267)""基于粒子群算法的无线传感器网络节点覆盖优化方法(公开号:CN101448267)""基于蚁群算法的无线传感器网络节点覆盖优化方法(公开号:CN101459914)"在内的 8 项发明专利。

科技公益服务出色

目前,詹志辉担任第四届中国数据挖掘会议的程序委员会委员。该会议由中国计算机学会人工智能与模式识别专委会与中国人工智能学会机器学习专委会联合主办,是国内计算机领域的重要学术会议。作为一名博士研究生,詹志辉已经能够在本专业领域的学术会议上担任程序委员会委员,这是国内同行对詹志辉学术水平的认可。

此外,他还担任两个 SCI 国际杂志的审稿人〔*IEEE Transactions on Evolutionary Computation*(*TEVC*),SCI,影响因子 =4.589 和 *IEEE Transactions on Industrial Electronics*(*TIE*),SCI,影响因子 =4.678〕。其中,TEVC 是计算智能领域旗舰性的国际刊物,影响因子在计算智能领域最高;TIE 是计算机/电子/控制等信息领域影响因子最高的刊物。作为一名博士研究生,詹志辉能够在自己研究领域的重要国际期刊担任审稿人,这是国际同行对詹志辉学术水平的认可,也为詹志辉提供了在国际学术舞台上发挥自己作用的机会。

2011 年 4 月 9—11 日,詹志辉参加了在长沙举办的第三届 Agent 理论与应用学术会议,与国内同行进行了广泛的学术交流。7 月 26—28 日,詹志辉作为华南地区信息科学博士研究生学术论坛主持人之一,充分运用自己的专业知识为老师和同学服务。他参与了论坛征文以及评审分类工作,同时作为主持人之一在论坛分组论文演讲中很好地组织了评委、作者以及听众之间的沟通与互动,使得论坛顺利进行并得到老师同学的一致好评。8 月 25—27 日,詹志辉参加了在苏州举办的第三届先进计算智能国际会议(The 3rd International Workshop on Advanced Computational Intelligence)并在大会的分组讨论中宣读论文,与国际同行进行交流。11 月 7 日,詹志辉作为 IEEE 广州分会成立庆典大会主要志愿者,带领其他志愿者组织和筹办了整个庆典大会,包括会场布置、流程控制、揭牌仪式和会议茶点等,使得会议圆满结束。

学在中大

开拓创新能力卓越

詹志辉在 IEEE Transactions on Systems, Man, and Cybernetics—Part B (TSMCB) 上发表的一篇论文从 2010 年 4—12 月期间的每个月都处于该杂志历年来所有文章访问量最多的前 10 篇文章之列。2010 年，詹志辉收到了来自法国、巴西、伊朗、印度以及国内研究人员的来信，他们请求詹志辉与他们分享他在论文中介绍的算法的详细源代码，以便开展他们的研究工作。这些都充分说明了詹志辉的研究工作和研究成果得到了国际同行的广泛关注和认可。

而 Google Scholar 的统计显示詹志辉发表的论文引用率已经达到 86 次。SCI 数据库统计显示詹志辉发表的论文 SCI 他引已经达到 21 次，其中包括 2010 年的 9 次他引。

另外，詹志辉原创性的工作不仅得到了国际同行的积极引用和良好评价，还在 2010 年被国内外学者应用于光纤信号调频的最优调制、图像边缘检测、医学图像处理和工业聚丙烯生产等领域，均取得了很好的应用效果。

2010 年，蚁群优化算法的创始人、计算智能领域的著名学者 Dorigo 教授（比利时布鲁塞尔大学，IEEE Fellow）在其发表于 IEEE Transactions on Systems, Man, and Cybernetics—Part B 的论文 "Incremental Social Learning in Particle Swarms" 中认为詹志辉开展的粒子群优化算法（PSO）的参数在线自适应调整的工作是一个有趣的研究方向，并且已经取得了一些令人鼓舞的成果。这样的公开肯定，对詹志辉而言无疑是极大的鼓舞。

同年，詹志辉的科研成果被多位学者采用，例如印度迦达浦大学的 Das 教授在发表的论文 "An Improved Evolutionary Programming with Voting and Elitist Dispersal Scheme" 中运用了詹志辉在自适应粒子群算法（APSO）中提出的精英学习策略（ELS）来提高进化规划（EP）的性能。IEEE 伊朗分会的前任主席，伊朗沙里夫大学的 Salehi 教授在他们的论文 "Optimum Modulation of Frequency Hopping Signals with Laser Diode in RoF Systems" 中运用詹志辉提出的自适应粒子群算法，实现光纤信号跳频的最优调制等。

德智体美劳全面发展

学习上，詹志辉刻苦努力，取得了优异的成绩，在同学当中树立了良好的榜样。他以优异的成绩在大学一年级获得了"国家一等奖学金"，而且在本科四年中刻苦努力，每个学年都获得"中山大学优秀学生基金奖学金"，2007 年还获得了中国惠普优秀学生奖学金，并在综合测评中获得了免试保送中山大学硕士研究生的资格。作为计算机专业的学生，他在各类规模的学科竞赛中也取得了优秀的成绩：在 2006 年 ACM/ICPC 国际大学生程序设计竞赛和百度之星全国程序设计大赛中，分别获得了亚洲区二等奖和全国优胜奖的好成绩。鉴于他优秀的成绩，詹志辉获得了 2007 届优秀本科毕业生的荣誉称号。在研究生阶段，他在 2008 年度、2009 年度和 2010 年度的综合测评都在全学院研究生（包括硕士和博士研究生）中排名第一，并分别获得 2008 年中国三星奖学金、2009 年腾讯科技卓越奖学金特等奖和 2010 年中国 IBM 优秀学生奖学金。鉴于他优秀的成绩，詹志辉先后于 2008 年（硕士阶段）和 2010 年（博士阶段）获得"南粤优秀研究生"的荣誉称号。

扬起知识的帆，追逐心中的梦

　　詹志辉不仅仅在学习和科研上取得了优异的成绩，在同学当中也起到了先锋模范作用，而且他担任过班级、学院和学校等层面的学生干部，在工作中充分地锻炼了自己的领导、策划、组织、管理、服务和应急能力，同时也在各种学生社团和学院班级的工作中，特别是党支部建设工作中发挥了重要的作用。他在本科大四和研究生期间都曾担任班级的团支部书记，负责同学们毕业手续的各项细节工作，并认真地向党组织推荐优秀的同学和参与班级党支部建设工作。詹志辉出色的工作得到了学校、老师和同学们的认可，获得了"中山大学优秀团员"的荣誉称号。2006年10月，他和10多位志同道合的同学共同创建了中山大学高尔夫协会并担任网宣部部长。同年12月，他加入了中山大学社团联合会并任委员，负责学校体育类社团的服务和管理工作。在研究生阶段，他担任了信息科学与技术学院研究生会主席团常委以及中山大学 Google Camp 俱乐部副主席。在担任学生干部期间，他积极协助老师开展工作，曾先后多次组织多项活动：组织了社团联合会领导的中山大学南校区社团联合招新活动，策划了 Google Camp 俱乐部关于 Google 公司 g.cn 域名推广活动的视频创作挑战赛和迎接奥运会之"奥运会 Online"系列活动，举办了第一届中山大学高尔夫趣味比赛活动。詹志辉由于出色的社团工作，获得了"中山大学优秀社团干部"的荣誉称号。同时，作为学院研究生会主席团常委，他积极参与了研会的内部建设、外部交流和活动开展等方面的工作：组织和带领学院篮球队参加了中山大学研究生院系篮球联赛，并且进入了1/4决赛；作为主要负责人策划和组织了信科院"响客杯"研究生篮球赛，负责赛事人员组织、工作安排以及监督现场物资的准备和后勤保障工作，保证赛事的成功举行；协助学院动员并组织同学参加校工会组织的中山大学"阳光体育与奥运同行"春季环校长跑活动。由于他出色的工作，他获得了"中山大学优秀研究生干部"的荣誉称号。

　　生活上，詹志辉关心同学、乐于助人，积极参加各项课外活动，爱好多种体育活动。硕士阶段他是学院足球队的主力队员，曾代表学院参加中山大学院系研究生足球赛并获得亚军。在体育锻炼中他增强了体质，还结识了朋友，促进了与同学之间的交流和友谊，体会到大学生活的温馨与热情。在读研究生期间，生活在实验室的大家庭中，詹志辉更加以主人翁的精神融入集体当中，以一名优秀学生的标准来严格要求自己，时时处处以身作则，尊敬师长，团结同学，带领着实验室在学习和科研上不断取得好成绩。

　　学习、科研、工作、生活，构成了詹志辉大学阶段四个非常重要的主题，他能够合理安排时间，在各个方面协调发展，并成为一个德智体美劳全面发展的优秀学生。学习科研齐并进，工作生活共双飞。总结过去，他心潮澎湃，求知的、激情的、快乐的大学生活是他人生宝贵的财富；展望未来，他踌躇满志，探索的、璀璨的、远大的未来等待着他乘风破浪，扬帆远行。

自强不息，铸就坚强人生；热心公益，展现青春风采

林少慧，国际金融学院财政学2007级本科生，中共党员。她出身于农村，10岁时父亲因车祸去世，在母亲的照料下坚强地成长起来。十几年来，她在缺少父爱的环境下历经无数艰难困苦，自强不息，勤奋好学，热心公益，以坚强的意志和勇气完成了人生的一次次蜕变，逐渐成长为一位在学校、家乡和社会里有目标、有理想、有孝心、有爱心的新时代青年楷模。2007年林少慧以优异的成绩考上中山大学国际金融学院。在进入大学以后，她怀着满腔的热情积极投身于社会实践和公益活动，同时她还认真学习专业知识，通过自己的努力多次获得校级奖学金、国家奖学金。她热心公益，知行合一，参与公益活动所帮扶对象超过200人，影响人数超过上万人，带领团队参加"赛扶中国"创新公益大赛并获得"优秀团队"称号；组织的失业妇女帮扶项目获得联想青年公益创业比赛全国一等奖、广东赛区一等奖，并获得10万元项目资助。

出身平凡，家境贫寒

林少慧出生于广东汕头市潮南区一户贫困农家，父母亲早年以务农为业。林少慧所在的丈八车村是潮南区陈店镇的一个贫困村。她现在回忆起来，本该美好的童年时光却只有艰难和困苦的记忆。她家里有6个兄弟姐妹，父母务农所得是家里唯一的经济来源，家境贫寒。林少慧家中排行第四，还有两个年幼的弟弟。在她印象里，她的童年没有同龄人所拥有的玩具，也没有同龄人一样漂亮的衣服。但就是这样贫困的环境，铸就了一个独立自主、关爱他人、善解人意的女孩。

早年丧父，自强不息

20世纪90年代，家乡很多人都外出务工、务商，父亲也抱着试试的态度，来到广州做起了服装生意。正当林少慧家的服装生意越做越大，经济收入慢慢增加的时候，家里突逢不幸——在林少慧10岁那年，她的父亲因车祸去世。父亲的离去，使家里顿时失去了支柱，母亲是一名文盲，不能外出打工，家里只能靠父亲车祸的赔偿金和亲戚的补助艰难过日子，顿时陷入困境。父亲的早逝给了林少慧一次沉重的打击，但她在母亲和亲戚的正确引导和鼓励下知难而上，迎难而进，以优异的成绩一步步走出了属于自己的人生道路。父亲的早逝，给母亲心理带来了极大的生活阴影，从此母亲的身体也每况愈下。在这样的艰难条件下，少慧主动承担起了家庭内务活，时常陪伴在母亲的身边，给母亲带来生活的希望。

面对人生带给她的苦难，林少慧没有低头，而是以更加乐观、更加坚强的姿态去面对。她一直告诉自己："生活给了我太多的磨难，也给了我太多的财富，我的路还很长，这一路不会是鲜花铺地，更多的是荆棘满园；但是不要放弃，只要坚定自己的信念，就一定会闯出属于自己的那片蓝天。"

勤奋好学，乐于分享

2007年9月，林少慧完成了人生的第一次转变，她以优异的成绩考上了中山大学国际金融学院。大学期间，林少慧丝毫不敢松懈，在学习、生活、工作等多方面严格要求自己，并表现优异。

刚进入大学的时候，林少慧还不完全适应大学的学习氛围、学习方法。尽管在学习上花了大量精力，但成绩还是很不理想，仅以最后一名获得三等奖奖学金。但是后来，她不断和老师、同学交流，摸索、总结出适合自己的独特学习方法。此外，她学习态度认真端正，不仅完成课堂学习任务，还积极自学科学文化知识，善于总结经验、及时调整，从大二开始，她的学习成绩进步明显，以全院第一的身份获得了国家奖学金、企业捐赠类奖学金，连续两年获得学校优秀学生奖学金一等奖。林少慧同学乐于分享自己的学习心得、学习笔记，每次考试前夕，她都主动将笔记借给需要的同学和师弟师妹们复印参考，并积极参与学院、学校举办的学习交流分享会。

热心公益，知行合一

早年丧父的林少慧，在最艰难的时期，得到了来自亲戚、朋友、学校的热心帮助，她心里始终怀着感恩的心，希望有朝一日能够用实际行动为这个社会做点贡献。孩提时期的贫困生活，也让林少慧强烈意识到：贫困的人生需要用行动来改变。进入大学以来，她终于有机会参与到各种各样的社会实践活动中，真正用行动去服务社会，回报社会。她关注弱势群体，深入调研，积极参与中山大学社会实践活动，其所在队伍入围百支资助队伍。她曾担任"我为珠三角改革发展建言献策"社会实践活动团队外联负责人，联系广州市教育局、天河龙涛学校（农民工学校）、居委会等组织，实地探访和调研，为提高农民工子女教育质量建言献策，她撰写的报告《关于提高广州市农民工子女教育质量之我见》也曾入选作品集。同时，她曾担任中山大学社会调研活动广州地区总负责人，负责统筹广州队伍的调研工作，对广州市海珠区老年人生活状况进行调研，并多次探访老人院，深入交流，了解老年人生活现状，撰写《广州市海珠区老年人生存状况的调研报告》。另外，她还带领团队参加中山大学2010年寒假社会实践公益活动，凭借对珠海金鼎镇妇女就业情况的调研获得一等奖的好成绩。除了参与各类社会实践活动和比赛，林少慧同学还利用假期积极探访弱势群体，作为大学生骨干培养学校志愿者到越秀区社区服务站探访智障儿童。

持之以恒，投身公益

大学以来，林少慧积极参与各类社会公益调研活动，在总结、吸取经验中发现，单纯的公益，如调研、撰写报告、募捐等活动只能暂时缓解弱势群体的贫困生活状况，并没有对弱势群体的生活起到实质性改变的作用。于是，林少慧经常在想，能否让公益的声音更响亮呢？赛扶中国创新公益大赛交流活动坚定了林少慧用持续的项目做公益事业的决心。她创立了中山大学珠海校区赛扶团队，曾担任队长，在任职期间开展了3个公益项目。

针对珠海市金鼎镇那洲村失业妇女的现状，林少慧结合当地失业妇女具有缝纫技能，且附近毗邻那洲布料市场的优势，带领团队创立了"布艺小镇"帮扶项目，组织失业妇女制作布艺笔记本、布艺包等创意工艺品并以此盈利。项目运作半年以来，8位队员共投入5344个工作小时，进行了42次那洲实地交流考察，销售出妇女制作产品2580套，销售收入达万元。已有7名失业妇女加入她们的帮扶计划，平均为每名失业妇女增加收入1559元，收入提高达50%。那洲村项目参加联想青年公益创业计划，成功从1万多件参赛作品中脱颖而出，勇夺广东赛区一等奖、最佳人气奖，并代表广东赛区参与全国比赛，获得了全国一等奖的好成绩（10强，公益比赛没有排名），同时赢得了10万元项目基金。

针对平沙镇渔民的情况，林少慧带领团队开展"金色鱼塘"公益项目，旨在提高当地鱼塘干塘的利用率，增加渔民收入。她带领的项目组深入珠海平沙镇调研72次，与生科院教授专家座谈数次，最终确定为当地鱼塘冬季干塘时期引入黑麦草种植技术。项目运作半年以来，黑麦草种植面积达到60亩，直接影响的渔民超过20人，为渔民增收将近1000元/户。该项目获得了2010年联想青年公益创业项目广东赛区三等奖。

针对珠海高中生的需求，开设经济学公益课程。林少慧带领的"经济学讲师团"在珠海一中、珠海四中等10所高中开展通俗易懂的经济课程公益授课活动，并开发理财游戏，寓经济知识于游戏中，深受广大高中生的好评，同时也得到了媒体的报道。项目参加泰格－伍兹基金的申请，获得华南区五强，获3825元资助。这些资金将继续投入到为更多高中生免费讲授经济学知识的项目中。

林少慧对公益项目一直坚持着"授人以鱼不如授人以渔"的原则，希望通过自己的力量帮助社会弱势群体实现根本上的自立，形成资金的良性循环，她所创立的赛扶团队及运作的三个项目，也践行着这样的原则。

全面发展，商界初秀

林少慧也积极参与各类商业活动，全面发展。她曾是江森自控商业培训项目全国29名培训生之一，也是2010年宝洁大学项目全国巅峰对决比赛的全国冠军得主。她曾参与阿里巴巴第二届全国大学生明日网商挑战赛，一举获得全国金奖和"十佳校园CEO"称号。

自强不息，铸就坚强人生；热心公益，展现青春风采

大爱无边，继续前行

大爱无边，林少慧以自己的实际行动唱响了一曲当代大学生"自强不息、勤奋好学、关爱他人、奉献爱心、服务社会"的青春赞歌。她优秀的品质和可贵的精神，使她艰难而辛酸的人生旅途熠熠生辉。相信在接下来的日子里她也会继续前行、谱写辉煌。

杨孟衡

中山大学2010大学生年度人物

爱，让折翅的鸟儿翱翔蓝天

杨孟衡，国际翻译学院英语翻译专业2010级翻译A班本科生。

他生于1990年11月29日。7岁时，杨孟衡因高压电击伤而双臂高位截肢，但面对不幸，他没有向命运屈服，苦练用脚写字；初中时经过层层选拔，进入云南省残疾人游泳队，参加了全国第七届残运会。他一直刻苦学习，学习成绩稳居年级第一。2010年6月他参加全国高考，以总分594分县文科第一名的成绩，考入中山大学，其求学事迹通过中央及多家省市电视台报道后迅速传遍网络。2010年8月，杨孟衡参加教育部和中央电视台联合录制的大型公益电视晚会《开学第一课》的录制，成为全国中小学生坚持梦想的模范。2010年9月，其写作的成长故事《无翼也飞翔》由云南出版集团公司晨光出版社出版发行。作为一名残疾学生，杨孟衡自强自立，锤炼意志，身残志坚，勇于面对人生。他不仅胸怀理想，坚定目标，成绩优异，更心怀感恩，超越自我，心向阳光，不忘回报社会。长期以来，他的事迹感染着身边的每一个人。

重生隐形翅膀

杨孟衡的家庭是教师之家，融洽的家庭氛围，营造了一个健康向上的育人环境，加之家庭温暖的亲情，每一个家庭成员给予他十足的关心、爱护，对他一直保持着不抛弃、不放弃的态度，这些都为他的健康成长奠定了坦然面对坎坷生活的心理基础。他的父母以正常孩子的标准去要求、鼓励他积极乐观地追寻梦想，拥抱生活。父母的生活态度影响着杨孟衡，使他建立起自信乐观的人生态度。

杨孟衡就读过的学校，无论是小学、中学，还是大学，都积极为他提供了学习上的便利。老师们的关爱，班集体同学的热心帮助，均激发了他学习的热情。

在他的成长期间，省、市、县残联的领导，时刻关注着他的成长，多次提供机会，让他参与学习、训练。每年春节，县残联领导都要亲自探望、慰问他。高中期间，县政府分管领导亲自看望、慰问、鼓励他，县教育局领导为其会考中的实验操作和高考报名等工作多次与省、市招生部门协调。此外，云南省教育厅、昆明市教育局的领导非常重视杨孟衡的升学问题，积极与相关学校协调解决杨孟衡的入学问题。

高考结束后，杨孟衡凭借着县文科第一名总分594分的好成绩考入中山大学，而中山大学也以极大的包容态度和人文关怀录取了他，并为他准备了矮床，他的辅导员还安

爱，让折翅的鸟儿翱翔蓝天

排了党员轮流为他打饭。

进入中山大学后，他积极加入学生社团，成为国际翻译学院学生会体育部干事、岭南书画协会书法部成员、珠海校区游泳协会教练部教练和班上的心理委员。

杨孟衡坚持理想、奋斗不止的精神感染了很多人，也为自己争获了很多荣誉：2010年他获得了"云南省三好学生""云南省三生教育杰出人物""昆明市优秀学生""昆明美德少年""云南省十佳读书青年""昆明市第二届全民读书月'形象大使'""云南网年度感动人物""中山大学翻译学院 2010 年优秀团员""中山大学 2010 年大学生年度人物"等多个称号，还曾获"首届精彩昆明城市贡献奖之温暖细节榜奖项"。

灾难无情，人间有爱。10 多年来，正是这些有形无形的关爱，为杨孟衡的健康成长奠定了良好的基础，爱的无穷力量激发了他不断进取的动力。得到的认可和嘉奖，使折翅的小鸟重生了隐形的翅膀。

坚持自强不息

他 7 岁失去双臂，未来如何面对生活，怎样帮助孩子树立信心，这是困扰每一个接触过杨孟衡的教育者的问题。借助生活中的成功典范，帮助杨孟衡确立学习的榜样，成为家长和老师们的共识。

在病床上，杨孟衡从一横、一竖、一撇、一捺、一点，开始了用脚写字的特殊训练。随后在生活上，他学会了自己吃饭、上厕所、穿衣服、提裤子、洗脸、刷牙、开锁、洗晾衣服、洗澡等生存的基本技能。

升入高三后，为了早日实现自己独立的目标，能够走向社会，杨孟衡搬到学校住进学生公寓，锻炼自己独立生活的能力，为外出上大学做好准备。

在课堂上，杨孟衡紧跟老师节奏，不断调试、总结学习方法，提高听课效率，并在老师的引导下自行发散拓展。每一节课他都会认真做好笔记，课后的作业做到及时弄懂、反思、纠错，认真积累，不偏科，全面发展。课后，他及时总结整理和复习当日内容，不懂的问题积极请教老师，经常就有不同看法的问题主动跟老师探讨，做到当日问题当日解决，在点滴中实现知识的积累、学习能力的提升和思想境界的升华。同时，他合理安排时间，科学进行学习。考场上，他从来没有因为自己的特殊而享受过特殊的待遇，总是和健全人一样在同等条件下完成任务。

课后，杨孟衡经常为同学解答数学、英语难题，乐于助人，深受同学欢迎。在高三时，他克服了模拟考失利后的沮丧心理，紧盯高考目标，用行动去弥补不足。

进入大学后，他克服生活上的巨大困难，以坚强乐观的态度面对远离父母乡亲的环境。中山大学也考虑过为他定做一张特制的桌子，但因为每一节课更换教室时需要搬动桌子，他不愿意麻烦同学，于是在上课时随身带上一张报纸，垫在地上书写。他积极参加体育活动，如跆拳道训练等，以自强不息的精神感染着身边的人。

胸怀远大抱负

从小对足球的迷恋加深了杨孟衡对体育的钟情。从小学五年级开始，他就一边完成学业，一边每日刻苦训练。2005 年 4 月，他参加了在昆明举行的云南省第二届残运会暨云南省特殊奥林匹克运动会；2005年7月，中考结束后，他休学两年备战2007年第七届全国残运会游泳比赛，但可惜的是，他的成绩不够理想，没能在赛后如愿进入国家队。

重返校园后，他开始追逐大学梦想，并把北京大学作为奋斗的目标。

在班上，他主动担任学习委员和英语课代表，以身作则组织同学早读和课前英语演讲。学校每年举行的"十佳学星"选拔活动，他都积极参与。他精彩的演讲成为每届学星选拔的亮点，让全校师生热血沸腾，为之动容。

凭着执着的态度、明确的目标，他的学习成绩总在年级第一，并多次获数学、英语单科奖。

高中期间，他多次代表学校参加省市县级的竞赛，其中数学获县、市级一等奖，并连续两年参加了全国数学联赛，曾获化学类比赛的市级一等奖，物理类比赛的县、市级二等奖。而在英语类比赛上，他曾获2007年昆明市第三届"英语周报杯"阅读竞赛一等奖。他还在2010年4月参加第五届"恒源祥杯"中国中学生作文大赛，并获得了全国二等奖。

2010年6月参加全国高考，杨孟衡取得文科594分的好成绩，其中语文116分、数学128分、英语136分、文综214分，总成绩居全县文科第一名，云南省第57名，被中山大学国际翻译学院英语翻译专业录取。杨孟衡进入大学后，将目标设立为成为翻译家、励志演讲家。于是，他在学习上更加刻苦，克服了生活上、学习上的诸多困难，和所有的大学同学站在同一起跑线上，不搞特殊，踏踏实实从点滴做起、学起。

感恩回报社会

杨孟衡进入中学后，在一年一度的学校运动会上都会出现这样一道独特亮丽的风景线——每年的1500米项目中，都可以看到杨孟衡奔跑的身影，听到为他呐喊助威的呼叫声。每一次参加校运会，在明知不可能获奖的情况下，他仍然积极参与体育项目，以己激励他人。

高中期间，在全校活动中他多次以他对生活学习的体会、用他对学校老师的感恩，激励师生以阳光的心态，面对生活。

2010年7月，应"疯狂英语"创始人李阳老师的邀请，他到云南腾冲参加长江商学院的英语培训活动。同月，他进入疯狂英语广州集训营国际领袖营（5）班学习。

2010年8月，他参加了教育部和中央电视台联合录制的大型公益电视晚会《开学第一课》的录制，2010年9月1日，中央电视台第1套节目播放了他坚持梦想的故事。

从2010年8月起，他先后在云南省教育厅、昆明市教育局、宜良一中、安宁一中、珠海四中、中山市尚洋精密工业有限公司、昆明童梦投资公司、昆明新知集团等数十家机关、学校、企事业单位交流汇报20多场次，把自己近年来总结的学习技巧、生活感受无私地与他人分享，社会反响强烈。

他自己撰写的成长故事《无翼也飞翔》由云南出版集团公司晨光出版社出版发行，社会反响强烈。中大档案馆的崔秦睿等老师将媒体报道的杨孟衡的事迹编辑成册，留存中大档案馆。

在历次演讲中,杨孟衡都激励人们:我们超越极限的力量,不是名誉,不是地位,甚至连自己的生命都不是,而是涌动在血脉中的一次又一次漫过心底的那份爱。

作为一名残疾学生,在自身条件需要克服诸多不便的情况下,杨孟衡能够参与正常人活动且取得如此成绩——是爱的力量让折翅的鸟儿翱翔蓝天。

孝老爱亲真善美，国际视野见新知

公维拉，中山大学国际关系学院 2009 级国际关系专业硕士研究生，中共党员，曾任国际关系学院研究生会副主席，中山大学学生会文娱部部长，中山大学珠海校区团工委艺术部部长。课余时间，公维拉积极参与社会实践、国际交流与公益活动，将所学知识与实践结合。她曾参与新华社实习，参加 2010 年青年领袖论坛、德国柏林自由大学—复旦大学"全球政治"暑期学校、岭南义教和"三下乡"等多项活动，均有突出表现，受到广泛好评。

理想实践并行，国际交流能力突出

一直以来，公维拉对中西方文化交流以及国际事务的浓厚兴趣，激发其将所学与实践相结合。在积极参与国际交流活动的过程中，公维拉突出的国际交流能力得到多方肯定。她利用业余时间参加实践，曾在新华社实习，并作为新华网视频直播节目主持人参与了"第十一届中国国际高新技术成果交易会""全国社科联科学发展与智库建设论坛"等大型会议的访谈工作。

实习期间她认真负责，踏实肯干，在 5 天内完成了对 43 位中外嘉宾的访谈任务，独自策划并用英文采访了多位国际政要、知名人士，包括"水立方"设计师——德国著名建筑师 Chris Bosse，芬兰国务秘书、劳动经济部副部长 Riina Nevamaki，俄罗斯联邦科学与创新署副司长古普利欣。这些视频访谈节目相继被人民网、新浪网等数十家网站转载，取得了良好的传播效果。同时，公维拉所做的访谈"水立方设计师：绿色设计，中国市场掘金手"与撰写的文章《王守仁：大力发展创业投资是彻底走出金融危机的关键》均作为新华网广东频道头条被刊出。访谈内容涉及绿色环保，新能源运用与国际合作开发，全球金融危机的应对以及中外智库建设思考等，对于国内外新理念传播具有积极的社会影响。

2010 年 9 月，公维拉代表中山大学，与来自亚太地区的 20 名青年学者共同受邀赴澳大利亚参加了"澳中未来对话"——2010 年青年领袖论坛。"澳中未来对话"由澳大利亚格里菲斯大学、北京大学及昆士兰州政府于 2008 年联合发起，旨在加强澳大利亚和中国及亚洲地区的交流与理解，共商未来发展的挑战与机遇。本次论坛的主题为"中国崛起及其对亚洲的影响"。与会者包括资深外交家、澳大利亚国立大学中国研究学院院长 Richard Rigby、中国驻澳大利亚布里斯班市总领事任共平、澳大利亚外交事务与贸易部昆士兰州办事处主任 John Michell、格里菲斯亚洲研究院院长 Andrew O'Neil、澳中商会成员及来自亚太地区的青年学者等。公维拉在会上就"中国崛起在亚洲的动力和目标"进行主题发言,并与美、德、澳、日、印等 10 余个国家的专家学者就相关领域的热点问题进行了交流讨论,在对外交流当中展现了当代中国青年好学、善思、友好的正面形象。

学习成绩优秀,综合素质见长

2009 年,公维拉作为全校 30 名跨专业保研生之一,保送至本校国际关系专业。在老师的指导、同学的帮助下,结合自身勤恳努力,她不但克服转专业学习中存在的困难,并以优异的成绩获得 2010 年度中山大学优秀研究生奖学金。同年 8 月,经选拔,公维拉获得参与德国柏林自由大学—复旦大学"全球政治"暑期学校的资格,与来自大中华区和德国的 30 名研究生,围绕"后危机世界中的中国与欧洲:全球与地方的联动"课题展开学习与研讨。她通常每天仅能休息 4~5 个小时。辛勤的耕耘和付出终于换来了丰硕的成果——公维拉完成的报告和学习论文,得到了中、美、德多位教授肯定,成为唯一总评"A+"成绩的获得者,并在暑期学校结束之际被授予"最佳学员"称号。此外,公维拉还在国外读物上刊登自己撰写的文章,让世界看到中国学生的风采。2010 年 2 月,公维拉被德国柏林自由大学录取攻读全球政治专业博士生,这使她向着从事促进中西方文化交流工作的理想,又迈进了一步。

然而,公维拉称她的学业经历是在曲折中前进的。2004 年第一次高考失利并没有打击这位来自红土地的女生的信心。复读的一年是身心煎熬的一年,是考验意志品质的一年,更是她慢慢走向成熟的一年。对未来的迷茫与担忧曾令刚成年的公维拉悄然落泪,但擦干泪水后,坚强的她告诉自己,要用最大的努力争取多一点点的希望。不求事事如意,但需问心无愧。经过一年的艰苦努力,她终于在 2005 年考入心仪已久的中山大学历史系。来之不易的学习机会,让她倍感珍惜。公维拉在本科学习期间,获得中山大学优秀学生一等奖学金和"佐丹奴"捐赠奖学金,并获得文体类、设计类、实践类等其他奖项共计 10 余项。此外,公维拉曾是校话剧社、舞蹈团和合唱团成员,其导演的新编历史剧《东吴郡主》曾参与校区慈善巡演。4 年本科学习期间,她刻苦努力,不但成绩优秀而且实现了德、智、体、美、劳全面发展。

组织能力优异,服务回馈社会

公维拉与同学关系融洽,热心帮助他人,乐于分享各种资源信息,并积极参与学生活动,在学习之余丰富课余生活。本科期间,公维拉曾任中山大学学生会文娱部部长、中山大学珠海校区团工委艺术部部长、中山大学暑期"三下乡"艺术队领队,并获得"中山大学优秀团干"称号。

她乐于同老师同学共享知识与信息,主动将其暑期学校"最佳学员"的奖励——《经济学人》2010 年全年的期刊——赠与国际关系学院师生。公维拉曾任国际关系学院研究生会副主席、第五届广东省高校国际关系论坛分论坛主席、中山大学代表队领队、

在任国际关系学院研究生会副主席期间,她积极参与并协助老师和同学开展学生活动,如就业交流会、院系迎新舞会、留学咨询会等,服务同学的这些活动均取得良好反响。

此外,公维拉曾参与岭南义教、话剧义演等社会公益项目。在岭南义教活动中,公维拉曾给广州市荔湾区立贤小学的农民工子女上英语课。她尝试使用针对少儿特点的授课方式,使授课内容兼具知识性与娱乐性,课堂反响热烈,得到所在班同学和老师的肯定与好评。其导演的话剧曾参与2006年中山大学话剧社四校区巡演,并为雷州希望小学筹集善款数千元。公维拉的葫芦丝独奏伴随中山大学"三下乡"服务队到新兴、湛江、雷州农村,珠海市三灯村义演十余场,反响热烈,并获邀参加2006年中山大学珠海校区迎新晚会,受到好评。

公维拉认为,学习与实践的目的正是为了更好地回报社会,因此在平时的点滴生活当中都应秉承志愿服务、回馈社会的信念,通过善言善行和对大众的关爱,弘扬社会责任意识和志愿服务精神,努力践行当代青年的使命与义务。

孝老敬老爱亲,生命贵在真善美

在公维拉的成长过程里,与外婆相处的时光一直珍藏在她记忆的最深处。外婆是名校医,早年丧夫,有3个女儿,孙辈只有公维拉留在身边。以往她每个寒暑假都会去老家探望外婆,并且住上好一段时间。上大学后,虽然常年在外读书,但公维拉依然会在每天固定时间打电话和外婆聊天,电话那头传来外婆的阵阵笑声就是她最大的宽慰。外婆总说不要记挂她,但公维拉最记挂的就是外婆。每逢寒暑假回家,她很少外出,最喜欢做的事就是陪着外婆聊天散步,回忆过往时光,憧憬着未来孝顺外婆的日子。然而,那份憧憬没能跨过2010年,在那年的夏天戛然而止。7月的一个凌晨,85岁的外婆因突发脑溢血引致昏迷,之后就再也没有醒过来。得知外婆病发后,她第一时间从广州赶回南昌。在外婆昏迷的半个月里,她一直在病房守护着外婆,彻夜不合眼地感受外婆呼吸,观察各项生命指数,做好对外婆的各项护理工作。虽然辛苦,但于她而言却是最安心的时光。外婆安然离世后,公维拉主动承担起安抚家人情绪的责任并参与安排外婆后事。在长辈们面前,即使再悲伤,她坚强地从未落泪,但当独自一人时,却不知有多少个夜晚是在泪水之中睡着的。公维拉说,外婆离去让她更深刻地思索并体悟生命的意义。她认为人生的意义在于,在有限的时间里发现并创造出更多真善美,并将其传播,滋养丰富人们的内心世界和精神家园。她希望今后自己能够建起敬老院,设立教育基金帮助更多的孩子,并通过努力让社会上越来越多的人体会到生命之中的真善美,在有限的时间里尽自己所能回馈社会。

黄倩薇

中山大学2010大学生年度人物

坚持的荣耀

黄倩薇，旅游学院2007级本科生。她是一名业余的轮滑运动员，6岁开始参加轮滑训练，多次获全国性、全省性锦标赛前三名，2005年获得"国家一级运动员"的称号。大学阶段她曾代表广州参加广东省轮滑锦标赛并斩获佳绩，并完成了从运动员到裁判员、教练员的转变，2011年获得"国家一级裁判员"资格，多次担任省级比赛裁判员。此外，她还参与轮滑启蒙班的教学，为培养轮滑项目的后备人才贡献力量。

2008年，她当选为"北京奥运会火炬手"，于2008年5月5日在海南省万宁市完成火炬接力，是中山大学5名火炬手其中之一。

此外，她在思想、学习方面都有较突出的表现，曾获"中山大学'科学发展观'十大提案四校区总决赛"冠军，也曾获国家奖学金等奖项。

上进——德智体美劳全面发展

"学以致用，自强不息"的信念一直是黄倩薇不懈进取的动力源泉。大学四年间，她在思想、学习以及文体方面都有较出色的表现。在学习上，她刻苦认真，曾获得2008—2009学年度国家奖学金、中山大学优秀学生一等奖学金；在思想上，她积极向上，并于2008年5月成为中国共产党党员，有较高的思想政治觉悟和理论素养，积极参与支部活动，组织同学开展"中山大学珠海校区实行三学期制的教学建议及实践"调研活动，曾获"中山大学'科学发展观'提案大赛四校区总决赛"冠军。2009年9月，她加入了马克思主义研修班，于2010年6月正式毕业，与小组成员共同撰写的《大学生理想与信仰》论文获得"优秀毕业论文"荣誉。在艺术修为上，她在文艺比赛中也曾有较好建树，曾获珠海校区军人形象大赛冠军和最佳才艺奖。

坚持——10余年业余轮滑

黄倩薇6岁起参加轮滑训练，是一名业余的轮滑运动员。运动员生涯期间，她一直能较好地兼顾学习与训练。从小学、初中、高中直到大学，倩薇在不耽误学习的情况下，从未间断地参与轮滑训练，多次参加各种大型表演和全国比赛。1999年她被选送代表广东省参加中华人民共和国成立50周年庆典表演，经过天安门时接受领导的检阅。自2000年起，她曾5次代表广东省参加全国轮滑锦标赛，10余次代表广州市参加广东省速度轮滑锦标赛，共获全国比赛前三名 5 项，广东省比赛前三名超过 20 项，是广东省、广州市轮滑队的优秀轮滑业余运动员之一。2005 年，黄倩薇获得了"国家一级运动员"的称号。

2007 年，她以优异的高考成绩，考进中山大学旅游学院。大学期间，她一直在保证学习的前提下，坚持参与轮滑训练。2007 年 10 月，她代表广州市参加广东省速度轮滑锦标赛，获得女子成年组 10000 米积分淘汰赛、15000 米淘汰赛以及 300 米个人计时赛三项季军，2008 年 10 月再一次入选广州市队参加广东省速度轮滑锦标赛，获得女子成年组 3000 米接力亚军，10000 米积分淘汰赛季军，帮助广州市轮滑队夺得团体第二名的好成绩。

取得好的成绩固然高兴，但对于黄倩薇而言，如果能尽自己的努力回馈社会，为轮滑项目出一份力，才是更让她感到欣慰的事。因此，除了参与轮滑队的训练以外，她还利用课余时间参与轮滑裁判的学习与培训，提升自身的理论素养及实践经验，最终于 2011 年 4 月获得由国家体育局颁发的"国家一级裁判"资格证书。此后，她曾担任广东省花样轮滑技术等级考核测试、广东省花样轮滑锦标赛和广东省花样轮滑冠军赛等考核和赛事的裁判员，实现从业余运动员到裁判员的蜕变，继续为轮滑项目的发展做努力。

此外，黄倩薇还是一名兼职轮滑教练，承担轮滑启蒙培训班的教学工作。她希望，自己的努力能为培养广州轮滑项目后备人才尽一份力。作为一名教练，她尽心尽力、认真负责地上好每一节课，不仅教会了孩子们轮滑动作，还与他们分享她自己对轮滑运动的理解，鼓励他们学会坚持，学会在摔倒的时候自己站起来，继续奋斗。轮滑在她眼里，不仅是一种运动，还是一种人生。

她希望用不同的方式延续自己对轮滑运动的坚持和热忱，从业余运动员转变到裁判员以及教练员；她希望通过自己的努力，为轮滑项目做出自己应有的贡献，为培养轮滑项目的后备人才付出努力，推动轮滑项目的进步。

荣耀——当选奥运火炬手

2008 年 3 月，黄倩薇代表珠海校区成功当选为 2008 年北京奥运会可口可乐火炬手，并于 2008 年 5 月 5 日，在海南省万宁市以编号 042 火炬手的身份，完成了 2008 年北京奥运会火炬接力。短短的 200 米，却满载着她对北京奥运会的期待，满载着她能参与火炬接力的激动。能作为火炬手传递圣火，传递奥林匹克体育精神，倩薇感到无比的光荣。参与奥运会的圣火传递是一件非常有意义的事情，这不仅代表着一份荣耀，还有一份责任——传递奥林匹克体育精神。

从海南回来后，黄倩薇以"奥运火炬手"的身份积极参加各种社会公益活动，包括探访老人院活动、奥运火炬手论坛、"旅途·人生"论坛、"可口可乐奥运展"等活动。同时，她也向《南方都市报》《珠海特区报》《中山大学学报》及广州新闻频道投稿，分享火炬传递的体验和心得，分享对奥林匹克体育精神的理解。

感恩——百尺竿头更进步

上进、坚持和回馈，诠释了黄倩薇大学4年所走过的道路。中山大学给予了一个广阔的平台让她绽放光彩，对此她深表感激。而在未来的人生之旅上，她依然会怀着一颗上进的心，不懈地努力，不断提升自我，尽自己的最大努力来回馈社会，报答母校！

第十一届研究生支教团
中山大学2010大学生年度人物

青春与志愿同行

中山大学第十一届研究生支教团，组建于2008年10月，秉承"奉献友爱互助进步"之志愿者精神，务实进取、开拓创新，策划及完成了多项工作。

2008年12月至2009年7月，该团队编辑完成《我的青春我的团——中山大学研究生支教团十周年文集》，文集的初稿得到国务委员刘延东同志的亲笔回信鼓励。

2009年8月至2010年8月，支教团队在西藏林芝及云南澄江两地分别开始了为期一年的支教活动。除圆满完成教学任务外，成员还积极整合社会资源，发起了"一帮一"助学活动和"'书'送希望——捐书活动"，为西藏林芝县中学建立了"艺术教育基地"和"梦想中心"等，筹集资金超过40万元。

2010年11月至12月，第十一届研究生支教团成员积极投身于亚运会、亚残运会的志愿服务当中，累计服务时数超过2000个小时。

支教，投身于西部教育

2009年8月至2010年8月，中山大学第十一届研究生支教团的九名志愿者，分别在西藏林芝地区一中、林芝县中学、云南澄江一中展开为期一年的支教志愿服务。

"用一年不长的时间，做一件终身难忘的事"——支教团成员积极融入支教地，圆满完成教学任务，为支教学校的发展添砖加瓦，并通过积极争取，展开对支教地贫困学生的帮扶工作。2009年8月底，黄达人校长在访问澄江期间亲切会见了云南分队的志愿者陈保瑜和王卓同学；2010年8月，中共中央政治局委员、广东省委书记汪洋考察西藏林芝期间，接见并慰问了西藏分队的研究生支教团成员；同时，校党委书记郑德涛也曾鼓励支教团队员，再接再厉，争取成为中大学子志愿服务实践的楷模。

在林芝县中学，何金鹏负责初一（1）（4）（6）班的政治教学工作，兼任初一（1）班副班主任；刘岩负责初二（4）（5）（6）班的物理教学工作，兼任初二（5）班副班主任；同时，两人协助学校完成了"迎国检"筹备，电教中心"数字化校园"建设和"创先争优"活动等方面的工作。

付雄华、洪雯芬、蔡丽娜、杨萌、韩墨香等5名志愿者服务于西藏林芝一中，付雄华负责高一（2）（3）（4）班物理的教学工作，洪雯芬负责高一（11）（12）（13）（14）班地理的教学工作，蔡丽娜负责高一（4）（6）班政治的教学及高一（12）班英语教学工作，杨萌负责高一（1）（2）（4）班地理的教学工作，韩墨香负责高一（6）（7）（8）（10）班地理的教学工作。同时5位志愿者还分别在校办、团委和德育处等部门协助日常工作，如协助接待，开展英语角，以及指导广播台、舞蹈团和合唱团等学生社团。

而云南分队的两名志愿者陈保瑜和王卓支教于澄江一中，陈保瑜负责5个班的物理教学，兼任澄江一中团委副书记，王卓负责2个班的数学课，同时协助完成学校各职能部门的工作。

在滇藏支教的一年里，中山大学第十一届研究生支教团的支教工作得到了云南澄江县团委及教育局、广东援藏工作队、林芝地区教育部门和支教学校等多方面的关心和支持。9名队员在高质量地完成支教学校各项教学任务及日常工作的同时，积极整合社会资源，并通过积极沟通和争取，为两所支教学校联络了以下助学项目。

（1）在中山大学校园内，倡议和组织全校师生为西藏和云南贫困学生进行"一帮一"（即一个集体帮助一名贫困学生）捐款活动，筹集11万元善款。

（2）积极联系安利公司，申报彩虹计划助学项目，启动"林芝县中学艺术教育基地"项目，资助资金10万元。

（3）和上海真爱梦想基金会合作，共建"林芝县中学梦想中心"（多功能教室），资助额约10万元。

（4）在继续做好往届"一对一"助学（即一名热心人士结对资助一名贫困学生）工作的同时，他们也积极联系爱心人士对品学兼优的贫困学生进行"一对一"资助，资助贫困学生10余名，共资助7000余元（均为长期资助，即初中至少资助5年以上，高中至少资助2年以上，如果品学兼优，大学也会考虑继续资助）。

（5）借助广东团省委和广东志愿者事业发展基金会的平台，成功申请到"'书'送希望——爱心图书捐赠活动"项目的启动资金。经过一年努力，此项目为三所支教学校解决了一些图书需求：捐赠西藏林芝一中图书2000册，共计44941.2元；捐赠云南澄江一中图书875册，共计22968.4元；捐赠西藏林芝县中学图书463册，合计12200元。

（6）积极联系社会各界爱心人士，积少成多，助力支教地发展。如林芝县中学图书室建设——动员爱心人士捐赠图书，已把学校图书室进行了比较完好的改造；另外，还有捐赠文具、衣物、个人洗涤用品（香皂）等；过滤直饮水计划，总值约8万元（5年使用期限）——改善西藏两所支教学校学生的饮用水不卫生状况：捐赠林芝一中10台直饮水设备，林芝县中学8台直饮水设备。

通过支教一年的扶贫助学工作，第十一届研究生支教团为两地三所学校改善了教学条件，也让更多的贫困学生能够继续无忧地上学。对社会热心人士和企业的大力支持，他们深表谢意、深感欣慰。

而在做好学校的支教助学工作之外，第十一届研究生支教团积极联络参与支教地的志愿服务活动。例如参加西藏林芝地区"保护母亲河行动——高原绿色希望工程"十周年纪念活动的启动仪式，并和当地志愿者一起在大街上清扫垃圾；在西藏林芝地区文武学校举行的"赠人玫瑰，手留余香"——林芝地区青年志愿者助学活动中，他们给孩子们宣讲了上海世博会和广州亚运会，并捐赠了部分图书文具；在云南澄江，志愿者陈保瑜代表澄江一中参加"抗旱救灾齐行动，节能环保我参与"演讲比赛并获奖；支教结束前，两地支教志愿者利用课余时间在西藏拉萨、林芝、日喀则和云南澄江等地宣传广州亚运会，并成功注册成为广州亚运会志愿者和亚残运会志愿者。

第十一届研究生支教团在2009年年底获得了广东省志愿服务优秀项目奖（集体），2010年获得了广东青年五四奖章集体奖。

服务，广州亚运盛会

返回广州后，第十一届研究生支教团马不停蹄，除继续宣传支教成果外，迅速参与到亚运会志愿服务当中。亚运前，他们协助亚组委志愿者部、广州团市委和学校团委筹办"激情亚运志愿同行——广州亚运志愿大学堂文艺汇演"。同时，研究生支教团成员在文艺汇演中承担外联、节目筹划及后勤等多方面工作，将研究生支教团的志愿服务精神融入节目当中，鼓励亚运会志愿者弘扬志愿服务精神，奉献广州亚运会。2010年11月，第十一届研究生支教团的志愿者们投入海心沙的亚运会开闭幕式当中，服务国内外的摄影媒体记者；12月，他们继续奉献亚残运会，将青春与汗水播撒在奥体中心。最终，凭借出色的表现，第十一届研究生支教团成员全部获得"每日之星"称号，其中有5人获得"亚运会志愿服务先进个人"称号。

志愿，不负青春韶华

在选拔进入研究生支教团之前，第十一届研究生支教团的同学都拥有着丰富的志愿服务经历。队长何金鹏曾任东校区青年志愿者协会会长、学校青年志愿者行动指导中心副主任，组织过全国大运会志愿服务、云南"三下乡"支教等几十项志愿服务活动；蔡丽娜同学曾组建了法律青年志愿者队，带领与组织法学院青年志愿者参加省、市妇联、街道等举办的社会普法实践活动；付雄华一直担任蓝信封大使，关怀留守儿童；杨萌和韩墨香关注乐昌助学并参与组建中山大学康乐缘爱心抗癌志愿者联盟；王卓主动放弃优厚的工作待遇，申请去云南支教；陈保瑜、刘岩和洪雯芬等也参与过多项志愿服务活动。

经过一年的西部支教服务和亚运会志愿者工作，中山大学第十一届研究生支教团的志愿者对"奉献、友爱、互助、进步"的志愿者精神有了更加深刻的理解。"一年西部行，一生西部情"，他们表示，将终生牵挂着支教的西部，继续为西部之崛起而努力。同时，这些经历也让也将志愿者精神融入日常的生活当中，以奉献的心态去学习、生活和工作，以求为社会做出更大的贡献。

吴嘉亮
中山大学2009大学生年度人物

做时代青年表率，当全面发展先锋

吴嘉亮，法学院宪法与行政法学专业2009级研究生，中共党员。

大学期间曾担任中山大学学生会主席、广东省学生联合会主席、中华全国学生联合会副主席，2008—2009年担任广东省学生联合会执行主席。作为一名学生干部，吴嘉亮勤奋工作、锐意创新，密切联系青年学生，竭诚服务青年学生，在思想建设、学业发展、工作能力等方面均取得了突出的成绩，为广大同学做出了良好的表率。

党性修养，模范带头

作为一名在高中时就已加入中国共产党的同学，吴嘉亮在学习生活中抓住一切提升思想政治素质的机会，积极学习，勤于思考。吴嘉亮自觉学习党章、遵守党章、贯彻党章、维护党章，自觉加强党性修养。他对自己的要求是：勇当排头兵，不断提升自身思想政治素质，充分发挥党员的模范带头作用，积极引领广大青年学生听党话、跟党走。他积极参加政治学习和党性教育，积极参与党支部组织的各类讨论学习活动，不断总结、提高自己的政治理论水平，并做到理论与实践相结合。此外，吴嘉亮以身作则，时刻以党员的标准严格要求自己，主动发现问题、解决问题。在任职中山大学学生会主席、广东省学联执行主席期间，吴嘉亮参与组织了"解放思想青年担当"改革开放30周年主席论坛、广东省科学发展观进校园征文比赛、广东省校园文化艺术节"科学发展观之我见"辩论赛、广东省大学生廉政文化征文比赛等多项活动。在策划组织系列的教育、学习活动中，他时刻不忘积极宣传党的基本路线和各项方针、政策，时刻牢记自己作为排头兵的使命。

刻苦钻研，全面发展

在学习上，吴嘉亮是一个刻苦钻研的好学生。大学期间，虽然担任省学联和学校的主要学生干部，但吴嘉亮在学业上却从不松懈。他以身作则、严于律己、刻苦学习，在课程、工作之余抓紧一切时间更为深入地学习专业知识、拓宽知识面，曾获得法学院2009—2010学年度第一名的好成绩，连续两年获得中山大学优秀学生奖学金一等奖，并获得了长江企业奖学金、安华理达奖学金一等奖等捐助奖学金。所谓"山高人为峰"，他坚信只要有坚忍不拔的意志和勤奋刻苦的精神，就一定能够实现理想。

作为一名法学院的学生,吴嘉亮不仅扎实积累专业知识,还注重理论与实践相结合。他平日深入学习社会理论、关注社会现象,并注重运用社会学的实证研究方法,将理论与现实相结合,活学活用。他曾多次参与学校学院组织的法律诊所和法律咨询活动,为社区、农村提供法律咨询服务,并将法律实践中的案例结合学科理论知识,发表了多篇相关文章。

同时,吴嘉亮兴趣广泛,在课余时间里积极参加学校内外的各项文体活动。2005年,他代表中山大学参加广州国际龙舟邀请赛,所在团队荣获大学组第四名。此外,他还曾获学校场地毽球赛亚军,带领团队获得院系足球赛季军等。他,是全面发展的典型。

服务学生,团学创佳

在取得优异的学习成绩的同时,吴嘉亮也在积极锻炼自己的学生工作能力。他很好地协调了学习与工作的关系,显示出较强的组织能力与领导才干。

大学期间,他一直从事多项团学工作。对待工作,他态度端正、积极主动、认真负责、甘于奉献。他积极为同学们服务,主动关心帮助同学,与同学保持良好的关系。通过努力,他在班级同学中有很高的威望。

他不断掌握新知识、积累新经验、增长新本领。他以饱满的热情、积极的态度、正确的观念,将自己所掌握的知识和经验灵活地运用到工作当中去,将各项工作做得有声有色,也取得了不错的成效。无论组织何种活动,参与何种工作,担任何种角色,从组织、策划到培训,再到正式举办,他都能以积极的态度、饱满的热情全力以赴地投入工作中。

省学联在广东省各高校间充分发挥桥梁、纽带作用,特别是在有10所知名高校聚集的广州大学城,省学联为各校学生会以及同学之间的互动搭建起了最便捷的平台,极大地促进了大学城教育资源的整合和人才的交流。

在担任省学联主席期间,吴嘉亮注重"引导"理念,充分发挥学联"自我服务、自我管理、自我教育"的作用,他积极配合协助团中央、全国学联开展中国大学生理论骨干培养学校赴广东的社会实践活动,组织举办了福彩爱心助学子、广东省大学生校园文化艺术节、广东省大学生科技学术节等活动。在平日的工作中,他细心周到,关心他人,站在同学的立场考虑问题,能深入同学中,及时地与同学交流,尽心尽力地把各项工作做好,在服务广大青年的同时也磨炼了自己的能力。"中山大学优秀学生干部""中山大学优秀共产党员""广东省三好学生"等称号是他出众的工作能力的最好证明。

社会实践,提炼真知

在社会实践方面,吴嘉亮积极参加实践活动,主动了解社会、了解国情民情,在实践中提升了自身的素质。2007年5月,他参加了由团中央全国学联主办的全国大学生理论骨干培养学校,成为首期学员,并于2007年7月参加赴江西吉安社会实践活动,深入江西省吉安市永和镇,住农家、干农活,开展社会调研工作,小组合作完成报告《江西省农村剩余劳动力转移的现状及其对农村经济社会发展影响情况的调查》。2008

年 8 月,他赴东莞厚街镇开展社会实践活动,与组员展开调研,合作完成了《东莞市厚街镇鞋业产业转移现状及对策的调查》。同时,吴嘉亮时刻注意保持党员先进性,深入同学中,及时反映青年的意见和诉求。在省学联驻会期间,他组织开展了广东大学生就业创业心理状况调查,及时了解青年学生的动态,及时反映青年学生的意见和诉求。除此之外,吴嘉亮积极参与志愿服务活动,曾获得"优秀志愿者"称号。

吴嘉亮不断鞭策自己,要将自身的发展与祖国的前途命运紧密相连,努力成长为社会主义建设者和接班人。

向可持续化探索，为环境保护发声

肖永鸿、霍达、周鸿涌、张溪，传播与设计学院公共关系学2006级本科生。他们四人组建的c动力团队曾参加在北京举行的首届可持续创新学生竞赛，并在多支高校代表队中脱颖而出，勇夺桂冠。c动力团队还曾以中山大学哥本哈根气候峰会学生代表团的身份代表中山大学、代表中国青年参加了在哥本哈根举行的联合国气候变化会并担任国际气候大使。

SISC 小试牛刀

2009年4月至10月，四人组建的c动力团队参加了在北京举行的首届可持续创新学生竞赛（SISC）。这次比赛由克林顿基金会亚洲项目基金会发起，由联合国儿童基金会、国家发展和改革委员会、英国大使馆文化教育处和公益组织51SIM共同主办，共吸引了全国包括香港和澳门地区在内的几十所高校的大学生团队参加。这个比赛旨在通过鼓励青年大学生采用创新商业方案帮助解决全球气候变化问题，通过创新可行的方案来获得比赛的胜利，赢取来自51SIM提供的1万欧元的项目启动基金，以及赢得成为国际气候大使，代表中国青年赴丹麦哥本哈根参加联合国气候变化会议的资格。

经过初赛、复赛、北京的青少年气候变化夏令营的培训以及最后的北京决赛，c动力团队凭借"碳指纹"绿色加油项目的方案从12支决赛队伍中脱颖而出，获得了冠军。本次大会的荣誉主席李冰冰还在现场亲自为他们颁发了冠军奖杯和1万欧元的支票。活动结束后，他们团队将获得的1万欧元启动资金投入到更多环境保护行动中，继续寻求创新与发展。这其中就包括了减少传播浪费的"SYSU TELECOM中山大学手机报"和提倡自行车出行的市内免费自行车租赁系统的研发和设计等项目。他们希望，通过他们的努力，更多人能投身于环保事业，为祖国乃至全世界的可持续发展大计添砖加瓦。

COP15峰会走向国际

获得SISC的冠军后，c动力团队同时获得了赴丹麦哥本哈根参加联合国气候变化会议的机会。

2009年年末，这一非同寻常的会议在丹麦首都哥本哈根召开。来自全世界各主要

向可持续化探索，为环境保护发声

国家的领导人、关注气候变化问题的专家和组织聚集到这里，参加被称为"拯救地球的最后一次机会"的联合国气候变化峰会——《联合国气候变化框架公约》缔约方第15次会议（简称COP15峰会）。肖永鸿、霍达、周鸿涌、张溪4人的c动力团队作为中山大学哥本哈根气候峰会学生代表团参加会议，以国际气候大使（International Climate Champion）的身份，代表中山大学、中国青年参与到这一具有历史性意义的会议中。

12月12日，4人以国际气候大使的身份，在组织方英国大使馆文化教育处的带领下从北京出发前往哥本哈根，出席联合国气候峰会的相关活动。在哥本哈根期间，他们不仅有机会前往会议的主会场贝拉中心，深入各国展区了解各国在气候变化方面的立场，也有机会参与到中国展区的主题会议、新闻发布会等相关活动中去。会议结束的前一天，他们还参加了由BBC主办的关于气候变化的青少年论坛（Youth Debate）和五国领导人（澳大利亚、墨西哥、南非、瑞典和印度）的领导人论坛（Leader Debate）。此外，他们还通过与BBC的相关高层、加拿大高校的教授、中国方面的驻场代表的交流，深入了解关于气候变化的各种视角，同时也更好地向世界发出了中国青年在气候变化问题上的声音。活动结束以后，他们还接受了包括中央电视台及《南方日报》《新快报》《环境》报刊在内的多家新闻媒体的采访。

2010年3月20日，他们团队的哥本哈根之旅通过中山大学公共传播学系15周年系庆的舞台展现在公关业界的众多系友和各位老师面前，同时《香港商报》也专门将他们团队的哥本哈根之旅刊载在公共传播学系15周年系庆的新闻中。他们代表中国青年参加联合国会议的这一则新闻也入选为中山大学2009年度十大新闻的候选新闻之一。

COP15峰会已经落下帷幕，但c动力团队不忘初心，仍在前行。他们走出国门，融合了国际视野，听取了不同的声音；他们立足国情，周全而巧妙地将理论知识应用到实践之中，不断为祖国探索创新可行的可持续发展道路。

李源
中山大学2009大学生年度人物

竞赛之途高歌猛进，向学之心永不停歇

李源，数学学院2006级本科生。

他是全科学霸，是竞赛之星，还是学术精英、科研能手。在他擅长的数学领域里，他一路高歌猛进，创下了一个又一个喜人成绩。

全 能 学 霸

李源是一位不折不扣的全能学霸。在校期间，他所修课程共获得15次单科第一，涵盖了所有类型科目。除此以外，他连续3年获得中国教育部国家奖学金，连续3年获得中山大学优秀学生一等奖学金，还被香港大学以全额奖学金录取为研究型硕士。而在港大学习期间，李源取得了全A的成绩，获得香港大学颁发的利丰奖学金。在竞赛方面，李源获得全国大学生数学建模竞赛广东省赛区一等奖、全国决赛一等奖，以及美国大学生数学建模竞赛一等奖。在学术方面，李源也有惊人的造诣。他的学术论文曾获全国组委会青睐，被推荐发表在国家级核心刊物《工程数学学报》上。

获 奖 概 况

（1）中国教育部国家奖学金，连续三次获得中山大学一等奖学金。

（2）2006—2007、2007—2008、2008—2009年度连续3次获得香港大学利丰奖学金。

（3）2007—2008年度校级优秀团员。

（4）2009年度中国大学生数学建模竞赛广东省赛区一等奖。

（5）2009年度中国大学生数学建模竞赛全国决赛一等奖。

（6）2010年度美国大学生数学建模竞赛一等奖参赛。

（7）论文获得了全国组委会的青睐，被推荐发表在《工程数学学报》（国家级核心期刊）。

王帅
中山大学2009大学生年度人物

文艺才女，支教奉献

王帅，化学学院2009级研究生。

她曾赴云南志愿支教一年，参加多次文艺展演。她是兼怀一腔热血和大爱胸怀的中大学子，在祖国最需要的地方翩翩起舞。

西部支教

王帅曾在云南省澄江县唯一的高海拔纯山区乡镇九村镇支教一年。她曾教授3门课程、7个年级、14个教学班，为山区基层教育贡献力量。她曾扶贫救济，踏遍全县5个乡镇和九村镇4个村委会了解学生情况，筹集"一帮一"专项资金5万余元，募得校友、在校社团支持3000余元，争取获得地方政府专项拨款10万元用于改善学校办学条件、扶助困难学生。她曾组织开展各类有益的学生活动，创新艺术教育形式和内容，提升学生综合素质。她还曾组建乡镇教师文艺队，获县、市比赛一等奖一次，三等奖两次，个人曾获得服务地的团组织表彰。

文艺才能

王帅曾任校舞蹈团团长，曾带队参加教育部"五月的鲜花"全国大学生文艺展演，还曾带领舞蹈团3次获省级文艺比赛一等奖。此外，她还积极参与学校各级各单位演出，曾参加中山大学赴广东云浮、赴云南澄江"三下乡"活动。

志愿精神

王帅在任团工委学生副书记、化学学院研究生会副主席期间，曾参加中大与鲁、辽、浙、深等地7所大学团工作交流活动，带队赴港参加"青年高峰会议2010"，与香港大学生共同探讨社会热点问题，也曾参与2010年广州亚运志愿者服务。

获奖经历

王帅曾获"广西壮族自治区优秀学生干部""广西壮族自治区优秀共青团员"称号；获评2009中国宋庆龄基金会"OLAY女性创新与梦想"年度创新特使（全国10名）；获得全国"五月的鲜花"大学生艺术展演奖、广东团省委组织大学生艺术展演舞

蹈类金奖、广东省教育厅组织广东省大学生舞蹈比赛一等奖、广东省纪念"一二·九"运动文艺比赛一等奖。王帅在校内还获得中山大学美东校友会艺术专项优秀个人三等奖学金、中山大学优秀学生二等奖学金两次、中山大学优秀团员两次。在支教服务期间,王帅获"云南省玉溪市优秀团员""澄江县优秀团干"称号,其编排的文艺节目获得澄江县文艺比赛一等奖一次,三等奖两次。

潘文伟
中山大学2009大学生年度人物

惜取寸寸光阴，以图回馈社会

潘文伟，地理科学与规划学院2007级本科生。1987年8月，他出生于贵州省雷山县丹江镇一个生活较为窘迫的家庭，父亲是工人，母亲没有工作，家中还有年迈的奶奶和一个辍学的弟弟。

2006年，他加入了中国共产党。

2007年，潘文伟通过刻苦学习、奋发努力，以雷山县高考理科总分第一名的成绩考入中山大学，并依靠助学贷款和社会的资助才得以开始大学的学习生活。

自强不息，勤工助学

从大山里出来的文伟进入大学之后自食其力，申请了勤工助学岗位，自行承担自己每个月的生活费用。一开始，他在学院学生工作办公室里协助老师做贷款工作。没过多久，老师将表现突出的他推荐给了学校勤工助学机构——雁行社。进入雁行社之后，他认识了很多优秀的同学，在能力得到提升的同时，他的视野也不断扩大。而他在雁行的工作，也得到了老师和同学们的一致肯定。

勇于创新，大胆创业

文伟家里条件不好，但是他的父母总是节衣缩食让他接受最好的教育。对此他深怀感激，时刻不忘开源节流为家庭减轻负担。高考后，当其他人还沉湎在狂欢中时，潘文伟已经开始联合另外几位学习尖子共同开办暑期补课班。由此，他们赚到了几千元钱。金额虽然不多，但这却是他第一次尝到了自主创业的甜头。

2007年10月，潘文伟因获得仲明助学金而接触了富商杨国强，并从其身上体会到创业成功的关键之一在于"胆识"。2007年年底，潘文伟从校园代理业务做起，开始尝试自主创业。他做过家教，跑过业务员，还要在创业的同时兼顾学业，日子过得非常辛苦。他每天起早贪黑地学习和工作，有时候忙活了一天回到寝室后实在太累，趴在桌上就可以睡着。也就是那样一步一步地积累，直至2008年6月，文伟赚取了人生中的第一桶金——50万元。

值得一提的是，潘文伟在大一时几乎走遍了珠三角——东莞、中山、佛山、深圳、惠州……当同龄人还在为旅游目的地发愁的时候，他已将目标锁定在"逛工厂"。通过

走访工厂,他增加了对社会与市场的认识,从而能够更精确地把握市场风向,及时调整策划方向,或者从中汲取灵感、获得启迪,得到新的创意。潘文伟至今也没有放弃这种做法,而在他看来,穿梭于工厂之间已经是他工作的常态,是他了解行情、接触市场的有效途径。正如他常说的,"运气绝不是守株待兔式地等来的",潘文伟的成功也不可能是上天的眷顾垂怜。丰富的社会实践经历和长期在服务一线的摸爬滚打让文伟积攒了傲人的资历,在自主创业的路上打下了良好的基础。

2009年,看到国家出台鼓励大学生创业的政策,潘文伟决定投资50万元,进军新媒体产业。2009年他投资成立了第一间公司——广州艾若企业管理咨询有限公司,专业从事新媒体和办公软件的研发工作。2009年11月,他又以合伙人的身份加入了广州中祁凯业投资有限公司,并在该公司担任市场策划部门主管工作。

关爱同学,回报社会

潘文伟日常在校期间热心帮助他人,曾将自己身边有理想而生活中又存在困难的同学吸纳到自己的公司,从各方面帮助他们。同时,潘文伟还常常在学习和工作之余与同学们谈自己的人生感悟、职业规划和人生理想,对同学们进行指导和鼓励。

潘文伟是一个懂得感恩的人。他一直把那些曾经帮助过自己的人铭记于心,希望自己也能够把这份爱延续下去,帮助其他更有需要的人。2008年年初,他开始资助几名广西百色地区的贫困高中生继续完成学业。尤其是2008年上半年的时候,潘文伟的事业刚刚有起色,但并不稳定。他自己在外打拼,还要兼顾学校的学业,过得非常辛苦。但就算是这样,对于校内组织和社会上的很多公益活动,只要是自己有机会参加的,潘文伟都一定会出钱出力。他说只要一想到那些需要帮助的人们,他工作也会变得更加努力。2009年8月,他开始在家乡中学和高中建立助学金,帮助那些优秀的贫困学子完成学业。他还曾在中山大学地理科学与规划学院建立了本科生创新基金,鼓励本科生进行学术创新和研究。另外,他在2009年赞助中山大学摄影协会举办"第一届校园摄影大赛",2010年赞助中山大学创业协会举办第三届"赢在中大"。他说他会继续勤奋地工作和学习,希望以后能帮助更多有需要的人。

潘文伟的事迹在校内外引起了广泛关注,中央电视台、南方电视台、珠江电台经济频道、腾讯网、新浪网及《联合早报》《羊城晚报》《广州日报》《新快报》《贵州商报》《贵阳晚报》《珠海特区报》等数十家媒体都对潘文伟同学的事迹进行了专题报道,鼓励青年学生以他为榜样发奋图强。他的事迹已经在校园内外产生了较大影响,并逐步辐射到社会上,激励着当代大学生们要好好珍惜眼前的大学时光,在学好科学文化知识的同时,不断奋发向上,自立自强,做一个对社会有益的人。

林鸿章、林鸿升
中山大学2009大学生年度人物

公益为念，此生不贰

林鸿章，环境科学与工程学院2007级本科生。

林鸿升，数据科学与计算机学院2008级本科生。

两兄弟戮力同心，积极组织或参加多项公益活动，在中大校园里，发散着属于自己的光和热，为更多有需要的人带去温暖和欢乐。

助力亚运，自豪满足

2010年，第十六届亚运会来到广州，这是广州的骄傲。作为中山大学亚运会志愿者工作的学生负责人，为了迎接亚运会的到来，林鸿章和林鸿升两兄弟积极带领中大学子一起为亚运出谋划策，贡献自己的力量。

2009年4月，两兄弟代表中山大学，协助亚组委筹划、组织了广州亚运会志愿者招募启动仪式。

2009年5月，他们带领中山大学青年志愿者协会（下称"青协"）团队策划筹办了"闪耀的志愿之光——畅谈亚运"公益论坛，邀请了亚组委黄南冰副部长和谭建光教授来到中大，齐迎亚运。

2009年6月，他们带领青协团队策划筹办了"传说亚运"公益讲座，邀请到亚组委亚运会志愿者培训师邵振刚先生为中大志愿者传授知识。

2009年7月，他们通过了培训考核，两兄弟一同顺利成为首批亚运会志愿者骨干培训师。

2009年9月，他们带领中大亚运会志愿者骨干团队，协助亚组委完成关于亚运会外事志愿者在中山大学的招募工作。

2009年12月，他们带领中大亚运会志愿者骨干团队策划筹办了"中山大学亚运会赛会志愿者招募启动仪式暨2009年中山大学志愿服务先进个人颁奖大会"。此次颁奖大会正式对外公布了中山大学亚运会志愿者网站，正式成立了中山大学亚运文化宣传团。会上，安建国书记为中山大学亚运文化宣传团授旗。在他们的共同努力下，中大亚运会志愿者工作成为其他高校学习的模范，受到许瑞生副市长等亚组委官员及学校领导的高度赞赏。

2010年3月上旬，林鸿章、林鸿升两兄弟带领中大亚运会志愿者骨干团队高水平

地完成了中山大学亚运会赛会通用志愿者的招募任务。

2010年3月下旬,他们带领中大亚运会志愿者骨干团队策划筹办了"中山大学亚运知识校园行"四校区总决赛。这场精彩纷呈的决赛不仅娱乐了大众,更重要的是向广大中大学子普及了亚运知识,为迎接11月12日开幕的亚运会做足了准备。

2010年4月上旬,他们带领中大亚运志会愿者骨干团队策划筹办了"心有多大,舞台就有多大"齐天下亚运志愿信使团广州高校巡回宣讲活动,进一步在中大校园内渲染亚运氛围。

在将近两年的时间里,在校团委陈烯副书记的带领指导下,两兄弟带领中大亚运会志愿者骨干团队有条不紊地推进中大关于亚运会的各项工作,贡献中大力量,一起为广州亚运会呐喊助威。

走进山区,送去希望

林鸿章和林鸿升关心贫困地区的孩子们的生活,与环球市场公司一起管理"未来世界"基金会,每年为超过100名贫困地区学生提供每人1500元的学费资助。他们这样说道:"我们知道,山区需要我们的帮助。"

2009年暑假,他们组建了中山大学青年志愿者协会3支支教队伍,分别前往肇庆、河源和潮州3个贫困地区进行支教活动。在整个支教过程中,作为策划组织者和参与其中的支教老师,他们被志愿者不怕苦、不怕累的精神深深感动、鼓舞着。他们知道,中国还有很多这样贫困的地方。他们也希望能在未来的日子里,帮助更多有需要的人。他们表示,他们难忘支教的日子,如果有机会,他们一定会再次参与支教志愿服务!而此次支教活动也获得学校的表彰,其中河源支教获得中山大学暑期社会实践二等奖,肇庆支教和潮州支教均获得中山大学暑期社会实践三等奖。

2009年年末,他们还组建了中山大学蒲公英行动支教队。这支蒲公英行动支教队在2010年暑假前往贵州、云南、肇庆、河源、潮州、湛江6个贫困山区进行支教活动,扩大了支教的受众范围,使更多孩子得到了帮助,受到了文化知识的熏陶。同年12月,中山大学蒲公英行动支教队被共青团广州市委评为"广州志愿服务优秀项目"。

走进社区,带去欢乐

志愿者已经成为广州的一个特色,但两兄弟也知道,现有的社区志愿者人数、社区帮扶力度都还远远不够。他们也一直在努力地让中大的志愿者走进社区,走进每家每户需要的人群里。

在了解社会情况后,他们组织了"展耀课堂"志愿服务工作,深入残疾人家庭,给他们带去知识,希望能以固定的志愿者团队,给他们带去更多的温暖。除此以外,两兄弟还多次寻找社会弱势群体,多次组织志愿者到社区的老人院、孤儿院、福利院等机构,为的只是能带给他们一点点的温暖。当每次看到老人、孤儿和志愿者们面上的笑容,他们心底里那根名为"值得"的弦总会由衷触动。他们知道,他们的一切努力都是值得的。

2009年12月,中山大学青年志愿者协会"展耀课堂"也被共青团广州市委评为

"广州志愿服务优秀项目"。

校园公益，为众典范

在中大校园里，林鸿章和林鸿升两兄弟积极组织和参加各项校园公益活动，被誉为"校园志愿之星"。其中，他们曾组织参加的活动有：中山大学迎新接待志愿工作、志愿服务一条街、废品回收、爱心助学、义务擦洗风扇以及走进高三等。

在他们眼里，校园是连接大学生与志愿服务活动的平台，也是大学生努力让自己成为一名为社会服务的优秀公民的成长平台。他们希望自己能成为一个对社会有帮助的志愿者，也希望能带动更多的大学生参与到志愿者行列中。

大型公益，贡献社会

多年来，林鸿章和林鸿升负责组织和参加了很多社会大型公益活动，其中包括中国进出口商品交易会（广交会）、中国国际中小企业博览会、广东国际旅游文化节、第七届中国广州汽车展览会、横渡珠江、"争当志愿者，创造新生活"——广东省青少年迎亚运志愿行动、迎世博迎亚运"青年志愿者在行动"主题活动、科学中心志愿服务以及春运志愿服务等，并获得了"广州志愿服务先进个人""广交会优秀志愿者"等称号。

重视环保，身体力行

环境问题，越来越成为一个社会热点议题。作为具有社会责任感的中大学子，两兄弟一直关注环保问题，并一直努力地为环保事业贡献出自己的一份力量。

2009年年底，他们带领青协志愿者团队策划筹办了由中国高校环境保护协会和香港环保协会主办的"水果贺卡2009"——全国高校绿色祝福活动。水果贺卡送祝福活动倡导同学们淘汰传统的贺卡礼物，换为更加环保新颖的"水果贺卡"，在校园内刮起一场"绿色祝福风"，林鸿章同学更是被选为全国千名环境友好使者之一。"每时每刻，为环保事业贡献自己的力量"是他们兄弟的服务宗旨，亦是人生信条。中山大学青年志愿者协会亦在此次活动的组织受到了香港环保协会极高荣誉的表彰。因为在"水果贺卡"活动中表现出色，他们也被中国高校环境保护协会和香港环保协会邀请出席参加在西安和香港举办的全国绿色领袖营。

帮助弱势，尽其所能

2009年11月，当了解到廖佩欣（一位年仅9岁的重型β型地中海贫血患者，珠江医院地贫假药事件唯一的幸存者）需要紧急援助时，鸿升和鸿章再次带领青协的志愿者团队组织策划了以"一元爱心，百分关怀"为主题的公益活动，为9岁的佩欣发起募捐。该活动致力于为小佩欣筹集16万元的手术费，挽救她的生命。同时，这个活动成了大学生和社会大众关注地贫、关心社会弱势群体的平台，鼓励大家发挥互助友爱的精神，共建和谐社会。

事实上，迄今为止，他们已经为包括佩欣在内的4名重病患者在中大校园内组织了

募捐活动，为援助地贫儿童贡献了自己的一份力量。

志愿为念，此生不渝

在成为志愿者之后，林鸿章和林鸿升两兄弟逐渐形成了参与志愿活动的习惯。他们希望在服务校园之余，能更多地服务社会、回馈社会。而在志愿服务的过程中，他们也收获了很多快乐。同时他们也意识到，成为一名光荣的志愿者是两兄弟今生不贰的信念。在过去的日子里，他们积极参与各类社会公益志愿活动，帮助他人；而在以后的日子里，他们将继续发挥模范带头作用，发扬志愿者精神，践行乐于助人、乐于奉献的时代精神，尽自己所能参与更多公益活动，帮助更多有需要的人。

徐奔

中山大学2009大学生年度人物

浮华不昧医学心

徐奔，中山医学院临床医学2005级本科生，保送北京大学第一医院泌尿外科临床型硕士研究生。

徐奔，1987年11月生于辽宁省抚顺市一个满族家庭，中国共产党党员。大学期间，他曾任共青团中山大学委员会委员，中山大学学生会常委、副主席兼北校区学生会主席。

获奖经历

徐奔曾于2006—2009年间连续4年获得中山大学优秀学生一等奖学金，其间连续3年获得国家奖学金，曾获卫生部日本第一制药奖学金。2007年，教育部、共青团中央等十部委联合授予徐奔"全国优秀青少年"荣誉称号；2007年，徐奔获得省教育厅、团省委授予"广东省优秀学生干部"荣誉称号，并在2006—2008年连续3年获评"中山大学优秀学生干部"荣誉称号。

2006—2008年，徐奔连续两年获"中山大学北校区辩论赛冠军及最佳辩手"称号，2007年获中山大学主持人大赛总决赛最佳口才奖、北校区主持人大赛冠军，2008年获中山大学学生党员风采大赛四校区总决赛总冠军。

2007年，徐奔参加了在澳门举行的构建和谐社会主题学术论坛以及在中共中央党校举行的全国优秀青少年党史教育计划活动。同年，徐奔作为我校唯一代表参与广东电台《校园风云人物》首期节目的录制；2008年9月，在中山大学开学典礼上作为在校生代表发言；2009年4月，被推荐为广州亚运会志愿者形象大使候选人；2009年6月，公派赴台湾参加实习医师模拟手术培训课程。

众所周知，由于医学教育的特殊性，医学本科生不可能像其他专业的学生那样在科研论文、自主创业、学科竞赛、社会实践等方面取得规模大、影响范围广的成就。但正是在这片难出成绩却又竞争激烈的领域，徐奔同学在校期间连续4年获得校一等奖学金，综合测评总排名位居全年级第一，并成了全年级唯一一名连续3年荣获全国大学生奖学基金最高奖励"国家奖学金"的学生。他还在业余时间自修营养学相关课程，于2009年通过国家高级公共营养师职业资格认证。

台湾交流

2009年6月,徐奔代表我校赴台湾参加全世界唯一的"实习医师模拟手术培训暨大体教师人文典礼",并作为内地师生唯一代表在大会发言。同年7月,他参加2009年北京大学分子医学研究所全国优秀大学生夏令营活动,其间,凭借优异成绩和出色表现得到我国分子医学界著名教授程和平、周专等的一致好评。当时北京大学给他开出了极为优厚的深造条件:免试直接攻读博士、全部实验室专业最优先选择权、首年即可赴英美留学、长江学者直接指导等。但是令人不可思议的是,他选择了放弃。

对此,徐奔的解释是:"从事科研,既可以发表论文快速成名,又可以回避临床日益严峻的医患关系,很多人都选择了这条路,但浮躁的心态让真正有价值的成果却是少之又少。而作为一名医生,虽然毕生辛苦,但我的每一刀、每一剪都将拯救一个生命。如果他再将自己的经验传递、分享,那众多的刀剪之中就将拯救千千万万个生命,这种对生命的尊重将是我一生最永恒的追求。"这段在台湾交流感恩会上发自肺腑的发言,令在场的很多人动容。徐奔在台湾期间的表现,更让很多台湾人士对内地医学生的素质刮目相看。可以说,他为学校、为大陆争得了荣誉。

经验交流

的确,在徐奔的身上看不到浮躁、清高、自大这些负面形象,他很乐意与身边的人交流分享自己的经验和心得体会,他独特的归纳学习法在同学间广受欢迎。2009年由他自行总结的《攻克理论考试——"8+1+1"重点题目强化记忆》《攻克名校免研——"200日计划冲刺"各个击破全面提升》《攻克实践技能——病史采集七步到位》已经成为很多师弟师妹们复习备考的智慧锦囊。而他在实习期间每天会抽出一部分时间写下自己的收获和心得,汇编成为《实习医师日记》,这其中每一页工工整整的笔迹、记得清清楚楚的体会,不仅真实地传递了众多同行的心声,这份对职业的认真和热爱也令人钦佩。

保研深造

2009年10月,徐奔同学在我校黎孟枫副校长、广东省教学名师肖海鹏副院长的大力推荐下,前往北京参加推免研究生的面试。

北京大学第一医院泌尿外科专业学位——这个名词意味着读取它的学生将在全国最优秀的医学院校、全国最强大的泌尿外科医院、全国最领先的医学学位培养模式下成长成才。但残酷的是,这样的机会在全国仅有1个名额。然而,在激烈的选拔中,徐奔凭借自己出色的英语口语、扎实的理论知识以及对医疗时政的独到思考在与众多北大本校的优秀学子竞争中脱颖而出,获得外科组第一名的佳绩。值得一提的是,面试的前一天,患有尿毒症的母亲赶到北京来为徐奔加油助威。母亲手臂上透析内瘘的搏动,更激发了徐奔誓要拿下这一名额的决心。也许,他的执着与付出感动了上天,上天安排了这样的巧合,让泌尿外科医生——这个唯一可以拯救尿毒症患者生命的职业——成为他一生的职业。想象一下,十几年后,在自己儿子的手术刀下,一位母亲的生命得以延续,这将是一幕多么令人感动的画面！

敬学敬业

家庭困难、自强自立，固然令人钦佩，但家庭条件优越的徐奔却在顺境中走出了一条前途无量的自强之路。大学4年，家里给的生活费用以及近4万元的奖学金在手，他却没有给自己买过一双新鞋，配过一部电脑。在当时，大学生群体间流行着电子产品互相攀比的不良风气，但于徐奔而言，优越的生活质量乃身外之物——他的MP3屏幕已经坏了四年，插上耳机后要保持固定姿势才能听清声音，而手机的外形更是已经严重磨损，电池常常因为手机没有后盖而自动滑脱。在担任学生干部期间，为了将学生会的工作做好，他自己垫钱忘记报销是家常便饭，但他从不计较。2008年，在中大全国首创的学生党员风采大赛总决赛中，他的这一事迹引起了评委们的注意。当在赛场上主持人问其原因时，他的解释是："逆境造人，我不希望自己被太多浮华所笼罩，金钱应当用在最需要的地方，而作为有血有肉的大学生，除了上网、游戏外，我们理应担负起更多的社会重任。"简单的内心读白让他在收获总冠军的同时，更赢得了在场所有评委与观众的赞赏。

徐奔从2009年开始临床实习工作。只要是他值班，每当深夜呼叫响起，他总会抢先在值班医生起床前了解病人的病情；只要是他值班，5点钟起床参与抽血、清洁已经成为他的习惯。这些看似不起眼的小事，很多实习医生却不能做到。在呼吸内科期间，徐奔同学的晨起背诵交班之流利详尽，在科内广为流传，令大家交口称赞。但许多人没有看到的是，他为了记住每个病人的病史特点与实验室检查指标，常常工作到凌晨4点。平日里一点一滴的认真积累，在工作上帮了徐奔的大忙，也为患者带来了安心。在妇产科期间，正是因为他的仔细问诊查体，医生及时发现了一名在门诊部被误当作普通待产的、实际上却是孕40 + 周胎膜早破的孕妇，并为其迅速实施了剖宫产，有效阻止了感染等并发症的发生。

志 愿 之 心

勤奋好学、求学感人的他绝不只关心学业上的进步，懂得感恩的徐奔怀揣一颗大爱之心，在志愿服务活动中贡献自己的一份力量。2008年汶川大地震发生后，他主动要求加入中山大学附属医院院内抗震救灾服务队，力所能及地为运送到广州的四川灾民做心理疏通和关怀工作。与此同时，徐奔与同班同学一起多次开展爱心实践活动，由他主要负责整理与汇报的实践和调研成果在学校的多项评比中获奖，其中《构建和谐医患关系团日活动》获校团支部形象设计大赛第一名，《关爱肿瘤患儿伦理实践》获校医学伦理实践活动第一名。

在志愿服务的过程中，徐奔发掘了自己主持的潜能。普通话水平达到国家一级的他志愿为中山大学学士学位授予仪式、中山医学院新年晚会等大型活动担任主持，并结合专业所长，多次为"香港点心卫视中山大学宣传片""欧亚结直肠外科会议""广东省胃癌年会"等大型活动担任志愿主持工作。

2009年，他被学校推荐为广州亚运会志愿者形象大使候选人。同年，作为全球最大非政府组织之一的慈济志愿服务团队也对徐奔同学"心怀感恩,奉献社会"的精神给予了充分的肯定,并希望他能成为两岸文化交流的青年大使,传递这份医学人文精神。

<h3 style="text-align:center">不 辍 不 懈</h3>

大学 5 年,徐奔虽然没有酣畅淋漓地看一场球赛,虽然没有轰轰烈烈地谈一场恋爱,但他并不感到遗憾。因为正是这 5 年才让他读懂了青春别样的美好。往后的无数个 5 年里,勤奋的徐奔不会停下前进的步伐,又将以新的目标、新的活力书写全新的"医"彩纷呈,奏响属于青年人的时代强音!

刘路

中山大学2009大学生年度人物

留洋苦修硬本领，学医勤做真研究

刘路，光华口腔医学院2007级博士生。

刘路曾由国家资助公派澳大利亚，担任访问学者，曾赴国外多所知名高校交流访问，曾发表多篇学术论文，广受好评。

成才之路

刘路主要从事牙体牙髓病学及口腔组织工程学方面的研究，研究方向包括有牙髓及牙周组织损伤修复、牙髓和牙周细胞分化的分子调控机制。

攻读博士学位期间，刘路勤学上进，曾受中国国家留学基金委员会资助公派澳大利亚昆士兰科技大学健康与生物医学中心，担任访问学者和联合培养博士，主要从事组织来源体细胞去分化、转分化和重编程方面的研究。同年，她赴悉尼大学、新南威尔士大学、昆士兰大学、格里菲斯大学、武汉大学等机构交流访问，相关论文在国际牙科组织泛亚太联盟大会（IADR/PAPF）、澳大利亚健康与医学研究大会（AHMRC）和澳大利亚暨亚太地区生物材料组织工程大会（ASBTE & BITE&RM）上发表，并作为优秀论文获2009年ASBTE颁发的"ASBTE Travel Award"奖项，研究成果受到国内外导师和同行专家一致好评。此外，刘路于2009年度发表论著8篇，其中第一作者论著3篇，SCI收录论著1篇，国际会议论文2篇。

刘路曾作为主要成员参与国家级、省部级科研基金2项，获得奖励及荣誉2项，并作为中大获奖学生代表出席宝钢教育基金颁奖大会。2009年，她获得了注册口腔执业医师资格，现任澳大利亚亚洲生物材料组织工程协会会员。她从事口腔临床医疗实践活动至今，医德医风良好，积极参与社会实践活动，担任研究生助理辅导员，多次承担会议筹备和外宾接待任务。

童华灵

中山大学2009大学生年度人物

写在国奖边上

童华灵,国际关系学院2006级本科生。

一个偶然的机会,童华灵拜读了钱钟书先生的《写在人生边上》,感慨不已。1941年,珍珠港事件爆发,钱钟书先生被困上海。其间,他创作了《写在人生边上》。在序言中,钱老这样写道:"假如人生是一部大书,那么,下面的几篇散文只能算是写在人生边上的。"

这本散文集语言幽默,见解独到,旁征博引,极富哲理。由此,童华灵表示,比起刻板的年度人物事迹材料,一种平和质朴的文字更符合他的内心和追求。于是,各种机缘巧合之下,《写在国奖边上》应运而生。

在求学时,他一直思考着:为什么来中大?在康乐园收获了什么?以后的路该怎么走?

十年寒窗,终进康乐

童华灵来自粤东梅州山区一个普通的农民家庭,那里交通不便、信息闭塞,乡镇里只有两所初中,其中比较好的是松口中学。2000年,童华灵完成小学课业,准备通过考试升入当地的初中。当时他们班上共有56人,但只分配到3个准入名额。但幸运的是,童华灵以第一名的好成绩考上了松口中学。

童华灵的初中生活很坎坷。因为来自农村,童华灵常被富家子弟嘲笑和欺负。从小到大,他一直自觉卑微,自觉没有地位、被人看不起。但无论境遇多么艰难,他总是咬牙不流一滴眼泪,因为他的父亲告诉他:只有知识才能改变自己的命运。童华灵回忆起往事,表示刚考上初中时自己的英语水平很差,期中考试英语仅有68分。在当时,班里家境稍好的同学可以请家教补课,但他只能天不亮便去操场背单词,严寒酷暑,始终如一,几个月后英语才赶上城里孩子的水平。

高中时他对大学的朦胧印象是:那儿专家学者汇聚,那儿"60分万岁",那儿活动丰富多彩……童华灵一边复习,一边憧憬着美好的大学生活。终于,他熬过"黑色"6月,考进了中山大学历史系。

徘徊迷茫，积极探索

4年的本科教育中，有些院系前两年要在新校区学习，后两年才回迁南校区本部，历史系也在其中。童华灵的大一是在美丽的珠海校区度过的。刚来中大的前几个月通常是幸福的：虽然军训很辛苦，但能结交新朋友，能磨砺意志；社团招新又激发了他"玩"的热情。童华灵表示，因为高考前很多娱乐都被禁止，所以刚上大学那会，很多人会积极参加体育比赛、打电脑游戏、看电影……但当期末考的钟声悄然而至时，他才猛然醒悟，不及格的后果很严重。于是，他赶紧去"泡图书馆"，以免"大意失荆州"。

从那次"猝不及防"的期末考以后，童华灵变得理性了。他学会了"两手抓，两手都要硬"——一方面学习要好，这不仅保证能毕业，而且会带来知识的升华和成就感；另一方面，也要多积累社会活动经验，为工作打下管理和人脉基础，正如中大前任校长黄达人先生所说，"中大的学生应该勇于担当并具有职业准备"。

童华灵在经历了一个学期的历史系学习后，感觉自己不是很适合读历史系，于是在大一下学期随大潮去转专业。后来他才发现，专业就像围城，外面的人想进去，里面的人想出来。

转专业后，童华灵进入了国际关系学院。因为转专业的缘故，他大一学年的奖学金在历史系只评到二等奖学金，但他并没有气馁，在新的学院里重新开始。

童华灵的家里经济比较困难，他经常需要利用课余时间出去做家教、做兼职等来养活自己，甚至因为过于疲惫，多次在公交车上睡着并坐过了站。生活就是这么苦、这么累，但他很少抱怨什么，只是把这些都默默地藏在心里，脚踏实地地做好自己的事。童华灵知道，社会是很现实的，一般人并不会因为你很困窘而多给予你一些物质或精神的帮助，能让自己走出困境的人只有自己。

南都实习，积极呐喊

俗话说，机会总是眷顾有准备的人。经过大二在东校区记者站里系统的文字训练，童华灵具备了扎实的文字功底。在2008年11月，童华灵抓住机会，成功地进入了《南方都市报》实习。但报社对新闻通讯稿的要求更高更专业，童华灵在最初的适应期里还是付出了很多的汗水。

童华灵回忆道，刚开始去实习时，有一次需要去报道学校的一次招聘会，他发现自己连新闻稿件的基本格式都不会写，写了一大堆废话，有用的东西也被改得一塌糊涂——这种挫折对他的打击很大。从那以后，他就每天订阅《南方都市报》并在图书馆广泛阅览各种报刊，熟悉不同报刊的写作风格。每一次出去采访，他都当成是一次战斗，深入第一线，了解第一手资料，有些还要录音回去慢慢整理，速记能力也要达到每分钟200字。天道酬勤，经过两个月的勤学苦练，童华灵终于基本上熟悉了消息和通讯稿的写法。

在《南方都市报》实习一年多的时间，是奠定他的价值观和世界观的关键时期。经过了这么长时间的实习，有次他在加班到凌晨后回校的路上，突然悟通了南方报业的文化核心：担当精神。这也正如孙中山先生以及他亲手创办的中山大学所告诫我们的一样：学生要做大事，不可做大官。

以前，童华灵一直觉得自己命不好，出身卑微，成长艰辛，但中大和《南方都市报》却教会了他：其实社会就是不公平、不完善的。虽然作为个体，他们可能会怀才不遇、命运坎坷等，但是他们应该正直、善良、满怀爱心和同情心，并尝试努力去改变这个不完美的世界。

放弃保研，努力工作

经过两年苦心孤诣的学习，童华灵不但在专业能力上大有进步，而且获得了很多的荣誉。这不仅改善了自己和家里的物质条件，更重要的是让他的内心更加坚强。

不知不觉中，童华灵走到了大四，即将面临读研深造与毕业就业的抉择。虽然，他在大学4年里经历了一些波折，但他还是凭借优异的学习成绩、丰富的社会实践、踏实的志愿服务等，在本科即将结束的年头拿到了国家奖学金。在举行完颁奖仪式后，他忍不住跑到空旷的操场，痛痛快快地哭了一场。的确，对于他来说，3年来闻鸡起舞、半工半学、青灯黄卷、笔耕不辍的日子终于有了回报。

刚开学童华灵就去保研了本校本专业，并且以第一名的成绩通过了审核。但就在即将要确认的前夜，他接到了父亲急促的电话，闻悉母亲因脑血栓、风湿性关节炎等老毛病又犯了，正在入院治疗。他惊呆了。据童华灵回忆，接到电话时，他手中刚刚买回来想送给妈妈的新衣服竟掉落在地。而几分钟后清醒过来，他便赶快把自己银行卡上积累的奖学金、家教等挣来的钱全部寄了回去。那时候他恰逢身体不适，更因急火攻心，当晚高烧达39.5℃，彻夜未眠。他听着台风"黑格比"肆虐地拍打着窗外的林木，发出阵阵鬼哭狼嚎的声音。他想到，狂风暴雨中的树木，不正如成长路上的我们吗？不管环境多么恶劣，我们依然挺立不倒，因为我们深深扎根于大地，深且稳固，而母亲不正是我们这些树木所依靠的大地吗？

大病初愈，他马上乘车返家，把精心熬好的一盅新鲜的鱼汤送到母亲的病房里。母亲已安然入睡，他坐在床边，牵着她的手，凝望着她。过于劳累的生活让母亲多了不少白发和皱纹，她手凹凸不平，老茧遍布。每一次握着母亲的手，他都能清晰地感觉到它传递着一股自强不息的力量；按着母亲的脉搏，他仿佛感受到那颗饱经磨难而依然坚强的心。

回来学校后，经过了一个夜晚的思考，他忍痛做出一个决定：放弃保研。虽然他对学术事业充满热爱，虽然他极其渴望在风景如画、名师如云的康乐园里多浸润几年，虽然他还想在南方报社多体会一些担当的文化精神，但现实总是残酷的，人很多时候都身不由己。不过，童华灵自幼经历过那么多的坎坷与不平，面对逆境与不顺，他早就有一套自我排解的良方。他笑着表示，其实我们都应该像电影《大兵小将》的成龙饰演的大兵那样，无论面对顺境或逆境，都能乐观从容地说上一声"挺好的"。

整理行装，再次出发

"善待学生"的理念和自由的学术气氛让童华灵慢慢地喜欢上了中大。他一直坚信，知识能够给带来安宁和幸福。于是他用心地学习，连续两年获得一等奖学金。而在学业之余，他经常挤出时间去做家教和兼职，不但挣了钱，可以给母亲看病，减轻了家里负担，而且赢得了尊严和荣誉。他自己评价道，这是他在大学中做过的最有意义、最自豪的事。

童华灵表示，回忆自己的求学之路，觉得自己还算是幸运的。改革开放以来，中国经济飞速发展，不少人从中受益。但对大多数草根阶层来说，教育几乎是他们通往精英阶层的唯一途径，尽管艰辛，却不得不为。童华灵表示，如果说当前呼唤社会公平是国民的集体热切诉求，那么，让农村的孩子尽早享受到和城市孩子同等的基础教育待遇不啻为其中最迫切的问题。

钱老在《写在人生边上》一书的序言有这么一段："但是，世界上还有一种人。他们觉得看书的目的，并不是为了写批评或介绍。他们有一种业余消遣者的随便和从容，他们不慌不忙地浏览。"

同样地，童华灵认为，这世界上还有一种人：他们觉得读大学的目的，并不仅是为了找份工作、谋个差事这么简单。他们恪守兼济天下的信条，有一种"以天下为己任"的卫道者精神，以及知识分子的随意和从容——他们不慌不忙地研究、做学问。童华灵认为，这大概就是中大人共有的、富含中大新时代的领袖气质的精神家园吧。

中山大学2009大学生年度人物

赤子之心谱华章

罗智，原工学院2007级本科生。

一路走来，罗智在许许多多的不可能中，更多地看到了无限的可能，而且用行动将这种可能转化为现实。2009年，于罗智而言是忙碌的一年、充实的一年，更是自我提升与成长的关键一年。这一年里，她用自己的诚心、决心、信心与感恩的心，在学习、生活及工作中求证最真实的自我，不断努力，积极上进，用汗水浇灌出每一份成熟。是拼搏，让她无悔；是成长，让她欣慰；是别人的微笑与肯定，让她依然求索不息。

因为向往，坚定不移

无论是早在小学时连续3年参加党政思想知识竞赛，还是高三钻在时间的罅隙里参加党校培训，无论是平日对时政的关心，还是对学校党建活动的热情，无时无刻不在罗智的价值取向上明确地标明了方向。一如既往的向往，驱使着她一步步向党的领导靠近，在学习邓小平理论、"三个代表"重要思想及科学发展观上付出不懈努力。

2009年1月3日，通过一年的党章学习与实践，罗智作为2007级党校第一批预备党员进一步向党组织靠近。她活跃在党组织的生活中，不断地学习与进步，并在2009年工学院党总支党员寒假读书月读书心得写作比赛中荣获二等奖。

2008年10月到2009年10月，中山大学第十四期马克思主义理论研修班的学习，让罗智第一次全面而系统地接触社会主义建设理论体系，并在数次的时事沙龙中学会了在更多维度上看待事物，在思维的广度和深度上都有了突跃式的提升。经过不懈的努力，罗智在马研班改革开放30周年征文比赛中获得优秀奖，小组调研论文被评为优秀结业论文，所在的学习小组获得"优秀团队"荣誉称号。在马研班，罗智和同窗们不仅学习到马克思主义理论知识和时事政治，还在合作和交流中收获了深厚的情谊。

2009年11月，罗智荣幸地成为中山大学青年马克思主义者培养工程的一员，再一次获得了学习与实践的好机会。对此，罗智格外珍惜，她认真学习探索，为成为一名合格的中国共产党员而努力。

因为热爱，笃实负责

学生工作一直都伴随着罗智的学生生涯。对学生工作的热爱，使她为这一部分学校生活倾注了不少心思，而其中的锻炼与成长，成了她宝贵的经验财富。

2008年10月到2009年10月，罗智担任2007智能交通班班长，带领全班同学为班集体的建设而努力，得到了广泛的认可。看着班级班风从一度的低靡到逐步地活跃起来，看着一群个性极强的同学从涣散到渐渐凝聚在一起，看着同学们一天天跟自己成为非常要好的朋友，罗智表示，她为自己付出的努力和坚持而喝彩。"优秀学生干部"荣誉称号的得来，既是对她辛勤付出的肯定，更是一种坚守信念、再度出发的鼓励。

2009年10月，罗智成为中山大学工学院第六届学生会主席及第六届团委常委。她在全面统筹负责学院学生活动的同时，也为建立一支团结、高效、奉献的学生干部队伍而努力着。在她和所带领团队的不懈努力下，学院开展的各项活动都能有条不紊地进行并取得圆满成功。罗智表示，学生会在服务同学的同时，更是一个培养精英的平台，在学生中有很高的声望。

因为珍惜，自强不息

海伦·凯特曾经说过："上帝在关闭这一道门的同时，会打开另一扇窗。"因而，罗智永远都相信，同样的付出面前，上帝是公平的，命运是平等的。

罗智家靠着租种别人的一点点耕地来勉强维持一家7口的生计，且其中4个为在校学生。可是，罗智的父母，那个家庭的主心骨，就是这样将她送进入了大学的校门，让她成为村里唯一的大学生。罗智感恩这来之不易的一切，格外珍惜当下所拥有的良好的学习生活条件。

进入大学，罗智再也不伸手向家里索要任何费用。2009年，从学校的勤工助学到同时兼职多份家教，从街边派发传单到彻夜打稿，她充分利用课余的每一分每一秒去解决经济问题。即使身体不适等原因让她偶感怅惘，但再大的困难也阻止不了她前进的步伐。罗智的勤劳与辛苦，不但让她能养活自己，而且还能使手头小有盈余，能够不断地为家里添加生活设备、给家人新添某些必需品，甚至还能为正在上高中的弟弟提供学费。家人幸福的笑容，是她坚持不懈的不竭动力。罗智相信，终有一天，父母的皱纹里不再蕴藏着不安和牵挂。

纵然兼职占用了她很大一部分时间，但也正因为如此她在学习上更多了几分紧迫感，一点儿也不能懈怠。在大学期间，罗智学不会赖床，学不会玩游戏，也学不会打扮装饰。因为在这些时间里，她得更努力更投入地学习，以弥补她因兼职而错过的学习时间。功夫不负有心人，2009年，罗智获得了中山大学优秀学生二等奖学金及三星奖学金。同时，她成功申请本科生科研项目，一度为自己的科研课题"节能赛车设计及力学计算分析"呕心沥血。

对生活的珍惜，使她有力量去为生活而拼搏；为生活而拼搏，她学会了更加珍惜。罗智在老师、同学们面前一直都是一个乐天派，她一直为大家对自己的开心感染力的认可而感到自豪。

因为感恩，志愿服务

虽然出生于贫寒之家，但让她自己感到庆幸的是，在她的成长道路上，一直得到许

多好心人的帮助。国家、社会及学校为她颁授的助学金及提供的各种帮扶，身边老师、同学、朋友给她提供的多方面援助，都让她时刻因感动而快乐。因而，她珍惜每一次参加志愿活动的机会，决定用实际行动将这样的感动在生活中传递，将爱传承下去。

不管是"德中同行——走进广东"的现场志愿活动，还是广州 2010 年亚运会的外事专业志愿者；不管是探访及服务老人院，还是走进慧灵慈善机构与智障儿童交流；不管是参与志愿服务一条街活动，还是组织义务献血，都会出现罗智活跃的身影。她一直希望能用自己的微薄之力，服务有需要的人，投身到有需要的地方，从而回馈一直给予她温暖的人，希望爱心能一直传递下去。

因为所以，超越自己

有众多的因为，因而有众多的所以；然而，众多的所以，却只能有一个人生目标——超越自己。罗智从未停下努力追求一个全面的自己的步伐，她从不奢求一切一帆风顺，但是她愿意迎接一切挑战，成就最难得的自我。路漫漫其修远兮，罗智表示，在未来漫长的人生道路上，她将继续秉承乐观向上、艰苦朴实、笃实负责、乐于奉献的原则，在思想、工作、学习、生活各方面不断严格要求自己，永怀一颗感恩的心去成长、成熟。她坚信，梦在哪里，未来就在哪里。